Die Langobarden

Von der Unterelbe nach Italien

Herausgegeben von Ralf Busch

Karl Wachholtz Verlag

Veröffentlichung des Hamburger Museums für Archäologie
und die Geschichte Harburgs (Helms-Museum) Nr. 54

Redaktion: Dr. Friedrich Laux
Titelzeichnung: Emilio Sanchez

ISBN 3 529 01833 3

Für Beratungen danken wir

Dr. Horst Adler, Wien
Hofrat Dr. Wilhelm Angeli, Wien
Dr. Maria Stella Arena, Rom
Dr. Fritz Eckart Barth, Wien
Dr. Christian Beaufort, Wien
Dr. Horst Wolfgang Böhme, Mainz
Prof. Dr. István Bóna, Budapest
PhDr. Jiří Břeň CSc, Prag
Dr. Rainer Burghardt, Mödling
Dr. Mirella Marini Calvani, Parma
Monika Chromy, Mödling
Dr. Roberto Conti, Monza
Dr. Hermann Dannheimer, München
Dr. Rudolf Degen, Zürich
PhDr. Vit Dohnal CSc, Olomouc
Dr. Otto Domonkos, Sopron
Dr. András Figler, Mosonmagyaróvár
Dr. Maria Teresa Filieri, Lucca
Dr. István Fodor, Budapest
Dr. Lanfranco Franzoni, Verona
Dr. Herwig Friesinger, Wien
Dr. Gyula Fülöp, Székesfehérvár
Dr. D. Eugenio Andrea Garguno, Badia di Cava
Elisabeth Firmian-Gobbo, Monza
Dr. János Gömöri, Sopron
RBDr. Alojz Habovštiak CSc, Bratislava
Prof. Dr. Otto, Prinz von Hessen, Venedig
Prof. Dr. Wilhelm Hornbostel, Hamburg
Prof. Dr. Wolfgang Hübener, Hamburg
Prof. Dr. Horst Keiling, Schwerin

Dr. Attila Kiss, Budapest
Dr. Gabor Kiss, Szombathely
Holmer Lex, Frauenchiemsee
Dr. habil. Winfried Menghin, Nürnberg
Dr. Gert Mettjes, Stade
Dr. Eckhard Michael, Lüneburg
Dr. Johannes-Wolfgang Neugebauer, Klosterneuburg
Dr. Wolfgang Oberleitner, Wien
Dr. Vladimir Ondrúš, Brno
Dr. Sylvia Palágyíc, Veszprém
Giovanna Piancastelli, Pisa
Prof. Dr. Josef Poulik, Brno
Dr. Mihály Praznovsky, Veszprém
Rezsö Pusztai, Mosonmagyaróvár
PhDr. Vladimír Sakař CSc, Prag
Tobias Springer M. A., Nürnberg
DDr. Peter Stadler, Wien
PhDr. Etela Studeníková, Bratislava
PhDr. Jaroslav Tejral Dr. Sc, Brno
RNDr. Vlastimil Tlusták, Olomouc
Dr. Peter Tomka, Györ
Dr. Laszlo Toth, Györ
Dr. Ferenc Vadas, Szekszárd
PhDr. Jaroslav Váňa, Olomouc
Dr. Stephan Veil, Hannover
Prof. Dr. Franco Venturini, Hamburg
Dr. Alfred Bernhard-Walcher, Wien
Dr. Dr. Günther Wegner, Hannover
PhDr. Jiří Zeman, Prag
Dr. Anna Gallina Zevi, Rom

Arbeitsausschuß im Hamburger Museum für Archäologie:

Rüdiger Articus
Prof. Dr. Ralf Busch
Dr. Friedrich Laux
Wulf Thieme M. A.
Prof. Dr. Willi Wegewitz

Michaela Seidelberger

Nicole Böttcher
Wiebke Künnemann

Übersetzungen:

Aus dem Ungarischen:
Anne-Elisabeth Takács, Hamburg

Aus dem Italienischen:
Luisa Clerici, Hamburg

Leihgeber

Bundesrepublik Deutschland
Frauenchiemsee, Torhalle-Museum
Hamburg, Museum für Kunst und Gewerbe
Hamburg-Bergedorf, Privatbesitz
Hannover, Niedersächsisches Landesmuseum,
    Urgeschichts-Abteilung
Lüneburg, Museum für das Fürstentum Lüneburg
Nürnberg, Germanisches Nationalmuseum
Stade, Schwedenspeicher-Museum

Deutsche Demokratische Republik
Schwerin, Museum für Ur- und Frühgeschichte

Tschechoslowakei
Bratislava, Slovenské Národné Múzeum (Slowakisches
    Nationalmuseum)
Brno, Moravské Múzeum (Mährisches Landesmuseum)
Brno, Archeologický ústav Ceskoslovenské Akademie véd
    (Archäologisches Institut der Tschechoslowakischen
    Akademie der Wissenschaften)
Olomouc, Krajské Vlastivédné Múzeum (Kreismuseum
    Vaterländischer Kultur)
Prag, Narodné Múzeum (Nationalmuseum)

Österreich
Mödling, Bezirksmuseum der Stadt Mödling
Wien, Kunsthistorisches Museum, Antikensammlung
Wien, Kunsthistorisches Museum, Waffensammlung
Wien, Kunsthistorisches Museum, Prähistorische Abteilung

Ungarn
Budapest, Magyar Nemzeti Múzeum (Ungarisches National-
    museum)
Györ, Xántus-János-Múzeum
Mosonmagyaróvár, Hansági-Múzeum
Sopron, Liszt-Ferenc-Múzeum
Szekszárd, Béri-Balogh-Adám Megyei-Múzeum
Szombathely, Savaria-Múzeum
Veszprém, Bakonyi Múzeum

Schweiz
Zürich, Schweizerisches Landesmuseum, Frühgeschicht-
    liche Abteilung

Italien
Lucca, Museo Nazionale di Villa Guinigi
Rom, Museo dell' Alto Medioevo
Verona, Museo di Castelvecchio

Inhalt

Katalogteil

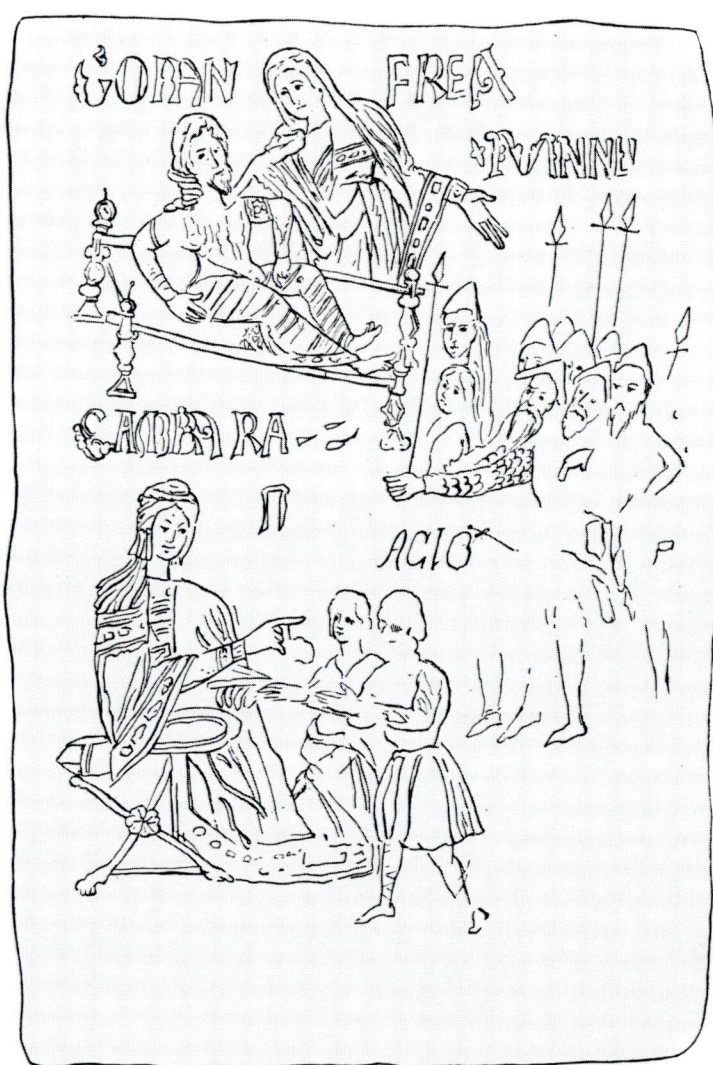

Wodan und seine Gattin Frea (oben) verleihen dem Stamm der Winniler den Namen Langobarden. Sie weist mit ihrer linken Hand auf Krieger des Stammes (rechts). Unten sehen wir die Königinmutter Gambara. Illustration der legendenhaften Entstehung des Stammes der Langobarden, Süditalien 11. Jh. Badia die Cava Cod. 4

Vorwort

Im vergangenen Jahr haben wir in einer Ausstellung „Von den Sachsen zur Hammaburg" der Frühgeschichte unseres Raumes besondere Aufmerksamkeit gewidmet. Der Abschluß der Grabungen auf dem Gelände der ehemaligen Hammaburg in Hamburg bot hierfür den Anlaß. Jetzt wollen wir weiter zurückschauen und der sächsischen Vorbesiedlung nachspüren. Diese bezeichnet man als elbgermanisch, stammesgeschichtlich suchen wir nach den Langobarden. Aber nicht nur ihre Ursprünge, sondern auch das weitere Schicksal eines Volkes auf der Wanderschaft sind unser Thema. „Von der Unterelbe nach Italien" ist das Motto, denn in dieser Spannweite begegnen wir ihnen in der Geschichte. Eine solche Ausstellung versammelt Kostbarkeiten, die nur für einen kurzen Zeitraum zur Verfügung stehen. Museen in der Bundesrepublik Deutschland, der Deutschen Demokratischen Republik, in der Tschechoslowakei, in Ungarn, Österreich, der Schweiz und in Italien haben unserem Wunsch entsprochen, prominente Leihgaben zur Verfügung zu stellen. Viele Fachkollegen haben am Entstehen der Ausstellung und an den Katalogbeschreibungen mitgewirkt. Ihnen allen sage ich Dank für ihre Zusammenarbeit wie auch allen Mitarbeitern des Hamburger Museums für Archäologie und die Geschichte Harburgs (Helms-Museum), ohne deren intensiven Einsatz diese Ausstellung nicht hätte verwirklicht werden können. Übergreifende Ausstellungen dieser Art werden immer schwieriger. Die Einmaligkeit dieser Darstellung ist uns bewußt. Alle Beteiligten haben bereitwillig anerkannt, daß von Hamburg aus internationale Verflechtungen sichtbar gemacht werden können. Die Archäologie kann dazu beitragen. Unser wagemutiger Versuch gelingt durch internationale Kooperation. Dafür danken wir.

Hamburg, im Dezember 1988

Ralf Busch

Hamburg

1.–4. Jh.

489–548

Regensburg

Wien

Budapest

526–568

568–774

Ravenna

Belgrad

Rom

Benevent

Einleitung

Die Langobarden – Eintritt und Untergang in der Geschichte

In Paulus Diaconus' Geschichte der Langobarden erfahren wir von einer langen Wanderschaft des Stammes, der sich einst Winniler nannte, aus Skandinavien (Schonen) über Rügen und Mecklenburg an die Unterelbe. „Gewiß ist jedoch, daß die Langobarden, während sie ursprünglich Winniler hießen, von der Länge ihres Bartes, an den kein Scheermesser kam, nachmals so genannt wurden." Doch all das ist Legende und feinsinnige Interpretation. Paulus (wie die anderen langobardischen Chronisten auch) spricht aus einer großen zeitlichen Distanz, in karolingischer Zeit, die den Untergang seines Volkes brachte.

So bleibt der Ursprung der Langobarden im dunkeln, auch archäologische Quellen haben ihre Herkunft bisher nicht erhellen können.

Sicher hingegen scheint, daß die Langobarden im ersten vorchristlichen Jahrhundert an der Niederelbe siedelten, wo ein Teil ihrer Heimat noch bis in das 13. Jahrhundert hinein als Bardengau bezeichnet wurde. Hier können wir sie durch C. Velleius Paterculus lokalisieren, wogegen Tacitus ihren Siedlungsraum eher vage umschreibt. Durch „Kampf und Wagemut" sind sie von ihm charakterisiert. Waffenfunde in den Männergräbern erscheinen daher verständlich. Die Frage, wieweit archäologische Hinterlassenschaften bestimmte historische Quellen belegen oder interpretieren, bleibt eine Grundfrage archäologischer Forschung. Hier scheint das Unterelbegebiet für die Langobarden positive Antworten bereitzuhalten. Die reichhaltigen Funde verdichten sich zu Aussagen, die eine andere Identität kaum zulassen. Willi Wegewitz, der verdienstvolle erste wissenschaftliche Direktor des Helms-Museums, hat sein Lebenswerk diesem Problemkreis gewidmet. Wir, seine Nachfolger, zehren von seinen Erfahrungen.

Die historischen Quellen aber sind dann bemerkenswert spärlich. 167 n. Chr. Geb. wird von einem Einfall von Langobarden in Pannonien berichtet. Es kann sich nur um einen geringen Teil des Stammes gehandelt haben, denn erst am Ende des 4. Jahrhunderts sind größere Bevölkerungsteile nach Böhmen gezogen. Wohl aber ist eine Restbevölkerung an der Niederelbe geblieben.

Danach beginnt die große Wanderschaft. Sie führt über Böhmen 488 in das Rugiland (Niederösterreich), 526 nach Pannonien, und 568 zie-

Die Siedlungsgebiete und Wanderungen der Langobarden, nach: W. Menghin 1985

11

hen die Langobarden nach Italien. Alle diese Stationen lassen sich archäologisch in eindringlicher Weise belegen. Auch die historischen Daten verdichten sich nach 488.

Besonders umfassend wird über die Einwanderung in Italien berichtet. K. Dietz hat die Quellen hierüber zusammengestellt.

Ihm folgend zitieren wir:

568, 2. April

Die Langobarden unter Alboin brechen mit ihrem gesamten Volk und zahlreichen anderen Volksgruppen von Pannonien nach Italien auf.

a. Marius von Avenches, Chronik z. Jahr 569

„In diesem Jahr verließ der Langobardenkönig brandschatzend mit seinem ganzen Heer seine Heimat Pannonien und eroberte samt den Frauen und seinem gesamten Volk geschlechterweise (in fara) Italien; dort starben die einen an Krankheit, andere an Hunger und einige im Kampf."

b. Gregorius von Tours, Fränkische Geschichte 4, 41

„Alboin aber, der Langobardenkönig, der die Chlodosvintha, König Chlothars Tochter, zur Gemahlin hatte, verließ seine Heimat und zog mit dem ganzen Volke der Langobarden nach Italien. Das Heer wurde aufgeboten, und sie machten sich mit Weibern und Kindern auf den Weg, um dort zu bleiben."

c. Origo gentis Langobardorum 5

„Die Langobarden wohnten 42 Jahre in Pannonien. Alboin selbst führte die Langobarden nach Italien, von Narses . . . aufgefordert; der Langobardenkönig Alboin brach aus Pannonien im Monat April auf, an Ostern in der 1. Indiktion."

d. Isidorus von Sevilla, Chronik 402

„Nachdem der Patricius Narses unter dem Kaiser Iustinianus den Gotenkönig Totila in Italien besiegt hatte, rief er, durch Drohungen der Kaiserin Sophia, der Gattin des Iusti-

nus, verwirrt, die Langobarden aus Pannonien herbei und führte sie nach Italien hinein."

e. Prosper, Chronik, Zusätze 337, 4

„Der Patricius Narses rief, durch Drohungen der Kaiserin Sophia, der Gattin des Iustinus, aufgewühlt und durch die Vorwürfe dieser hinterhältigen Frau verwirrt, den Langobardenkönig Alboin mit seinem gesamten Heer aus Pannonien herbei. Als dieser den Gepidenkönig Kunimundus . . . völlig besiegt und sich mit dessen Tochter ehelich verbunden hatte, sammelte er die Truppen seiner Feinde und betrat mit dem ganzen Langobardenstamm Italien."

f. Fredegar 3, 65

„Nicht viel später wurde der Patricius Narses durch die Drohungen des Kaisers Iustinus und seiner Gemahlin Sophia in großen Schrecken versetzt: Die Kaiserin schickte ihm nämlich deshalb, weil er ein Eunuch war, ein sonst für Frauen bestimmtes, aus Gold gefertigtes Gerät, mit dem er Spinnfäden drehen sollte (und fügte hinzu), er solle eher über die Spinnerinnen herrschen als über ein Volk. Er aber gab zur Antwort: ‚Ich werde einen Faden spinnen, durch den der Kaiser Iustinus und die Kaiserin (gehindert werden), an meinen Kopf heranzukommen.' Daraufhin rief er die Langobarden aus Pannonien herbei und führte sie mit ihrem König Alboin nach Italien. Alboin hatte Chlodosvintha, die Tochter des Königs Chlothar, zur Gattin; nach ihrem Ableben nahm er sich eine andere Gemahlin, deren Vater er getötet hatte."

g. Excerpta Sangallensia 712 (z. Jahr 569)

„Die Langobarden betraten Italien am 21. März."

h. Paulus Diaconus, Langobardengeschichte 2, 5—7

„Nachdem nun Narses . . . das gesamte Volk der Goten überwunden und vernichtet und auf gleiche Weise auch über die anderen . . . gesiegt, dazu eine große Masse Gold und Silber nebst anderen reichen Schätzen gesammelt hatte, widerfuhr ihm von den Römern, für die und gegen deren Feinde er doch sehr tätig gewesen war, große Mißgunst. Sie verleumdeten ihn bei dem Kaiser Iustinus und dessen Gemahlin Sophia und sprachen die Worte: ‚Für die Römer war es wahrlich besser, den Goten dienstbar zu sein, als den Griechen, wo der Eunuche Narses befiehlt und uns in drückender Knechtschaft hält. Unser gnädigster Fürst weiß das nicht: entweder aber befreie er uns aus seiner Hand, oder sei versichert, wir überliefern die Stadt Rom und uns selbst den Heiden.' Als das dem Narses zu Ohren kam, erwiderte er ganz kurz die Worte: ,Wenn ich mit den Römern schlecht umgegangen sein soll, so will ich es auch schlecht finden.' Dadurch wurde der Kaiser so heftig gegen Narses aufgebracht, daß er augenblicklich den Longinus nach Italien schickte, um des Narses Stelle zu übernehmen. Narses erschrak über diese Nachricht nicht wenig und fürchtete sich besonders vor der Kaiserin Sophia so sehr, daß er nicht nach Konstantinopel zurückzukehren wagte. Unter anderem habe sie ihm, wie erzählt wird, weil er ein Eunuch war, sagen lassen, sie werde ihn den Mägden im Weibergemach die tägliche Wolle zuteilen lassen. Darauf soll nun Narses zur Antwort gegeben haben, er wolle ihr ein Gespinst anfangen, das sie ihre Lebtage nicht mehr werde endigen können. Hierauf zog er sich aus Haß und Furcht nach der Stadt Neapel in Kampanien zurück und schickte bald danach Boten an das Volk der Langobarden mit der Aufforderung, sie sollten doch ihre ärmlichen Felder in Pannonien verlassen und sich in den Besitz von Italien setzen, das reich an allen Schätzen sei; zugleich schickte er verschiedene Arten von Obst und andere Erzeugnisse mit, an denen Italien reich ist, um dadurch ihre Gemüter noch mehr anzureizen, zu kommen. Die Langobarden nahmen freudig die gute und erwünschte Botschaft auf und faßten große Gedanken und Hoffnungen für die Zukunft. Sofort wurden nachts in Italien schreckliche Zeichen sichtbar, feurige Schlachtreihen erschienen am Himmel als Vorbedeutung des vielen Bluts, was bald nachher vergossen wurde. Als aber Alboin mit den Langobarden gegen Italien ziehen sollte, sandte er noch zu seinen Freunden, den Sachsen, um Hilfe, um in größerer Anzahl von dem ausgedehnten Land Italien Besitz zu nehmen. Es stießen also auf seinen Wunsch mehr als 20 000 sächsische Männer mit Weib und Kind zu ihm, um mit ihm nach Italien zu ziehen. Jetzt überließ Alboin das eigene Land, nämlich Pannonien, seinen Freunden, den Hunnen (Awaren), unter der Bedingung jedoch, daß, wenn die Langobarden irgendeinmal wieder heimzukehren genötigt würden, sie auch ihr altes Land wieder ansprechen könnten. Die Langobarden verließen also Pannonien und zogen mit Weib und Kind und Hab und Gut Italien zu, um es in Besitz zu nehmen. Sie hatten aber 42 Jahre in Pannonien gewohnt, und zogen aus im Monat April, in der ersten Indiktion, am Tag nach dem heiligen Osterfest, das der Berechnung gemäß in jenem Jahr gerade auf den ersten April fiel, nachdem seit der Menschwerdung des Herrn 568 Jahre verflossen waren."

Die Langobardenherrschaft in Italien (um 600 n. Chr.), nach: Großer historischer Weltatlas, hrsg. vom Bayerischen Schulbuch-Verlag, München [3]1971

Agilulf-Platte (Stirnplatte eines Helmes), frühes 7. Jh. – Dargestellt ist der König auf seinem Thron, von Kriegern umgeben (Ausschnitt). – Florenz, Bargello

Cividale, S. Maria in Valle, Eingangswand mit sechs Heiligenfiguren, Anfang 9. Jh. – nach J. Hubert u. a. 1968 ▷

Hier in Italien konsolidiert sich ein Reich, dessen Könige uns als historische Persönlichkeiten greifbar werden. Von König Agilulf (reg. 591—616) besitzen wir eine authentische Darstellung, die erste gesicherte eines Langobarden überhaupt. Dynastische Verbindungen brachten es mit sich, daß etliche Könige der Langobarden aus dem bairischen Haus der Agilofinger stammten. Das langobardische Reich in Italien bleibt über seine Grenzen hinaus kontaktfreudig.

Seine Begegnung mit der Spätantike in Italien hat es ebenfalls befruchtet. Ein letzter Konflikt entsteht: 773 beginnt der fränkisch-langobardische Krieg, ein Jahr später endet er mit einer Niederlage der Langobarden. Karl der Große nennt sich nun König der Franken und Langobarden.

Ein Aufstand der Langobarden im Jahre 776 scheitert.

Das Reich der Langobarden ist untergegangen. Ihre Kultur aber lebte fort.

Wenn auch keine Monumentalarchitektur der Langobarden erhalten ist, so erkennen wir diese jedoch an Baufragmenten und Reliefs — meist Grabplatten — aus spätlangobardischer Zeit in Italien. In den letzten Jahrzehnten der Langobardenherrschaft wird unter König Liutprand (reg. 712—744) spätantiker Einfluß verstärkt spürbar. Ein Weiterleben dieser Kunst in karolingischer Zeit ist unverkennbar.

Die Stuckdekorationen von S. Maria in Valle in Cividale sind hierfür das beste Beispiel. In der älteren Forschung sah man in den sechs Heiligenfiguren an der Eingangswand langobardische Prinzessinnen. Heute dagegen ordnet man sie in die Frühzeit des 9. Jahrhunderts ein. Belegen diese eher eine Stilkontinuität spätantiken Erbes, so ist die Agilulf-Platte ein authentisches Zeugnis langobardischen Empfindens.

Ralf Busch

Literatur

O. Abel (Hrsg.), Paulus Diakonus und die übrigen Geschichtsschreiber der Langobarden. Die Geschichtsschreiber der deutschen Vorzeit 15, Leipzig 1939.

K. Dietz, Schriftquellen zur Völkerwanderungszeit im pannonischen Raum. In: Germanen, Hunnen und Awaren. Schätze der Völkerwanderungszeit, hrsg. von G. Bott, Nürnberg 1987, 27—67.

A. Genrich, Die Wohnsitze der Langobarden an der Niederelbe nach den schriftlichen Nachrichten und den archäologischen Quellen. Die Kunde N. F. 23, 1972, 99—114.

J. Hubert, J. Porcher u. W. F. Volbach, Frühzeit des Mittelalters. München 1968.

J. Jarnut, Geschichte der Langobarden. Stuttgart 1982.

W. Menghin, Die Langobarden. Archäologie und Geschichte. Stuttgart 1985.

R. Much, Die Germania des Tacitus, hrsg. von W. Lange unter Mitarbeit von H. Jankuhn, Heidelberg [3]1967.

W. Wegewitz, Die Langobarden an der Niederelbe. In: Vorgeschichte der deutschen Stämme, Bd. 2. Berlin 1940, 744—826.

W. Wegewitz, Stand der Langobardenforschung im Gebiet der Niederelbe. Probleme della civiltà e dell'economia langobarda. Biblioteca della Revista ⟨Economia e Storia⟩, Milano 1964, 19—51.

Die Langobarden an der Niederelbe

In der nördlichen Lüneburger Heide und entlang der Niederelbe lebten in der Römerzeit die Langobarden. Von dort brachen im 2. Jahrhundert Gruppen in Richtung Donau auf. In einer zweiten Welle ließen sie sich im späten 5. Jahrhundert im Donauraum nieder und zogen von hier im 6. Jahrhundert in Oberitalien ein. Noch heute erinnern der Bardengau und der alte Handelsort Bardowick an ihre früheren Bewohner.

Diese Vorstellung hat sich spätestens seit den Forschungen v. Hammerstein-Loxtens 1869 in der Lüneburger Heide und an der Niederelbe festgesetzt. Mancher der Heidebewohner fühlt sich heute noch als Nachfahre der langbärtigen Langobarden.

In der Archäologie und der Geschichtsforschung ist seit 1869 so viel geschehen, daß es wissenswert ist, wer nach heutiger Kenntnis die Langobarden waren und wo sie gelebt haben. Dafür ist zunächst ein Blick in römische und griechische Quellen notwendig; denn die langobardische Überlieferung selbst ist erst sehr spät, in der zweiten Hälfte des 8. Jahrhunderts, durch Paulus Diaconus in Italien niedergeschrieben worden. Eine Überlieferungstradition in Norddeutschland gibt es nicht.

Die Langobarden finden erstmals in den Historiae Romanae des römischen Geschichtsschreibers C. Velleius Paterculus Erwähnung. Auf dem Feldzug des Caesars Tiberius im Jahre 5 n. Chr., an dem Paterculus als Reiteroberst teilgenommen hatte, wurden die Langobarden, ein Stamm, wilder als die schon übliche Unbändigkeit der Germanen, zerbrochen. Danach gelangte das Heer an die Elbe und traf dort mit der römischen Flotte zusammen. Eine genauere Eingrenzung des Wohngebietes der Langobarden läßt diese Textstelle allerdings nicht zu; allein ist es sicher, daß man sie westlich der Elbe suchen muß. In seiner Geographie bietet Strabon um 10 n. Chr. den ersten direkten Bezug der Langobarden zur Elbe. Nach seiner Kenntnis lebte das große Volk der Sueben zwischen Rhein und Elbe, von ihnen die Hermunduren und die Langobarden sogar jenseits der Elbe. Auf die Langobarden wird sich auch die Feststellung beziehen, daß diese jetzt vollständig in das Land jenseits der Elbe geflüchtet sind.

Zum Lebensraum der Langobarden gab Cornelius Tacitus keine Nachricht. Aber er konnte die Zugehörigkeit der Langobarden zu den Sueben bestätigen. Für die Geschichte dieses kleinen tapferen Volkes ist seine zeitweilige Abhängigkeit vom Markomannenreich Marbods, aber auch sein Wechsel zu Marbods Gegner, dem Cheruskerfürsten Arminius, und die direkte politische Einflußnahme bei den Cheruskern in den folgenden Jahren von Bedeutung. Es folgt eine Phase ohne schriftliche Nachrichten. Erst Claudius Ptolemaios aus Alexandria erwähnt in seinen „Geographischen Anleitungen", die zwischen 140 und 170 entstanden sein sollen, wieder Langobarden. Nur fügt er die suebischen Langobarden nach Kleinen Brukterern und Sigambrern am Rhein ein, während er zwischen Großen Chauken, die an der Nordsee im Elbe-Weser-Dreieck ansässig sind, sowie den Sueben und den Angeilen, deren Wohnsitze sich bis zur Mitte des Elbstromes erstrecken, Angrivarier, die Lakkobarden und danach auch die Dulgumnier auflistet. Da Ptolemaios nur aus schriftlichen Nachrichten anderer schöpfte, sind Vertauschungen möglich. Die nächste Erwähnung der Langobarden führt schon in die Landschaft, in der die Langobarden 300 Jahre später erneut auftauchten und sich niederließen, wenn Cassius Dio Cocceianus die Ereignisse zu Beginn der Markomannenkriege notiert. 6000 Langobarden und Obier überquerten 167/68 die Donau, wurden aber abgefangen und zurückgetrieben. Die beteiligten Stämme kehrten in ihre Heimat zurück. Allerdings wird diese für keinen der Stämme genannt. Die von Paulus Diaconus aufgezeichnete Wandersage der Langobarden ist in dieser Hinsicht ebenfalls keine Hilfe. Wenn man die vorgestellten Berichte der antiken Autoren kritisch betrachtet, gibt es wenig Anhalte für eine genaue Lokalisierung der Langobarden in Norddeutschland. Nur durch eine geschickte Verknüpfung aller Hinweise, von Velleius bis zu den fehlerhaften von Ptolemaios, also von Quellen unterschiedlichen Alters und unterschiedlicher Herkunft, läßt sich der Sitz der Langobarden südlich der Niederelbe annehmen. Eine Lokalisierung über den Wortgleichklang Langobarden – Bardengau – Bardowick – ist aufgrund neuerer historischer Forschung endgültig zu verwerfen. Der Gau und sein Hauptort sind nach dem einheimischen Grafengeschlecht der Bardonen benannt worden.

Es bietet sich an der Niederelbe der Raum als geschlossenes Siedlungsgebiet der Langobarden an, der von dem vernäßten Ostetal im Westen und Südwesten umfaßt wird, der durch das weite Tal der Elbe mit seinen Randmooren und vielen Wasserläufen nach Norden und Nordosten begrenzt wird und von Mooren und unfruchtbaren Sandböden von der Oste bis nach Schnakenburg nach Süden hin abgeschlossen wird. Dieses Gebiet weist nämlich während der Römerzeit große Gemeinsamkeiten im kulturellen Erscheinungsbild auf. Letzte Zweifel an der Zuordnung lassen sich natürlich nicht ausräumen.

Die Aussagen von Strabon gaben Anlaß, das Siedlungsgebiet über die Elbe auszudehnen bis an die Ostsee nach Norden und bis in die Mecklenburgischen Seen nach Nordosten, doch ge-

Als Tierkopf gestalteter Sehnenhaken einer Rollenkappenfibel.
(Foto: B. Morawietz)

hören diese Versuche inzwischen wieder der Forschungsgeschichte an. Allein das südwestliche Mecklenburg kann noch ernsthaft als langobardisches Siedlungsgebiet betrachtet werden (vgl. Aufsatz Keiling).

Der Siedlungsraum der Langobarden links der Elbe setzt sich aus verschiedenen Landschaftsteilen zusammen. Mehrere Flüsse streben in zunehmend breiteren Tälern ungefähr nach Norden zur Elbe. Die zwischengelagerten Höhenrücken, von denen nur der Drawehn zwischen Ilmenau und Jeetzel ein deutliches Hindernis darstellt, werden durch kleinere Bäche erschlossen. Verschiedentlich bestehen Beckenlandschaften. Sanfte Hänge und Flußterrassen bieten, von Ausnahmen abgesehen, günstige Ansiedlungsmöglichkeiten. Doch zeigen die Böden regional unterschiedliche Qualitäten. Neben fruchtbaren Flottlehmdecken und Geschiebelehm kommen weite Flächen aus sandigen Böden vor, von denen die Sanderflächen, wie jetzt der Gartower Forst, siedlungsfeindlich sind. Regional begrenzt kommen auch Dünen vor, die schon vormittelalterlich entstanden sind. Zur Rekonstruktion der Vegetation während der Jahrhunderte vor und nach Christi Geburt bestehen erst geringe Ansätze. Wenigstens läßt sich aufgrund der zahlreichen weitgestreuten Siedlungsplätze und der Bodenverhältnisse vermuten, daß keine ausgedehnten dichten Urwälder das Land bedeckt haben. Daher muß stellenweise sogar mit recht offenem Gelände gerechnet werden. Beispielsweise deuten die Pflanzenreste aus dem Eimergrab von Nienbüttel auf Heideflächen hin.

Die Bevölkerung, die Tiberius an der Niederelbe angetroffen hat und die Velleius Langobarden nennt, deren Kraft der Feldherr gebrochen hat, wurzelt in der Kulturentwicklung Norddeutschlands während der vorrömischen Eisenzeit. Wandlungen im Erscheinungsbild dieser Kultur stehen hier nicht zur Diskussion; es ist aber daran zu erinnern, daß während der jüngeren vorrömischen Eisenzeit Beziehungen von der keltischen Latènekultur nach Norddeutschland bestanden haben und deren Einflüsse wirksam wurden. Sie zeigen sich in der nördlichen Lüneburger Heide und südlich der Niederelbe u. a. in der Fibelentwicklung und in Funden keltischer Gürtelhaken und Halsringe.

Da sich noch immer ein Großteil der Erkenntnisse der Archäologen auf Funden und Befunden aus Gräberfeldern aufbaut, setzt diese Darstellung um die Mitte des 1. Jahrhunderts v. Chr. ein, weil zu der Zeit die Belegung der meisten langobardischen Friedhöfe begonnen hat.

Von der Stader Geest bis zum Höhbeck sind mehrere große und verschiedene kleinere Friedhöfe bekannt, während über die Zahl der Siedlungen und ihre Verbreitung wesentlich geringere Kenntnisse vorliegen. Auch allgemein besteht kein gleichmäßiger Forschungsstand

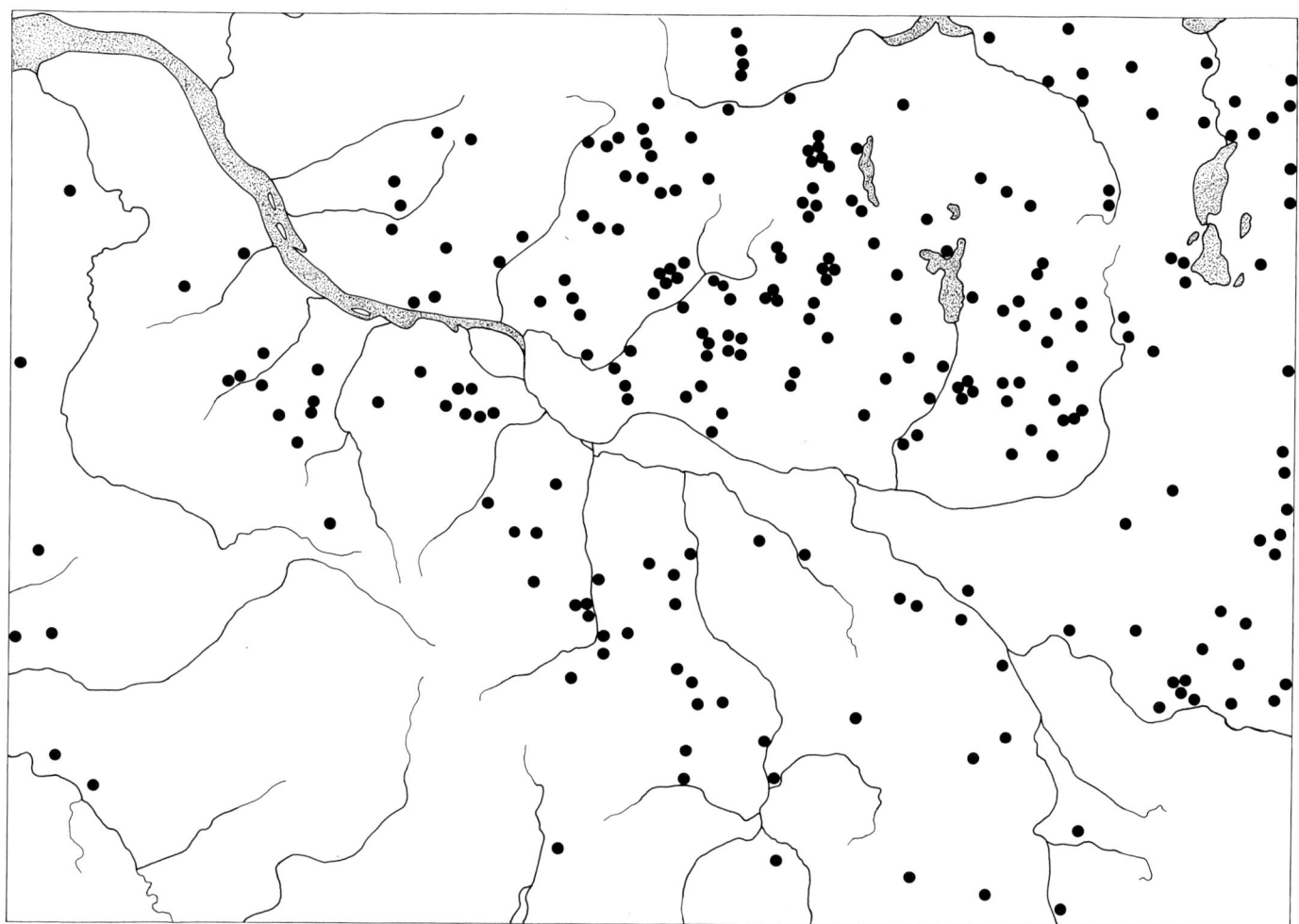

Grabplätze des 1. Jahrhunderts v. Chr. bis 3. Jahrhundert n. Chr.

für das niederelbische Langobardengebiet. Insofern werden nachfolgend bestimmte Fundplätze mehrfach erwähnt, während andere nicht berücksichtigt werden können.

Grundlage für kulturgeschichtliche Betrachtungen in urgeschichtlichen Zeiten bilden noch immer die Gräberfelder. Neben Altgrabungen in der ganzen Region existieren nur aus dem

Kreise Harburg mehrere neuere, sachgerechte Volluntersuchungen, die W. Wegewitz durchgeführt hat, in den Kreisen Stade und Lüneburg sind wenigstens ein bis zwei Gräberfelder in den letzten Jahrzehnten freigelegt worden.

Bis in das 4. Jahrhundert hinein herrschte die Brandbestattungssitte. Körperbestattungen stellten eine Ausnahme dar. Es handelt sich in den beiden ersten Jahrhunderten nur um zwei oder drei sehr reiche Gräber in Marwedel bei Hitzacker. Erst ab 300 kommen vereinzelt weitere Körpergräber vor.

Die Leichenbrände füllte man entweder in tönerne Urnen oder in organische Behälter. Die Trachtenbestandteile, Geräte und Schmuckstücke, die mit den Toten auf dem Scheiterhaufen gelegen hatten, wurden gleichfalls in die Urnen gelegt oder in die Grabgruben geschüttet. Insbesondere Waffen kamen außerhalb der Urnen in den Boden; Schildbuckel, Schwerter, auch Lanzen- und Speerspitzen wurden oft neben oder unter den Urnen in die Erde gesenkt. Mehrfach sind Anhäufungen von Waffen beobachtet worden. Auch Frauenschmuck gelangte nicht immer in die Urnen. Insbesondere auf dem Friedhof in Garlstorf, Kr. Harburg, konnten mehrere gesondert vergrabene Silberschmucksammlungen beobachtet werden. In Putensen, Kr. Harburg, waren dagegen oftmals nicht nur eindeutige Brandbestattungen mit zugehörigen Beigaben oder Depots freigelegt worden, sondern auch weite Streuungen von Schildnägeln, Waffenteilen und Bruchstücken von Geräten. Von größeren Gegenständen wie Schilden sind immer nur Fragmente des Metallbesatzes erhalten.

Manche Teile der Grabausstattungen haben nicht auf dem Scheiterhaufen gelegen. Regeln lassen sich nicht erkennen, wenn beispielsweise die silbernen Fibeln und die Silbernadel aus Putensen, Grab 150, unversehrt sind, während aus dem reich ausgestatteten Grab I von Apensen, Kr. Stade, auch die wertvollen Gegenstände wie die silbernen Becher zerbrochen und mit auf den Scheiterhaufen gestellt worden waren.

Vorsätzliche Zerstörung und Beschädigung vornehmlich von wertvollen Gegenständen der Totenausstattung ist vielfach zu beobachten. Dies erschwert natürlich in Verbindung mit den Beschädigungen, die durch den Brand auf dem Scheiterhaufen entstanden sind, und der unvollständigen Mitgabe der personengebundenen Dinge alle Überlegungen über modische Sitten, über soziale Gruppierungen und über Kulturverbindungen und Handelsbeziehungen.

Die Urnenfriedhöfe, die zur Mitte des 1. Jahrhunderts v. Chr. schon benutzt oder im Laufe der nächsten Jahrzehnte noch angelegt wurden, wuchsen oft zu großen Anlagen heran. In Ehestorf-Vahrendorf, Kr. Harburg, sind von 1050 sorgfältig gegrabenen Bestattungen ungefähr 700 nach 50 v. Chr. in die Erde gelangt. In Putensen brach ein Friedhof vor der Zeitenwende ab, gleich daneben war inzwischen ein zweiter Friedhof entstanden, der auf knapp 1000 Bestattungen anwuchs, in Apensen sind 400 Bestattungen und in Harsefeld, ebenfalls Kr. Stade, 250 Gräber neben einer großen Zahl zerstörter Bestattungen überliefert. In Tostedt, Kr. Harburg, sind 255 Gräber, in Hamburg-Langenbek 190, in Garlstorf 130 und in Hamburg-Marmstorf gut 100 Gräber der späten vorrömischen und römischen Eisenzeit untersucht worden. Für die wichtigen Friedhöfe Nienbüttel und Rieste, beide Kr. Uelzen, Darzau, Bahrendorf und Rebenstorf, alle Kr. Lüchow-Dannenberg, lassen sich Zahlen über den Umfang nur schätzen.

Urnenfriedhof von Rieste, Kr. Uelzen. Blick auf die Höhe mit dem Fundplatz. (Foto: H. Drescher)

Mehrfach sind Friedhöfe, die schon in der Jastorf-Periode existiert haben, seit der jüngeren vorrömischen Eisenzeit erneut belegt worden. In der großen Mehrzahl der Gräber standen Urnen. Es handelt sich um handgeformte Keramik, die verschiedentlich schon auf einer einfachen handgedrehten Scheibe hergestellt wurde. Aus der zunächst recht einheitlichen Ware in der späten vorrömischen Eisenzeit entwickelten sich verschiedene Formen. Die Urnen der späten Seedorf-Stufe präsentieren sich als schwarze feingeglättete Trichterurnen, Situlen und Terrinen, als weitmündige Töpfe und zur Zeitenwende als kugelige Terrinen. Gelbbraune oder braune Urnen sind dagegen weniger zahlreich vertreten. Es handelt sich dann durchweg um hohe Terrinen, weitmündige Töpfe oder um zweihenklige Töpfe, die im Gegensatz zu den Gebieten nördlich der Elbe nur in wenigen Exemplaren vorkommen. Dort gehören zweihenkelige Töpfe und Knubbentöpfe bis zum Ende des 2. Jahrhunderts zum Hauptbestand einiger Friedhöfe, die sich vornehmlich durch Ausstattungen von Frauen auszeichnen. Außer tönernen Urnen sind seit der späten vorrömischen Eisenzeit auf einigen Friedhöfen Metallgefäße als Leichenbrandbehälter benutzt worden.

In der römischen Eisenzeit bildeten die Terrinen bis in das 2. Jahrhundert die Hauptgruppe der Urnen. Daneben gab es bald zahlreiche verschiedenartige Gefäße wie hohe engmündige Töpfe, Standfußschalen, Pokale und Krüge. Neben den ersten Kümpfen setzte im zweiten Drittel des 2. Jahrhunderts eine weitere neue Formengruppe ein, die Schalenurnen, die dann für die jüngere römische Eisenzeit bestimmend wurden.

Die Tongefäße sind durchweg an der Außenwandung sorgfältig geglättet. Verzierungen kommen in der jüngeren vorrömischen Eisenzeit selten vor. Es sind dann Zickzackmuster aus Ritzlinien und Einstichen auf der Schulter und senkrechte Linien auf dem Unterteil zu beobachten. Bänder mit großen Karos, die schraffiert sind oder Briefkuvertmuster zeigen, kommen zum Ende des 1. Jahrhunderts v. Chr. auf. Zugleich beginnen Verzierungen mit einem neuen Hilfsmittel, einem Rollrädchen. Zuerst werden einzeilige Linien gerollt, es folgen mehrzeilige Linien, bis im 2. und 3. Jahrhundert n. Chr. dann ganze Flächen mit Rollrädchenabdrücken bedeckt werden. Bevorzugte Muster für Rollrädchenabrollungen waren Mäander und Treppen. Sie überziehen bevorzugt Terrinen, hohe Töpfe und Pokale. Im langobardischen Bereich wurde sogar ein dreizeiliges Rollrädchen auf dem Friedhof in Darzau in einer Urne entdeckt.

Mit dem Aufkommen der Schalenurnen verlor sich die Formenvielfalt der Urnen auf den Friedhöfen. Doch auch vorher zeichneten sich zwischen den Gräberfeldern keine wesentlichen Unterschiede anhand der Keramik ab. Auf allen Urnenfeldern traf man eine übereinstimmende Zusammensetzung der Gefäße an. Allein durch metallene Urnen fielen bestimmte Friedhöfe zeitweilig aus dem allgemeinen Rahmen.

Dieser Mangel an Differenzierung läßt sich wenigstens teilweise durch die Analyse der Beigaben beheben. Schon G. Schwantes hat auf Friedhöfe hingewiesen, auf denen im wesentlichen Beigaben von Frauen zu entdecken sind bzw. auf denen Waffen vorkommen. Gräberfelder mit Frauenzubehör, aber ohne Waffen, benannte er als Typ Darzau nach dem besten 1939 bekannten Beispiel. Für Friedhöfe, die Gräber mit Waffenausstattungen enthielten, wurde das Gräberfeld Rieste namengebend. Inzwischen konnten durch neue Ausgrabungen Abweichungen von dieser Regel südlich der Elbe festgestellt werden. Auch Ergebnisse von Leichenbranduntersuchungen haben die Diskussion angeregt. Danach können Grabinventare von Frauen auch auf Friedhöfen mit Waffen vorkommen. Und zwischen typischen Grabinhalten für Frauen können Bestattungen von Männern liegen, die sich dann allerdings nicht durch Waffen zu erkennen geben. Offen bleibt die Eingruppierung der vielen Bestattungen, die keine Beigaben enthalten.

Typische Grabinventare von Frauen bieten die Friedhöfe Tostedt und Garlstorf, beide Kr. Harburg, sowie Darzau und Rebenstorf, beide

Kr. Lüchow-Dannenberg. Schmuckstücke, bestimmte Trachtenbestandteile und Gerätschaften haben sich als Besitz von Frauen herausgestellt. Aus der Tracht während der vorrömischen Eisenzeit blieb noch bis in das frühe 1. Jahrhundert n. Chr. der Gürtel im Gebrauch, der mit Haken und Ring geschlossen wurde. Gürtelschnallen dagegen wurden auch von Männern getragen. Ausgewählte Formen, die nur von Frauen getragen wurden, sind im langobardischen Gebiet bisher unbekannt. Schon in der Seedorf-Stufe hat sich die Dreifibeltracht entwickelt; sie wurde mit wechselnden Fibeltypen bis in das 2. Jahrhundert getragen. Gewöhnlich setzten sich die drei Fibeln aus einem Paar, das an den Schultern getragen wurde, und einer andersartigen dritten Fibel zusammen. Jedoch waren nicht alle Frauengräber im Gebiet südlich der Niederelbe mit drei Fibeln ausgestattet. Fibelpaare oder auch nur Einzelstücke kamen sogar häufiger vor.

Zur Tracht der Frau gehörten auch die verschiedenen Nadeln. Mit ihnen wurden Haartücher oder Hauben und Frisuren festgesteckt, aber auch Gewänder geschlossen. Ketten, an denen außer importierten Glasperlen auch goldene Berlocken und silberne S-Haken hängen sowie Armringe gehörten zum Schmuck wohlhabender Frauen. Die Wertsachen wurden in massiven Kästen verwahrt, von denen bronzene Beschlagbleche erhalten sind. Die Schlüssel für Haus und Truhen verwahrte die Frau. In zahlreichen Urnen lagen außerdem Spinnwirtel. Aus der Keramikherstellung, die gern den Frauen zugeschrieben wird, gibt es bislang nur das Rollrädchen aus Darzau als Nachweis. Glättsteine wie in Südholstein fehlen südlich der Elbe. Weitere Gegenstände, die in den Gräbern von Frauen angetroffen werden, lassen sich auch in Männergräbern finden. Bogenmesser, Schere und Kamm beispielsweise sind hier zu nennen.

Anhand von Waffen lassen sich die Bestattungen von Männern am besten erkennen. Mehrere Friedhöfe in den fünf südelbischen Landkreisen Stade, Harburg, Lüneburg, Uelzen und Lüchow-Dannenberg sowie im Südteil des Stadtstaates Hamburg, von Harsefeld im Westen über Apensen, Ehestorf, Marmstorf, Langenbek, Harburg, Ashausen, Tangendorf, Putensen, Drögennindorf, Boltersen, Rieste, Nienbüttel bis Bahrendorf im Osten enthielten Gräber mit Waffen. Um die Mitte des 1. Jahrhunderts v. Chr. setzte die Sitte ein, den Toten ihre Waffen in die Gräber mitzugeben. Dies ist keine speziell langobardische Sitte. Auch wenn in den nächsten Jahrzehnten Waffen in die Gräber gelangten, so läßt sich dies im gesamten elbgermanischen Bereich, aber auch bei den Ostgermanen feststellen. Es zeichnen sich unterschiedliche Ausstattungen ab. Eine größere Anzahl von Männern auf den Gräberfeldern erhielten Lanzen bzw. Speer und Schild. Von den Schilden haben nur die breiten Buckel mit Fessel und vielleicht auch einige Randbeschläge überdauert. Wenige Männer bekamen zusätzlich ein Schwert mit ins Grab. Zweischneidige Schwerter machen Kontakte zur Latènekultur deutlich. Klingen wie die aus Harsefeld, Leichenbrandlager VIII, stammen aus keltischen Werkstätten, auch die zugehörige Scheide mit dem durchbrochenen Beschlag kam aus Noricum nach Norden oder wurde im Kreis Stade, wie J. Werner annimmt, einer keltischen Scheide nachgeahmt. Daneben kamen einschneidige Hiebschwerter vor, die allerdings schon um die Mitte des 1. Jahrhunderts aufgegeben wurden, weil die Germanen, auch die Langobarden, sich an die gegnerische Kampfestechnik und Ausrüstung anpaßten. Ein Gladius aus Putensen, ein Beutestück, kann diesen Vorgang verdeutlichen.

Auch im 1. Jahrhundert n. Chr. ist die Mehrzahl der Bewaffneten mit Lanzen, Speeren und Schilden ausgestattet begraben worden. Im 2. Jahrhundert n. Chr. wurden die Waffenbeigaben seltener. In Putensen und Marmstorf kam es auf den Friedhöfen zur Anlage von Waffendepots. Äxte besaßen in der Bewaffnung keine Bedeutung, wenn man in der Beurteilung von der Zahl der gefundenen Stücke ausgehen darf. Im Nachklang auf die Markomannenkriege erfolgten zum Ende des 2. Jahrhunderts und im frühen 3. Jahrhundert erneut Bestattungen mit Waffen auf den noch benutzten Friedhöfen Putensen und Langenbek. Die Schwertbesitzer waren zusätzlich mit Sporen versehen. Neben diesen Voll- und Leichterbewaffneten, die seit dem 1. Jahrhundert v. Chr. festzustellen waren, wurde seit dem frühen 1. Jahrhundert n. Chr. auch ein Personenkreis mit voller Waffenausrüstung und Sporen beerdigt, der zunächst ohne sie auskam. Gemeint sind die vornehmen Herren, deren Leichenbrand in importierten römischen Bronzegefäßen beigesetzt wurde. In Harsefeld, Putensen, Ehestorf und Nienbüttel sind diese Herren vertreten.

Die Mehrzahl der Männer wurde ohne Waffen beerdigt. Feuerstahl, Rasiermesser und Gehän-

Urnenfriedhof von Putensen, Kr. Harburg. Gruppe von metallenen Urnen zwischen Tongefäßen. (Foto: H. Drescher)

ge für den Feuerstahl sind archäologische Anzeichen für Männergräber. Eine Fibel, Schnalle, Kamm, Schere, Pinzette und Messer ergeben Trachtenzubehör und Geräte, die man häufig in Männerinventaren entdeckt, die vereinzelt aber auch in Gräbern von Frauen angetroffen werden. Immerhin lassen sich unter den Schnallen ungewöhnliche Stücke wie Achterschnallen und norische Schnallen aussondern, die bisher nur in Männergräbern festgestellt wurden.

Eine kleine Gräbergruppe ist schon mehrfach kurz angesprochen worden. Gemeint sind Bestattungen mit bronzenen Importgefäßen. Diese fanden seit der Mitte des 1. Jahrhunderts n. Chr. an der Niederelbe als Urnen Verwendung. Hier sind bronzene Kessel mit eisernem Rand, situlenförmige Eimer mit Delphin- und Herzblattattachen, steilwandige Becken, rundliche Becken mit Tülle und Kannen aufzuzählen. Auffällig ist die gleichartige Typenauswahl auf mehreren Friedhöfen links und rechts der Elbe, wenn man die Gräberfelder Harsefeld und Apensen, Kr. Stade, Ehestorf und Putensen, Kr. Harburg, Nienbüttel, Kr. Uelzen, Hammoor, Kr. Stormarn, Alt-Mölln, Kr. Herzogtum Lauenburg, Wiebendorf und Körchow, Kr. Hagenow, sieht. Mehrere Abweichungen sind zwar erkennbar, trotzdem ist überlegt worden, hierin eine typische Auswahl für den Stamm der Langobarden erkennen zu können. Genügt es der ersten Generation dieses kleinen Personenkreises, sich

im späten 1. Jahrhundert v. Chr. nur durch die metallene Urne von den anderen Toten zu unterscheiden, so werden in der ersten Hälfte des 1. Jahrhunderts n. Chr. in Harsefeld, Ehestorf, Putensen und Nienbüttel Bestattungen mit viel Aufwand vollzogen. Neben dem Bronzegefäß als Urne erfolgt jetzt die Mitgabe der vollen Waffenausrüstung. Hinzugefügt wird Trinkgeschirr, Trinkhörner nach germanischer Sitte, Kelle, Sieb oder Kasserolle nach römischer Art. Auch wird durch Silber in Form von Fibeln oder als Zierat an Waffen verstärkt der Rang und der Reichtum des Toten hervorgehoben. In den nachfolgenden Jahrzehnten kommt es, insbesondere in Putensen, zu vereinzelten Vergrabungen von zerschlagenen bronzenen Gefäßen. Doch erst im 2. Jahrhundert n. Chr. läßt sich die gehobene soziale Gruppe nochmals in Marmstorf und in Putensen fassen, wenn Waffenlager mit Bruchstücken von mehreren zerschlagenen und angeschmorten Metallgefäßen niedergelegt wurden. Zugehörige Leichenbrandlager fehlen meistens, da sie wohl vom Pflug auseinandergerissen wurden. Dagegen wurde am Südrand des Langobardengebietes in Hankenbostel, Kr. Celle, eine Bestattung freigelegt, die sich wieder durch Waffen, Bronzegeschirr und silberne Gegenstände hervorhebt. Ähnlich sieht es in Apensen aus. Ein großer Eimer barg Leichenbrand und bronzene und silberne Bruchstücke von Gefäßen, Teile von

Trinkhörnern, einen Sporn und Gerät, die alle auf dem Scheiterhaufen gelegen haben. In Harsefeld und Putensen konnte W. Wegewitz den sozialen Aufstieg einer Familie verfolgen.

Dagegen bleibt die Herkunft der Herren von Marwedel, Stadt Hitzacker, Kr. Lüchow-Dannenberg, unklar. Sie sind getrennt von anderen Menschen auf einer markanten Geländekuppe beerdigt worden. Weder ältere Gräber, noch nachfolgende sind von dort bekannt. Die Gräber sind nicht von Fachleuten entdeckt und freigelegt worden. Trotzdem ließ sich bei wissenschaftlichen Nachgrabungen nachweisen, daß die Toten unverbrannt begraben worden sind. Allein dies stellt schon eine Ausnahme in dieser Region dar. Doch auch in der Ausstattung der Gräber zeigen sich über das bisher aus Brandgräbern vornehmer und reicher Personen im Niederelbegebiet bekannte weitere Steigerungen in Umfang und Wert, wobei zwischen den Gräbern selbst noch Qualitätsunterschiede bestehen. Während in dem älteren Grab noch eine Verbindung zur einheimischen Umgebung durch zwei rädchenverzierte Tongefäße zu erkennen ist, paßte man den Inhalt des einen jüngeren Grabes dem Maßstab dieser gehobenen Gruppe an.

Derartig herausragende Grabinventare wie Hankenbostel, Apensen und Marwedel sind später im Niederelbegebiet nicht wieder zu beobachten. Vielleicht ist mit der Scheibenfibel von Tangendorf der letzte Überrest eines reichen Grabes aus der Zeit um 300 überliefert worden. Die jüngeren auffälligen Bestattungen der jüngeren römischen Eisenzeit und Völkerwanderungszeit sind nur mit der Sozialgruppe zu vergleichen, die vom 1. Jahrhundert v. Chr. bis 2. Jahrhundert n. Chr. von Harsefeld bis Nienbüttel angetroffen wurde.

Die Gräber vieler Hunderte und Tausende Langobarden sind aus dem Niederelbegebiet bekannt. Wie beschrieben, lassen sich soziale Unterschiede erkennen, lassen sich einzelne Familien auf den Friedhöfen erfassen und verfolgen. Die Gegenstände in und neben den Urnen vermitteln Aussagen über die Tracht und Tätigkeiten der Menschen. Auch verraten die Bestattungssitten etwas über das Denken dieser Menschen, wenigstens in gewissen Bereichen, so daß über die große Kühnheit und Kampfbereitschaft der Langobarden hinaus, die als einzige Eigenschaften dieses Volkes von den antiken Autoren überliefert wurden, wenigstens einige Facetten vom Leben der Langobarden sich abzeichnen.

Wenig läßt sich dagegen bisher über ihre Siedlungsweise sagen. Zahlreiche Siedlungen sind erkannt, und auf mehreren dieser Plätze ist es auch zu kleineren Ausgrabungen gekommen. Doch stehen größere Untersuchungen bis auf die noch laufende Ausgrabung in Rullstorf, Kr. Lüneburg, noch aus.

Beckedorf, Kr. Harburg. Untersuchung der Pfostenlöcher eines langobardischen Hauses. (Foto: F. K. Mahlstedt)

Ashausen, Kr. Harburg. Ausgrabung von Schachtöfen für Eisenverhüttung. (Foto: F. K. Mahlstedt)

Die bisherigen Ergebnisse von Rullstorf, die durch kleinere Grabungen in Scharmbeck und Beckedorf, beide Kr. Harburg, ergänzt werden, zeigen lange Hallenhäuser, die durch Pfostenpaare getragen werden. An den Langseiten besteht beiderseits eine Wandpfostenreihe. In den Häusern gibt es mehrere Unterteilungen. Die Gebäude werden von den Langseiten betreten. Vieh und Menschen haben unter demselben Dach gelebt. Daneben existieren mehrere Nebengebäude. Wasser wurde aus Zisternen oder Brunnen geschöpft. Häuser oder Höfe von Besitzern unterschiedlichen Ranges, wie sie beispielsweise auf der Feddersen-Wierde bei Mulsum, Kr. Cuxhaven, oder in Hodde, Dänemark, festgestellt worden sind, lassen sich bisher bei den Langobarden nicht nachweisen. Über die Ernährungsweise fehlen entsprechende Unterlagen wegen der raschen Zersetzung organischer Reste. Hier wird man Ergebnisse von Siedlungen mit günstigeren Erhaltungsbedingungen übertragen dürfen.

Da Raseneisenerz in verschiedenen Gegenden des Niederelbegebietes ansteht, ist die Verhüttung des Erzes an mehreren Stellen nachgewiesen worden. Bekannt ist der Schachtofen von Scharmbeck, Kr. Harburg, der aus Bruchstükken, die in einer Abfallgrube entdeckt wurden, restauriert werden konnte. Aber nicht nur in Scharmbeck, sondern auch gleich jenseits des nördlich angrenzenden Baches in der Gemeinde Ashausen sind verschiedenartige Ofenanlagen zur Eisengewinnung und -verarbeitung ausgegraben worden. Eisen wurde in der römischen Eisenzeit nicht nur für große Gegenstände wie Waffen oder für Geräte wie Messer und Scheren benötigt, sondern die Schmiede fertigten auch Schmuckstücke aus Eisen an. Diese Dinge sind weitgehend nur aus den Gräbern bekannt, Metallfunde in den Siedlungen kommen höchst selten vor.

Besser und zahlreich erhalten ist dagegen die Keramik in den Siedlungen. Große gerauhte Vorratsgefäße standen in den Häusern, und die Hausfrau wirtschaftete außer mit Holzschalen und Bastkörben auch mit tönernen Sieben, Tellern, Schüsseln und Krügen. Dabei zeichnen sich zwei Qualitätsstufen ab. Bis in die erste Hälfte des 1. Jahrhunderts gab es neben der rotbraunen gerauhten Gebrauchskeramik eine bessere schwarze Ware, die mit der Grabkeramik zu vergleichen ist. Im fortgeschrittenen 1. Jahrhundert nahmen verzierte braune Gefäße ihren Platz ein. Natürlich erfolgten auch bei der Siedlungskeramik mit der fortschreitenden Zeit Umgestaltungen im Randprofil oder bei der qualitätvolleren Ware auch in den Verzierungen. Immerhin zeichnet sich dadurch neuerdings an einzelnen Plätzen eine Siedlungsdauer vom 2. zum 3. Jahrhundert ab, und zwar in Regionen, in denen bisher noch kein Friedhof oder keiner mehr für diesen Zeitabschnitt bekannt war.

Wenn man sich nach diesem Überblick fragt, wodurch die Berechtigung besteht, innerhalb des weiten elbgermanischen Kulturkreises die Region von der Stader Geest bis zum Höhbeck als Teilbereich abzugrenzen, stellt man zunächst viele Ähnlichkeiten mit benachbarten Kulturerscheinungen fest und viele gleichartige Entwicklungen wie in anderen Teilen des Freien Germaniens. Im Grunde sind es Einzelheiten, kleine Beobachtungen, die zusätzlich zu den topographischen Grenzen für eine begrenzte Eigenentwicklung dieses Gebietes sprechen. Merkmale für diese Region und für ihre Bevölkerung sind nicht die Langobardenfibel, die einsichtigerweise jetzt Rechteckfibel heißt, oder schlanke Tierkopfarmringe oder mit Rollrädchen in Mäandern verzierte Terrinen und Töpfe, die alle schon zur Abgrenzung gegenüber benachbarten Stämmen herangezogen wurden.

Nach Süden fällt eine Abgrenzung leicht. Aus der südlichen Lüneburger Heide und dem Allergebiet sind bisher erst wenige Grabplätze bekannt. Auf ihnen herrschen Bestattungssitten, die an der Elbe fast unbekannt sind. Insbesondere werden dort Brandgruben- und Brandschüttungsgräber angelegt. Die Keramik weist wie die Bestattungssitte zu der westgermanischen Rhein-Weser-Gruppe. Die Kontakte über die siedlungsungünstigen Sandböden nach Norden fehlen.

Auf eine andere Formenwelt stößt man im Elbe-Weser-Dreieck. Was noch im späten 1. Jahrhundert v. Chr. elbgermanischen Kulturerscheinungen ähnelte, wandelte sich zunehmend in der älteren römischen Eisenzeit zu einer eigenständigen Küstengruppe mit weiten Trichterschalen und Standfußgefäßen. Darauf folgen die bekannten Friedhöfe der sogenannten Westerwanna-Gruppe, die sich u. a. durch Buckelurnen auszeichnet.

Schwerer sind die Unterschiede zwischen den Gebieten nördlich und südlich der Niederelbe aufzuzeigen, zumal lokale Eigenheiten von Friedhof zu Friedhof feststellbar sind. In beiden Gebieten herrscht die Brandbestattungssitte, wobei südlich der Elbe nicht nur Urnen, sondern im 2. Jahrhundert auch Leichenbrandlager vorkommen. Durch Einbeziehung der Keramik ergeben sich weitere Gesichtspunkte. Im 1. Jahrhundert v. Chr. bis in das frühe 1. Jahrhundert n. Chr. bilden Situlen, Trichterurnen und weitmündige Töpfe im linkselbischen Gebiet den wesentlichen Bestand an Urnen. Diese Gefäße kommen in Südholstein selten oder in abgewandelter Form vor. Im Kreise Hagenow gleichen die Gefäße eher den linkselbischen. Nimmt man die zweihenkligen Töpfe heraus, zeigt sich für diese linkselbisch eine sehr kurze Entwicklungsreihe in der Zeitphase vor Christi Geburt, die Henkel bleiben noch auf der Schulter stehen, während rechts der Elbe die zweihenkligen

Töpfe im 1. und 2. Jahrhundert zum festen Bestand mehrerer Friedhöfe gehören, hier sich sogar bis in das 3. Jahrhundert fortentwickeln. Daneben bestehen die Dreiknubbentöpfe, die in dieser Form südlich der Elbe selbst im Friedhof von Darzau nicht festzustellen sind, obwohl dieser sonst starke mecklenburgische Einflüsse erkennen läßt. Die Terrinen erhalten in Mecklenburg, aber auch in der Altmark, einen kleinen Hals, der in Harsefeld oder Putensen nicht an den Gefäßen zu finden ist. In Darzau und Rebenstorf gibt es jedoch entsprechende Terrinen mit Hals. Zweihenkel- und Knubbentöpfe einerseits und Terrinen andererseits kommen in Südholstein höchst selten auf demselben Friedhof vor, in Mecklenburg sieht es entsprechend aus, oder sie bilden dort zwei getrennte Gruppen auf einem Gräberfeld.

Beigaben und Leichenbrandbestimmungen erklären, daß nördlich der Elbe Männer und Frauen getrennt und dazu in typischen Urnen bestattet wurden. Linkselbisch nahm seit dem frühen 1. Jahrhundert auf allen Friedhöfen die keramische Typenvielfalt zu, so daß sich geschlechtsspezifische Urnen nicht erkennen lassen, in der vorrömischen Eisenzeit gelang eine Zuweisung nur für die zweihenkligen Urnen. Unter den Beigaben fehlen linkselbisch die Glättsteine und spezielle Sandsteinwirtel, die in Südholstein vorrangig, aber auch im westlichen Mecklenburg vorkommen.

Es sprechen mehrere Argumente für einen geschlossenen langobardischen Siedlungsraum südlich der Elbe. Noch nicht befriedigend zu beantworten ist die Frage, ob das ganze Gebiet über die Mitte des 2. Jahrhunderts hinaus unverändert von den Langobarden besiedelt wurde. Im Westen zeigen sich auf dem Friedhof in Campe, Kr. Stade, Einflüsse der Elbe-Weser-Gruppe. Und im Osten wurde schon auf abweichende Details im Fundgut des Urnenfeldes von Darzau aufmerksam gemacht. Ein Augenmerk muß auch auf den Friedhof von Rebenstorf geworfen werden. Hier zeigen sich gleichfalls in der Keramik mecklenburgische und altmärkische Kontakte. Letztere verstärkten sich anscheinend im 2. Jahrhundert, so daß spätestens mit dem Beginn der Schalenurnenbeisetzungen auf dem Friedhof von Rebenstorf eine veränderte Situation eingetreten ist. Dieser Eindruck wird auch in einer veränderten Auswahl der Beigaben sichtbar, es ergibt sich eine Abhängigkeit von der Kulturentwicklung in der Altmark. Damit geht dies Gebiet aufgrund des kulturellen Erscheinungsbildes den Langobarden verloren. Dazu betont O. Harck, daß die Friedhöfe Türschau, Billerbeck und Rebenstorf, alle Kr. Lüchow-Dannenberg, auf der Ostseite des Drawehns und als Ausnahme Weste, Kr. Uelzen, westlich des Höhenzuges eine Belegungskontinuität bis in die Völkerwanderungszeit zeigen, die auf den Friedhöfen in den Kreisen Stade, Harburg, Lüneburg und dem restlichen Kreise Uelzen nicht besteht. Auch er sieht deshalb in der jüngeren römischen Eisenzeit an der Ilmenau eine kulturelle Scheide.

Seit der Mitte des 2. Jahrhunderts verringerte sich merklich die Zahl der Friedhöfe und Siedlungen, und auf den fortbestehenden Gräberfeldern nahmen die Bestattungen in den nachfolgenden Jahrzehnten ständig ab. Es wurden zum Ausgleich dafür auch keine neuen Friedhöfe angelegt. Somit muß von einer beginnenden Abwanderung von Teilen der Bevölkerung ausgegangen werden. Da auch Friedhöfe mit überwiegend Frauenbestattungen aufgelassen wurden, handelte es sich nicht nur um Züge von Kriegern, die dann nicht heimkehrten.

In diesem Zusammenhang kommt natürlich die Meldung von der Donau wie gewünscht, daß dort 167/168 rund 6000 Langobarden und Obier den Strom überquert haben. Sie wurden zwar zurückgedrängt und sollen in ihre Heimat zurückgekehrt sein, doch archäologisch ist dieser Rückstrom an der Unterelbe nicht faßbar. Statt dessen zeigt sich im 3. Jahrhundert eine erheblich verminderte Siedlungsdichte, die sich mit weiteren Bevölkerungsabzügen erklären läßt. Abziehende Bevölkerungsteile aus der Prignitz haben möglicherweise auch langobardische Gruppen auf ihrem Weg nach Böhmen und Nordmähren mitgenommen.

Im Zeichen der allgemeinen Unruhe kam es um 300 im Niederelbegebiet zu Neugründungen von Friedhöfen. Sie erfolgten an anderen Stellen und zeigen eine neue Formenwelt. Diese zeichnete sich aber in ihren Anfängen schon im 2. Jahrhundert ab. Schalenurnen, Fibeln mit hohem Nadelhalter und umgeschlagenem Fuß sowie Knochenröhren und Dreilagenkämme bestimmten das Bild. Trotz der vorhandenen Tradition, aber durch neue Einflüsse zunächst aus dem westgermanischen Bereich, doch dann aus Mitteldeutschland, zeigen sich die Langobarden an der Niederelbe in einem veränderten kulturellen Umfeld; wobei angemerkt werden muß, daß der Name der Langobarden seit dem 2. Jahrhundert nicht mehr in Norddeutschland vorkam.

Spätestens im 4. Jahrhundert erscheint in Niedersachsen der Stamm oder der Stammesverband der Sachsen, der, wenn er mit den Saxones des Ptolemaios identisch ist, noch im 2. Jahrhundert nördlich der Elbe wohnte. Damit ergibt sich zwangsläufig die Frage, wie lange die Langobarden als eigenständiger Stamm oder als kulturell einheitliche Gruppe existiert haben, wann auch sie in den Sachsen aufgegangen sind. Die schriftlichen Quellen schweigen. Archäologisch sind Formengruppen im Elbe-Weser-Dreieck, im Stader Raum, eine verwandte Gruppe im Harburger-Lüneburger Bereich sowie die zur Altmark ausgerichtete östlich der Ilmenau angesiedelte Gruppe gegeneinander abzusetzen. Die Gruppe zwischen Este, Heidezone und Ilmenau könnte dann als Rest der Langobarden interpretiert werden.

Wulf Thieme

Literatur

W. D. Asmus, Tonwaregruppen und Stammesgrenzen in Mecklenburg während der ersten beiden Jahrhunderte nach der Zeitenwende (Neumünster 1938).
W. Capelle, Das alte Germanien. Die Nachrichten der griechischen und römischen Schriftsteller (Jena 1929).
E. Cosack, Das Kriegergrab von Hankenbostel aus der Älteren Römischen Kaiserzeit. Studien zur Sachsenforschung 1, 1977, S. 35—47.
W. Gebers und F. Lüth, Siedlung und Gräberfelder auf dem Kronsberg bei Rullstorf im Kreise Lüneburg – ein Vorbericht. Hammaburg N. F. 6, 1981—83 (1984), S. 99—114.
A. Genrich, Die Wohnsitze der Langobarden an der Niederelbe nach den schriftlichen Nachrichten und den archäologischen Quellen. Die Kunde N. F. 23, 1972, S. 99—114.
W. C. C. von Hammerstein-Loxten, Der Bardengau, eine historische Untersuchung über dessen Verhältnisse und über den Güterbesitz der Billunger (Hannover 1869).
O. Harck, Nordostniedersachsen vom Beginn der jüngeren Bronzezeit bis zum frühen Mittelalter (Hildesheim 1972 u. 1973).
O. Harck, Das letzte vorchristliche Jahrtausend. In: Führer zu archäologischen Denkmälern in Deutschland, Bd. 13, Hannoversches Wendland (Stuttgart 1986), S. 86—98.
H. Hingst, Vorgeschichte des Kreises Stormarn (Neumünster 1959).
K. Kersten, Vorgeschichte des Kreises Herzogtum Lauenburg (Neumünster 1951).
G. Körner, Der Urnenfriedhof von Rebenstorf im Amte Lüchow (Hildesheim u. Leipzig 1939).

G. *Körner u. F. Laux,* Vorgeschichte im Landkreis Lüneburg (Lüneburg 1971).

W. *Matthes,* Die nördlichen Elbgermanen in spätrömischer Zeit (Leipzig 1931).

G. *Osten,* Die Frühgeschichte der Langobarden und die Bildung eines Großstammes der Angeln seit dem Ende des zweiten nachchristlichen Jahrhunderts. Niedersächsisches Jahrbuch für Landesgeschichte 51, 1979, S. 77–136.

H. *Schirnig,* Funde und Fundstellen um Uelzen (Hildesheim 1979[3]).

G. *Schwantes,* Die Urnenfriedhöfe vom Typus Rieste und Darzau. Mecklenburg 34, 1939.

B. *Sielmann,* Eine eisenzeitliche Siedlung aus Beckedorf, Kreis Harburg. Hammaburg N. F. 1, 1974, S. 121–131.

M. *Stief,* Untersuchungen auf einem Urnenfriedhof der vorrömischen Eisenzeit und der älteren römischen Kaiserzeit in Apensen, Landkreis Stade. In: K. *Wilhelmi* (Hrsg.), Ausgrabungen in Niedersachsen. Archäologische Denkmalpflege 1979–1984 (Stuttgart 1985), S. 203–205.

W. *Thieme,* Ein Urnenfriedhof der älteren römischen Eisenzeit in Garlstorf, Kreis Harburg. Betrachtungen zur älteren römischen Eisenzeit im Niederelbegebiet. Hammaburg N. F. 6, 1981–1983 (1984), S. 145–164.

W. *Thieme,* Die römische Eisenzeit und Völkerwanderungszeit. In: Führer zu archäologischen Denkmälern in Deutschland, Bd. 13, Hannoversches Wendland (Stuttgart 1986), S. 99–126.

F. *Tischler,* Fuhlsbüttel, ein Beitrag zur Sachsenfrage (Neumünster 1937).

W. *Wegewitz,* Die langobardische Kultur im Gau Moswidi (Niederelbe) zu Beginn unserer Zeitrechnung (Hildesheim 1937).

W. *Wegewitz,* Die Langobarden an der Niederelbe. In: H. *Reinerth* (Hrsg.), Vorgeschichte der deutschen Stämme, Bd. 2, Westgermanen (Leipzig 1940), S. 744–826.

W. *Wegewitz,* Der langobardische Urnenfriedhof von Tostedt-Wüstenhöfen im Kreise Harburg (Hildesheim u. Leipzig 1944).

W. *Wegewitz,* Ein Rennfeuerofen aus einer Siedlung der älteren Römerzeit in Scharmbeck (Kreis Harburg). Nachrichten aus Niedersachsens Urgeschichte 26, 1957, S. 3–25.

W. *Wegewitz,* Der Urnenfriedhof von Ehestorf-Vahrendorf im Kreise Harburg aus der vorrömischen Eisen- und der älteren römischen Kaiserzeit (Hildesheim 1962).

W. *Wegewitz,* Der Urnenfriedhof von Hamburg-Marmstorf (Hildesheim 1964).

W. *Wegewitz,* Der Urnenfriedhof von Hamburg-Langenbek (Hildesheim 1965).

W. *Wegewitz,* Der Urnenfriedhof von Wetzen, Kreis Harburg, und andere Funde aus dem 1. Jahrhundert v. Chr. im Gebiet der Niederelbe (Hildesheim 1970).

W. *Wegewitz,* Das langobardische Brandgräberfeld von Putensen, Kreis Harburg (Hildesheim 1972).

W. *Wegewitz,* Der Urnenfriedhof der älteren und jüngeren vorrömischen Eisenzeit von Putensen, Kreis Harburg (Hildesheim 1973).

W. *Wegewitz,* Bestattungen in importiertem Bronzegeschirr in den Urnenfriedhöfen der jüngeren vorrömischen Eisen- und der älteren Kaiserzeit im Gebiet beiderseits der Niederelbe. Hammaburg N. F. 7, 1984–1985 (1986), S. 69–132.

J. *Werner,* Spätlatène-Schwerter norischer Herkunft. In: Symposium Ausklang der Latènezivilisation und Anfänge der germanischen Besiedlung im mittleren Donaugebiet, Malé Vozakany, 1972 (Bratislava 1977), S. 367–401.

Die Langobarden in Mecklenburg

In den letzten sechs Jahrhunderten v. u. Z. – der vorrömischen Eisenzeit – war Mecklenburg stark besiedelt. Diese Schlußfolgerung ergibt sich aus den zahlreichen Wohn- und Bestattungsplätzen, die bisher aufgefunden worden sind. Es läßt sich aber auch erkennen, daß in den verschiedenen Landesteilen die Besiedlungsverhältnisse unterschiedlich waren. Aus dem westlichen Mecklenburg und der westlichen Prignitz sind besonders viele Fundplätze nachgewiesen, deren Nutzung bereits in der jüngeren Bronzezeit begann und in der Regel kontinuierlich bis an den Beginn des letzten Jahrhunderts v. u. Z. verlief.

Besonders in der zweiten Hälfte dieser Periode war es zu einem außergewöhnlich starken Anwachsen der Bevölkerung gekommen. Doch dann hört die Nutzung der meisten Siedlungs- und Bestattungsplätze in weiten Teilen des heutigen westmecklenburgischen Raumes plötzlich auf. Nur noch wenige jüngere Gräber sind auf den Friedhöfen angelegt worden. Nach den bisherigen Erkenntnissen fällt der weitgehende Besiedlungsabbruch in die Zeit von etwa 120–100 v. u. Z.

Aus der vorrömischen Eisenzeit liegen Nachrichten über bedeutende Bevölkerungsbewegungen vor. Nachdem die Römer zusammen mit den gallischen Häduern in den Jahren 125–121 v. u. Z. Südgallien – mit Ausnahme von Massalia – erobert hatten, wurde das Römerreich selbst durch starke Feinde bedroht. Es waren germanische Kriegerscharen. 113 v. u. Z. sollen die Kimbern von der Nordspitze Jütlands und die etwas südlicher, wohl an der Westküste Schleswig-Holsteins wohnenden Teutonen zu ihren Kriegszügen nach Süden aufgebrochen sein. Ihnen schlossen sich nach der Überlieferung verschiedene andere germanische Stämme – wie z. B. die Haruden – an, sicherlich insbesondere solche, die in der Nähe des Wanderweges siedelten. Dieser ist nicht überliefert und auch archäologisch nicht genau zu ermitteln. Im Abbrechen der Jastorf-Friedhöfe des östlich der Elbe gelegenen Siedlungsgebietes – besonders deutlich auf dem fast vollständig untersuchten Bestattungsplatz von Glövzin, Kr. Perleberg, erkennbar – mag dieser Vorgang seine Widerspiegelung gefunden haben. Dieses Gebiet ist nach den Grabfunden bereits in der Zeit um 50 v. u. Z. fast menschenleer. Das trifft für den Westen (Kreis Hagenow, Ludwigslust und Schwerin) und Südwesten (Kreis Perleberg und Parchim) des heutigen Bezirkes Schwerin zu, nicht aber für den Westen des Bezirkes Rostock. Hier in der „Grevesmühlener Gruppe", oder größer gefaßt, „der ostholsteinisch-nordwestmecklenburgischen Gruppe", liegen die Besiedlungsverhältnisse etwas anders. Die Friedhöfe wurden sowohl in der vorrömischen Eisenzeit als auch in der frührömischen Kaiserzeit verschiedentlich sogar kontinuierlich benutzt, und man gewinnt bei der Betrachtung der Grabinventare den Eindruck, als trete im letzten Jahrhundert v. u. Z. eine bedeutende Bevölkerungszunahme ein.

In großen Teilen Südwest- und Westmecklenburgs erfolgt eine Wiederherstellung erst mit rollrädchenverzierten Tongefäßen und bestimmten Fibelformen (Augenfibeln, geschweifte Fibeln, Rollenkappenfibeln), d. h. etwa in der Mitte der ersten Hälfte des 1. Jh.s. Anders ist das im Kreis Hagenow und dem an ihn grenzenden Randbereich der Kreise Schwerin und Ludwigslust. Hier, in dem von R. Beltz als „Körchower Gruppe" bezeichneten Raum, setzt die Neubesiedlung mit spätlatènezeitlichem Formengut ein, und nach den Friedhofsbelegungen zu urteilen, offenbar zur gleichen Zeit. Der genaue Zeitpunkt läßt sich aber sehr schwer bestimmen, weil überregionale feinchronologische Untersuchungen noch nicht durchgeführt worden sind. Es fällt jedoch auf, daß ein Teil der Friedhöfe, insbesondere die im Randbereich der Gruppe liegenden, nicht sehr lange benutzt worden sind, denn auf ihnen fand nur spätlatènezeitliches Formengut Niederschlag. Andere, wie der namengebende Friedhof der Gruppe, Körchow, oder der erst vor wenigen Jahren vollständig untersuchte Bestattungsplatz von Wiebendorf, zeigen eine Belegung bis in die zweite Hälfte des 1. Jh.s hinein.

Bereits bei der Veröffentlichung des Körchower Fundmaterials im Jahre 1920/21 hat der Schweriner Altertumsforscher R. Beltz dieses mit dem Stamm der Langobarden verbunden. Den Abbruch des Friedhofes von Körchow in der zweiten Hälfte des 2. Jh.s führte er auf das Erscheinen der Langobarden während der Markomannenkriege (zwischen 166 und 169) an der Donau zurück, und den Beginn des Platzes brachte er mit der historischen Überlieferung in Verbindung, nach der wohl größere Stammesteile im Jahre fünf auf das rechte Elbeufer übersiedelten, um sich der Unterwerfung durch die Truppen des Tiberius zu entziehen. Neuere Forschungen auf Urnenfriedhöfen dieser Zeit haben die von R. Beltz geäußerte Ansicht weitgehend bestätigt und für deren Richtigkeit eine Vielzahl von Fakten geliefert.

Unter Kaiser Augustus sind im Jahre 15 v. u. Z. die Gebiete der Zentralalpen und das Alpenvorland bis zur Donau hin durch Drusus und Tiberius erobert worden. Damit entstand eine ungünstige, fast rechtwinklig verlaufende Grenzführung an Rhein und Donau, die durch die Einverleibung der Gebiete bis zur Elbe verkürzt werden sollte. Zugleich wollte man die Gefahren, die von den unruhigen germanischen Stämmen ausgingen, beseitigen, denn deren Gebiete waren wiederholt Ausgangspunkt für Überfälle auf das römische Territorium. Von den Legionslagern Mainz und Xanten aus stießen römische Truppen unter Drusus ins Innere Germaniens vor und erreichten im Jahre 10 v. u. Z. die Elbe. Im Jahre 9 v. u. Z. wurden die Sueben in der Gegend nördlich des Untermains geschlagen. Im Jahre 4 u. Z. unterwarf Tiberius mehrere Stämme im Nordwesten Germaniens und ein Jahr später stieß er, kombiniert mit Flotte und Heer, gegen die Germanen vor. Er unterwarf mit dem Heer die Chauken. Die Langobarden wichen aus und zogen sich auf das Gebiet rechts der Elbe zurück. Die Flotte fuhr von der Nordsee in die Elbemündung ein und traf an einer vorberechneten Stelle mit dem Heer zusammen. Ein Aufstand in Dalmatien hinderte Tiberius daran, die Markomannen unter Führung von Marbod in Böhmen zu unterwerfen. Zwischen 5 und 9 u.Z. befanden sich also größere Teile Germaniens, wie der Raum westlich der Weser, aber auch Gebiete bis zur Elbe, in römischer Hand.

Der Übertritt großer Teile des Langobardenstammes auf das Gebiet rechts der Elbe im heutigen Kreis Hagenow war ungehindert möglich, da das Land seit etwa 100 Jahren weitgehend menschenleer war. Der schriftlichen Überlieferung ist in bezug auf die Übersiedlung nur wenig zu entnehmen. Nach den archäologischen Quellen dürfte die Zahl der Langobarden nicht sehr groß gewesen sein, denn es sind bisher nicht mehr als 16 Friedhöfe bekannt geworden. Man muß lediglich mit etwa 20—25 Plätzen auf dem rechtselbischen Gebiet rechnen, die im Zuge des Vorganges entstanden sind. Die kurzzeitig belegten Friedhöfe, auf denen nur spätlatènezeitliches Formengut auftrat, sind ein Zeugnis dafür, daß nach der Schlacht im Teutoburger Wald ein Teil der Langobarden in die Altsiedelgebiete links der Elbe zurückging. So befindet sich inmitten eines der bestuntersuchten Plätze des linkselbischen Siedlungsgebietes der Langobarden, dem Friedhof von Putensen, Kreis Harburg, eine Belegungslücke von 20—50 Metern, die durch den Eroberungszug des Tiberius entstanden sein dürfte. Sie trennt den von W. Wegewitz untersuchten jastorfzeitlichen Friedhofsteil von dem anderen, u. a. auch mit Bronzeurnen belegten. Hier fehlen offenbar jene Gräber, die uns auf den kurzzeitig belegten Friedhöfen rechts der Elbe begegneten. Ein Teil der Übersiedler blieb in einem verhältnismäßig kleinen, durch Schaale und Sude im wesentlichen begrenzten Raum rechts der Elbe zurück. In Hagenow selbst dürfte die Stammesführung gesessen haben, die im 2. Jh. offenbar wieder auf das linkselbische Gebiet, und zwar nach Marwedel, Gem. Hitzacker, Kr. Lüchow-Dannenberg, verlagert wurde. So entstand bereits in der ersten Hälfte des 1. Jh.s um den Siedlungsraum der rechtselbischen Langobarden eine breite Ödmark. Nur im Norden bestand das Grenzgebiet zum benachbarten Stamm aus einem schmalen Moorgürtel.

Die von den Germanen als Urnen benutzten Metallgefäße sind sicherlich von den Römern mitgebracht worden. Sie treten gehäuft im Raum rechts der Elbe und nicht nur auf Langobardenfriedhöfen auf. Es ist wahrscheinlich, daß die Römer die an das eroberte Gebiet grenzenden Stämme durch Geschenke an deren Führungsschicht freundlich stimmen wollten. Mit der Rückkehr von Stammesteilen in das Altsiedelgebiet links der Elbe ist eine Reihe von Metallgefäßen mitgeführt worden, die dann dort auch für die Grablegung benutzt worden sind. Das Wohlverhalten der Langobarden ging dann auch so weit, daß sie sich nicht im Jahre 9 an der Schlacht im Teutoburger Wald beteiligten. Obwohl bisher stammesspezifisches Formengut in der materiellen Kultur noch nicht herausgearbeitet werden konnte, ist das Vorhandensein gleichartiger Kulturgutformen sowohl links wie rechts der Elbe auffallend deutlich.

Horst Keiling

Literatur

W.-D. Asmus, Tonwaregruppen und Stammesgrenzen in Mecklenburg während der ersten beiden Jahrhunderte nach der Zeitenwende. Neumünster (1939).

R. Beltz, Das Urnenfeld von Körchow. Jahrbücher des Vereins für mecklenburgische Geschichte und Altertumskunde 85, 1920/21, S. 1—98.

H. Keiling, Glövzin. Ein Urnenfriedhof der vorrömischen Eisenzeit im Kreis Perleberg. Berlin 1979.

H. Keiling, Besiedlungsgeschichtliche Beobachtungen in Körchow, Kreis Hagenow. Bodendenkmalpflege in Mecklenburg, Jahrbuch 1982, S. 25—96.

H. Keiling, Zur Frage der Besiedlung Westmecklenburgs durch Langobarden nach dem Kriegszug des Tiberius im Jahre 5 u. Z. in den unteren Elberaum. Sitzungsberichte der Akademie der Wissenschaften der DDR, Gesellschaftswissenschaften 15 G, 1982, S. 45—51.

H. Keiling, Parum, Kreis Hagenow. Ein Langobardenfriedhof des 1. Jahrhunderts. Schwerin 1986.

W. Wegewitz, Das langobardische Brandgräberfeld von Putensen, Kreis Harburg. Hildesheim 1972.

W. Wegewitz, Der Urnenfriedhof der älteren und jüngeren vorrömischen Eisenzeit von Putensen, Kreis Harburg. Hildesheim 1973

Die Langobarden nördlich der mittleren Donau

Das Schicksal der Langobarden auf ihrem Zug nach Süden hat vom historischen sowie archäologischen Standpunkt eine außerordentliche Bedeutung für deren Abwanderung aus dem Raum nördlich der mittleren Donau, d. h. aus dem Gebiet des heutigen Böhmens, besonders aus Mähren, der Südwestslowakei und Niederösterreichs. Auf diesem Boden tritt der Stamm nach seinem in Dunkel gehüllten Wanderweg von Norden her in das helle Licht der historischen Überlieferung. Irgendwo in diesen Ländern zogen sie vor der Auswanderung nach Pannonien weitere Scharen an sich. Aber nicht einmal hier sind die einzelnen Vorgänge zeitlich und örtlich aufgrund der schriftlichen Quellen soweit faßbar, daß sie damit zur kontinuierlichen Schilderung der Begebenheiten ausreichen. Allgemein wird die Stammesansiedlung im Donauraum im Gebiet des Rugilandes, was in gegenwärtiger Auffassung am ehesten noch dem Landstreifen am nördlichen Donauufer zwischen den Osthängen des niederösterreichischen Waldviertels und Korneuburg entsprechen wird, in die Zeit unmittelbar nach dem Jahr 488 datiert. Damals waren die Rugier von Odoaker vernichtend geschlagen, ihre Reste unter dem König Frederik nach Italien fortgeführt und

ihre ursprünglichen Wohnsitze freigegeben worden. Die schriftliche Überlieferung spricht nur von einem kurzen Aufenthalt des Langobardenstammes im ehemaligen Rugiland und schließlich von seiner Umsiedlung in die Ebene, die in der barbarischen Sprache „Feld" genannt wird. Hier kam es auch zum entscheidenden Zusammenstoß mit den Herulern, denen der Langobardenstamm anfangs unterworfen war, und schließlich zum Sieg über diese. Widersprüchlich in der Langobardengeschichte sind bisher die zeitlichen Angaben über die langobardische Ausdehnung in den Raum südlich der Donau, auf den Boden der einstigen pannonischen Provinzen. Einige historische Quellen sprechen nämlich von einer zweiundvierzigjährigen Besetzung Transdanubiens, obwohl auch gleichzeitig erzählt wird, daß erst der König Audoin im Jahre 546 die Langobarden nach Pannonien geführt hat.

So gelten die Jahre 526 oder 527 als ein Zeitpunkt der Einwanderung. Laut Angabe in der Historia Langobardorum codicis Gothani verblieb der Stamm in Pannonien nur 22 Jahre. Dadurch nähert sich diese Überlieferung dem historisch verläßlichen Datum des Bündnisvertrages zwischen Kaiser Justinian I. und dem langobardischen König Audoin aus dem Jahre 546, als den Langobarden die Stadt der Noriker sowie die Festungen in Pannonia und viele andere Ortschaften übergeben wurden.

Über die Anwesenheit nordelbgermanischer Gruppen im Donauraum erfahren wir erstmals aus historischen Berichten. Schon in der zweiten Hälfte des 2. Jahrhunderts, zu Beginn der Markomannenkriege, drangen zur Donau auch Gefolgschaften aus dem weit entfernten unteren Elbegebiet vor, namentlich werden 6000 Langobarden und Obier genannt. Archäologisch sind diese Scharen allerdings keineswegs faßbar. Die archäologischen Belege des Vordringens einiger Bevölkerungselemente aus dem nördlichen Elbegebiet liefern jedoch einige jungkaiserzeitliche Funde aus Nordmähren. Zu Beginn der zweiten Hälfte des 3. Jahrhunderts tritt in dieser Gegend eine Gruppe von Brandgräberfeldern auf (Kostelec na Hané, Hrubčice, Určice, Náklo, Vranovice, Jarohněvice), deren früheste Belegungsphase einen im donausuebischen Kulturmilieu ungewöhnlichen Formenbestand aufweist, der zweifellos mit einem nordelbgermanischen Kulturkreis in Zusammenhang gebracht werden kann.

Außer diesen Funden verdient die Siedlung von Hulín Aufmerksamkeit, die etwa in die Mitte des 5. Jahrhunderts zu datieren ist. Die handgeformte Irdenware nordelbgermanischer Prägung, die auf den südmährischen und südwestslowakischen Siedlungsplätzen des 5. Jahrhunderts keine Entsprechungen besitzt, berechtigt zur Annahme, daß es sich hier entweder um ein Überbleibsel der jungkaiserzeitlichen Kostelecer Gruppe oder aber um eine kleine Gemeinschaft von neuen Einwanderern aus dem nördlichen Elbegebiet handelt.

In den Gebieten nördlich der mittleren Donau schlagen sich seit dem Anfang der Völkerwanderung im archäologischen Fundbild tiefgreifende Veränderungen nieder, die mit dem Abzug von wesentlichen Teilen der altansässigen suebischen Bevölkerung einerseits und der Formierung neuer Macht- und Siedlungstrukturen im 5. Jahrhundert andererseits in Verbindung gebracht werden können. Die entscheidende Rolle bei diesen Ereignissen haben ostgermanische Bevölkerungsgruppen gespielt.

Es hat den Anschein, daß gerade Gemeinschaften, die offensichtlich in der Attilazeit hunnischer Autorität untergeordnet waren, zur frühvölkerwanderungszeitlichen Stammesbildung nördlich der mittleren Donau auf dem Wege der Umschichtung und Assimilierung der suebischen Restbevölkerung ausschlaggebend beigetragen haben. In der zweiten Hälfte des 5. Jahrhunderts entwickelte sich aus verschiedenartigen Grundlagen eine verhältnismäßig einheitliche Bevölkerung, die in kleineren Friedhöfen mit West-Ost orientierten, teilweise schon reihenweise angelegten Gräbern und vereinzelten Frauengräbern ostgermanischer Prägung erkennbar wird. Das Bestreben, sich an die modischen Neuerungen der frühen Merowingerzeit anzupassen, nicht nur was die Grabausrich-

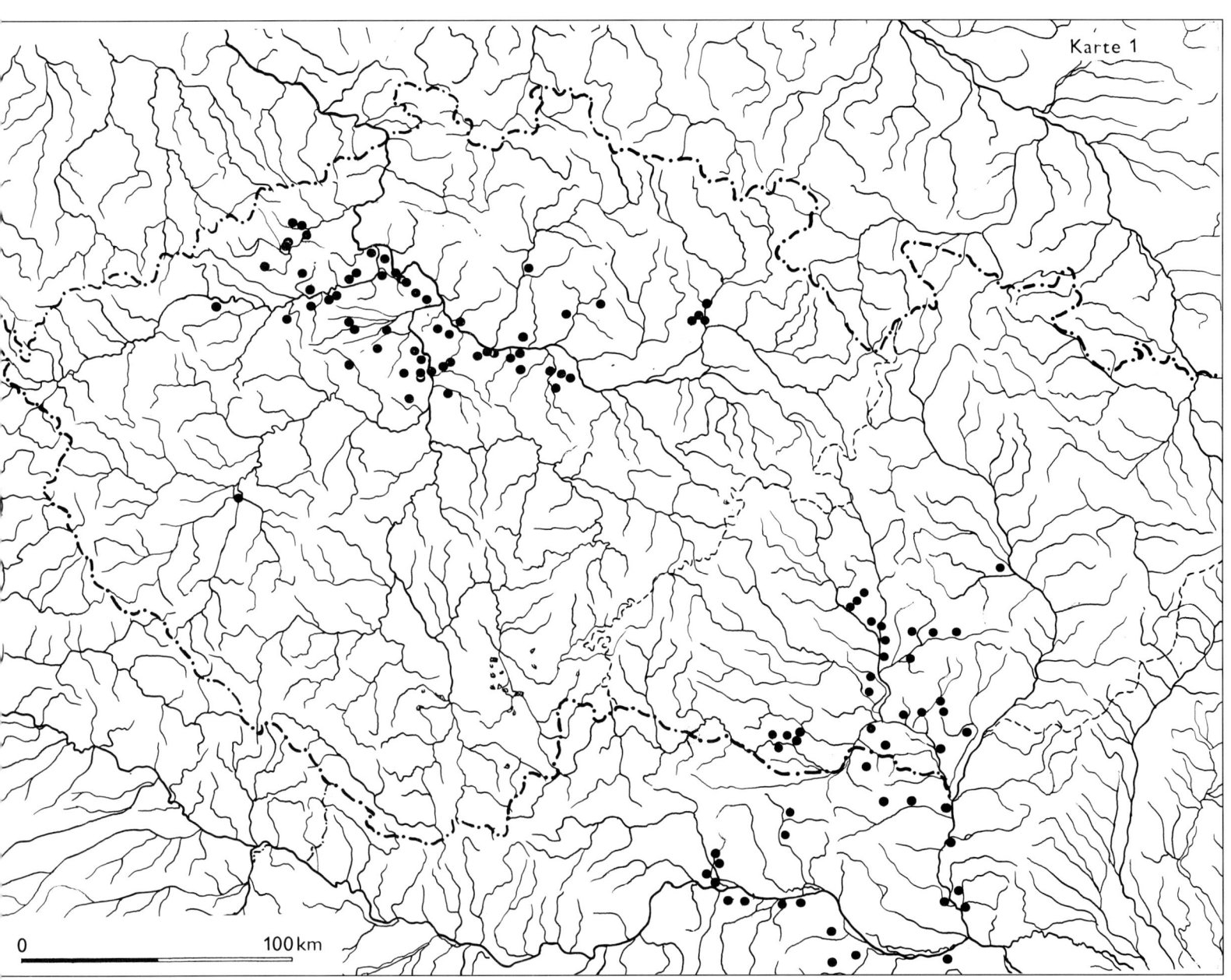

Karte 1: Ostmerowingische Reihengräberfelder elbgermanisch-langobardischer Prägung auf dem Gebiet der ČSSR

tung, sondern auch das Auftreten frühmerowingischer Sachformen betrifft, läßt sich besonders in der Spätphase dieser Gruppe verfolgen. Die Konzentration derartiger Fundstellen in Südmähren, vor allem in der Umgebung von Brno, schließt nicht aus, daß diese Landschaft ein Zentrum des Stammesverbandes war. Die Stabilisierung der gesellschaftlich-politischen Strukturen fand hier am besten in dem Königsgrab von Blučina-Cezavy ihren Niederschlag, wo u. a. eine Goldgriffspatha, goldene Handgelenkringe, eine mit Almandin geschmückte Saxscheide, Schuh- und Gürtelschnallen, Sattelbeschläge usw. geborgen wurden.

Die führende ostgermanische Oberschicht in der zweiten Hälfte des 5. Jahrhunderts mit konkreten Stammesnamen zu belegen, ist eine viel diskutierte Frage. Es wird entweder die rugische oder herulische Stammeszugehörigkeit erwogen. Einige Indizien deuten jedoch eher auf die Heruler, die als Herrenschicht eines polyethnischen Völkergemisches angesehen werden müssen. In diesem Zusammenhang muß erwähnt werden, daß im Inventar der höchstrangigen Adels- oder Königsgräber Fundstücke angetroffen wurden, die die schriftlich überlieferten Beziehungen der Heruler zum skandinavischen Norden zu bestätigen scheinen. Lassen wir den in Skandinavien hergestellten bootsförmigen Silberknauf des Schwertgriffes aus dem Königsgrab von Blučina außer acht, so soll doch auf die nach Norden ausgerichteten Verbindungen der in letzter Zeit neuerlich ins Blickfeld getretenen Funde aus den Hügelgräbern von Žuráň-Podolí hingewiesen werden. Dabei werden sogar Zusammenhänge zwischen dem mährischen Hügel, der nur etwa 15 km von Blučina entfernt liegt, und den bekannten schwedischen Königshügeln der Völkerwanderungszeit gesehen. Die wirkliche Deutung und genauere Zeitbestimmung dieser berühmten Fundstelle, an der zwei Grabkammern, fünf Pferdeskelette und dieselbe Zahl jener viel diskutierten gabelförmigen Gegenstände aus Eisen sowie flechtbandverzierte Holzbalken gefunden worden sind, zu ermitteln, kann erst die Aufgabe weiterer Forschung sein. Vorläufig ergibt sich aus den Untersuchungen, daß mindestens der zweite Grabschacht, welcher im Jahre 1948 ausgegraben worden ist, noch der vorlangobardischen Phase der norddanubischen Entwicklung zuzuweisen ist, wahrscheinlich in die zweite Hälfte des 5. Jahrhunderts. Zu den bedeutendsten und auch genauer datierbaren Funden zählen die Fragmente eines olivgrünblauen Überfangglases mit griechischer Inschrift und die eines dickwandigen konischen Spitzbechers aus grünem Glas mit langen, polierten Rinnenfazetten vom Typ Norgaarden-Vátshus, also Gläser, die zur Standardausrüstung der skandinavischen Häuptlingsgräber gehören. Unter den Resten des reichen

Beigabenensembles, das für Angehörige des Hochadels kennzeichnend ist, wie Goldfäden eines Brokatschleiers, die Bruchstücke einer Elfenbeinpyxis spätantiker Herkunft, die Randverzierung einer goldbeschlagenen hölzernen Kleinschale usw., fand man auch vier Niete, die zu einer Aufhängevorrichtung für eine Spatha vom Typ Brighthampton-Högem gehören sowie vier Niete der Parierstange. Dies bedeutet allerdings, daß im Grabschacht auch ein mit einem Schwert gerüsteter, vielleicht aus königlichem Geschlecht stammender Mann bestattet worden war. Während durch die Aufhängevorrichtung der Schwertscheide klare nordische Bezüge nachgewiesen werden, sind die weiteren Funde, halbkugelige silberne Pferdegeschirrbeschläge und silberne, wahrscheinlich zum Sattelbeschlag gehörende Nägel, entsprechend jenen von Blučina, auf reiternomadische Traditionen zurückzuführen. Die Zusammensetzung dieses Inventars, in dem sich weiträumige skandinavisch-donauländisch-reiternomadische Beziehungen erkennen lassen, widerspricht nicht der Vorstellung, daß es sich um die Grabausstattung eines Herulerkönigs handeln könnte.

Wenn auch die bedeutenderen Funde der zweiten Hälfte des 5. Jahrhunderts den Herulern zugeschrieben werden können, so ist damit jedoch noch nichts über die ethnische Zugehörigkeit des ganzen mährischen Raumes gesagt, da hier außer den ostgermanischen Splittergruppen auch noch mit Restsueben gerechnet werden muß. Da sich nach Ennodius etwa um das Jahr 488 die herulische Herrschaft auch auf die pannonischen Provinzen nördlich der Drau ausgeweitet hat, darf angenommen werden, daß ebenfalls die hiesigen Sueben und andere altansässige Bevölkerungsgruppen unterschiedlichster Abstammung den Herulern tributpflichtig geworden sind und den herulischen Stammesverband gebildet haben.

Die Vielfalt der einzelnen ethnischen Gruppen erkennt man auch in der älteren Phase der Völkerwanderungszeit in Böhmen, wo sich im Fundgut der Vinařicer Gruppe drei ethnokulturelle Komponenten abzeichnen, die die elbgermanische Restbevölkerung beeinflußt haben: die spätprovinzialrömische, die donauländischgermanische und reiternomadische.

In der nachfolgenden Zeit wurde die Entwicklung der altansässigen Bevölkerung zuerst in Böhmen und den westlichen Gegenden der norddanubischen Zone, später auch in Mähren, durch das Erscheinen einer urwüchsigen Kulturgruppe gestört, ja sogar unterbrochen. Die meisten älteren Nekropolen wurden aufgegeben, nur in Böhmen läßt sich auf ganz vereinzelten Gräberfeldern (Praha-Podbaba) die weitere Belegungskontinuität vermuten. Es wurden neue Reihengräberfelder mit W-O orientierten Bestattungen angelegt, deren Inventar sich von vorhergegangenen Perioden in mehreren Merkmalen unterscheidet. Obgleich manches den üblichen merowingerzeitlichen Formenbestand fortführt, zeugt vor allem die handgemachte Keramik, die als rein elbgermanisch anzusprechen ist, vom Zuzug neuer kultureller und ethnischer Bevölkerungsgruppen von Norden her. Gegenüber den älteren Gräberfeldern erscheinen nun häufiger Waffenbeigaben, was für kriegerisch strukturierte Gefolgschaften spricht. Aus all diesen Indizien schließt die archäologische Forschung, daß die Träger dieser Gruppe mit den eingewanderten Langobarden in Verbindung zu bringen sind. In der Tat scheint es sich um mehrere Völkerbewegungen gehandelt zu haben, die außer Böhmen und den mittleren Donauraum auch die obere Donau und das Alpenvorland erreicht haben, wie es die Gräber mit stark mitteldeutsch geprägtem Fundstoff in frühbajuwarischen Friedhöfen beweisen. Ebenfalls spricht vieles dafür, daß durch diese Zuwanderung nicht nur Langobarden, sondern auch andere elbgermanische Bevölkerungsgruppen unterschiedlicher Abstammung, darunter auch thüringische und sächsische Stammessplitter, mitgerissen wurden. Die Zusammensetzung dieser Gruppen spiegelt sich auch in der Keramik wider. Trotz der Verwandtschaft eines Teiles der handgemachten Ware in dem keramischen Formenbestand der thüringischen Körpergräberfelder besitzen manche Formen, die keine Vorläufer im einheimischen Milieu haben,

ausdrucksvolle Entsprechungen in den geographischen Räumen nördlich von Magdeburg, in der Altmark, in den Gebieten östlich der Saale und sogar im Havelgebiet. In Böhmen scheinen die Reste der schon bodenständigen elbgermanischen Siedler von neuen nördlicheren Bevölkerungsgruppen, gleich ob es Thüringer oder Langobarden waren, allmählich absorbiert worden zu sein; offensichtlich haben sie sich auch an den nachfolgenden Wanderungen beteiligt. In Abwägung des thüringischen, böhmischen und mitteldonauländischen Fundstoffes läßt sich voraussetzen, daß die Völkerbewegung vom Norden her verhältnismäßig rasch vor sich gegangen ist. Die früheste Belegungsphase der neu angelegten Gräberfelder in Böhmen weist noch ein rein thüringisches Fibelspektrum auf, das in die zweite Hälfte, vor allem in das ausgehende 5. Jahrhundert datiert werden muß. Fast zeitgleich können die ältesten Funde elbgermanisch-ostmerowingischer Prägung an der Donau eingestuft werden. Gleichzeitig ist auch die Anfangsphase der niederösterreichischen Gräberfelder in der Kremser und Hollabrunner Gegend, als auch die der südlich der Donau am Tullner Feld gelegenen Friedhöfe. Die erste Welle der neuen Zuwanderer wurde sogar mit den Fibelformen beigesetzt, die offensichtlich noch in thüringischen Werkstätten hergestellt worden sind. Hierzu zählen die Fibeln mit nach oben beißenden Vogelköpfen und gleich breitem Fuß, einige Frühformen der Zangenfibeln und S-Fibeln, die in die Zeit um 500 gehören. Die Neuankömmlinge brachten auch Gefäße der thüringischen Drehscheibenkeramik mit, die weder auf den frühen böhmischen noch auf niederösterreichischen Friedhöfen fehlen. Die letzten Ausgrabungsergebnisse erlauben sogar die Vermutung, daß bald danach einzelne südmährische Gräberfelder angelegt worden sind, wie es die neu gefundene thüringische Schale aus Borotice und die vierknöpfige Fibel mit halbrunder Kopfplatte und Rautenfuß vom Typ Naumburg aus Lužice, die werkstattgleiche Analogien in Thüringen besitzt, andeutet. Im großen und ganzen sind jedoch die südmährischen Funde später anzusetzen, was unter anderem auch die starke Abnutzung des Stückes von Lužice andeutet.

Sollte diese chronologische Abstufung zutreffen, so würde der archäologische Befund im Grunde den schriftlichen Überlieferungen entsprechen, laut deren Schilderung die Langobarden nach dem kurzen Aufenthalt im Rugiland weiter ostwärts zogen, nämlich in das sagenhafte „feld", wo sie den Herulern tributpflichtig wurden. Die einzelnen Phasen dieser Wanderung mit archäologischen Mitteln zu fassen, wie es manchmal versucht wird, ist jedoch beim derzeitigen Forschungsstand verfrüht. Andererseits läßt sich vermuten, daß die Anfänge der elbgermanischen Reihengräberfelder im mittleren Donauraum mit den spätesten Gräbern auf den Friedhöfen der sogenannten vorlangobardischen Periode, wie Nový Šaldorf, Strachotín, Vyškov, zeitlich zusammenfallen. Trifft diese Vermutung zu, bedeutet dies, daß die ersten elbgermanischen Gruppen an der mittleren Donau, die sicher teilweise mit den Langobarden zu verbinden sind, sich in enger Nachbarschaft relativ starker Siedlungsgemeinschaften fremder Herkunft befanden, deren Kultur nicht nur durch die üblichen frühmerowingischen Einflüsse, sondern wesentlich donauländisch-ostgermanisch geprägt worden war. Schon in der knapp darauffolgenden Entwicklungsphase änderten sich die Verhältnisse völlig. Die älteren Friedhöfe brachen ab, und neue, durch elbgermanische Keramik gekennzeichnete, begannen in allen wichtigen Siedlungskammern Mährens und des östlichen Weinviertels.

Dem historisch überlieferten kurzen Nebeneinander von Langobarden und Herulern, bzw. von Völkergruppen verschiedener Abstammung, die zum herulischen Stammesverband gehörten, folgt die Niederlage der herulischen Herrschaft im Donauraum. Mit den schriftlichen Quellen übereinstimmend scheint es, daß es nach dem Zusammenbruch des Herulernreiches, irgendwann nach dem ersten Jahrzehnt des 6. Jahrhunderts, zur endgültigen Landnahme elbgermanischer Gruppen in Südmähren und zu ihrer größten Macht- und Wirtschaftsent-

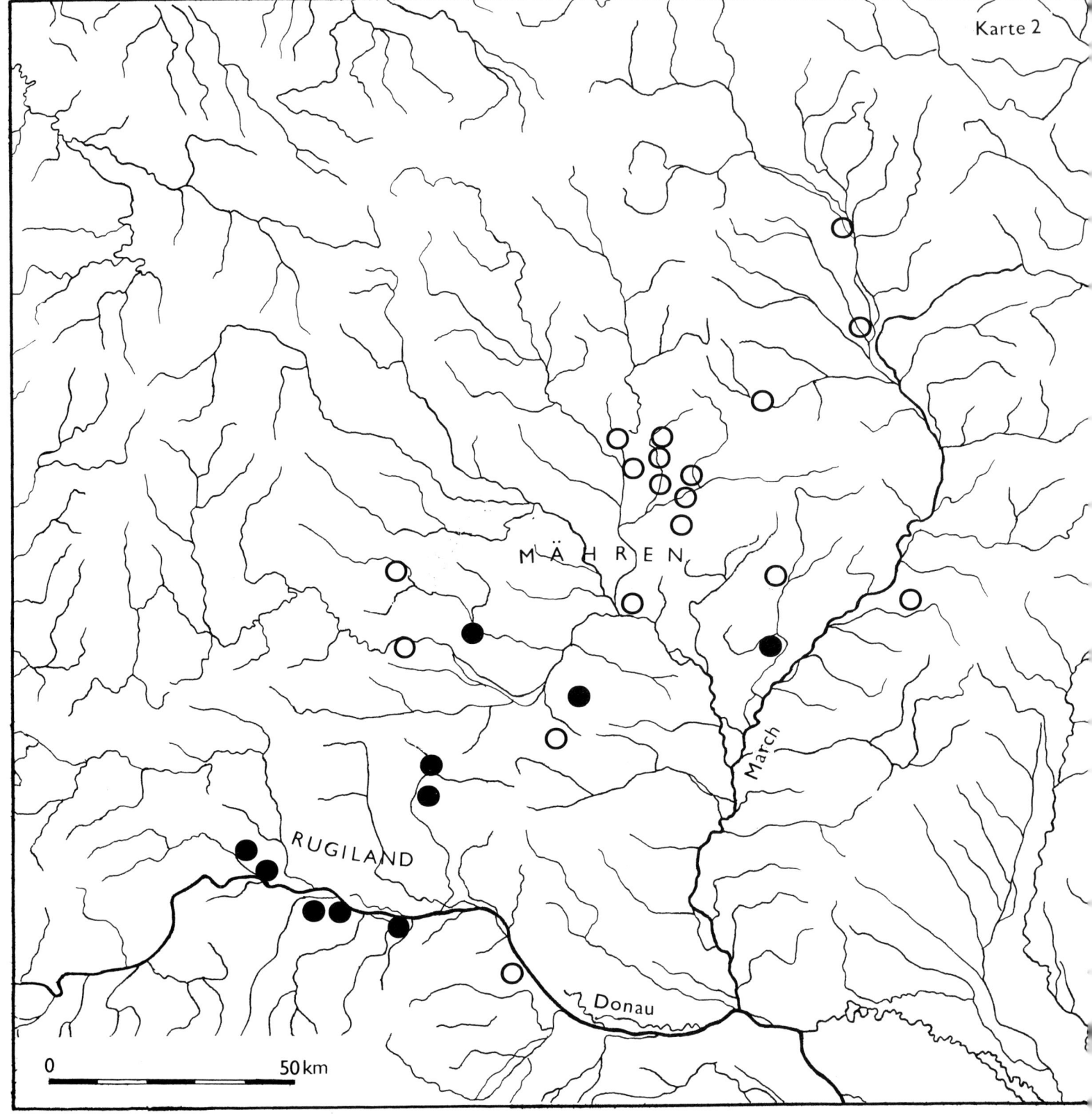

MÄHREN

RUGILAND

March

Donau

0   50 km

faltung kam. Erst danach sind die Langobarden aus mehreren elbgermanischen Stammessplittern als entscheidender Machtfaktor hervorgewachsen und haben alle anderen verwandten oder fremden Völkerelemente im Donaugebiet unterworfen sowie große Gebietserweiterungen vorgenommen. Nach neuen historischen Analysen und auch archäologischen Ergebnissen kann sogar nicht ausgeschlossen werden, daß schon in diesem Zeitabschnitt einzelne langobardische Scharen donauabwärts, auf den Boden Pannoniens nördlich der Drau, vordrangen. Der Aufschwung der langobardischen Kultur in der Zeit des Usurpators Wacho läßt sich nördlich der mittleren Donau trotz massiver Gräberplünderungen durch eine relativ reiche Ausstattung der Gräber ablesen. Besonders in letzter Zeit hat sich die Zahl der vollständig freigelegten Gräberfelder, von denen einige mehr als 100 Gräber zählen, wesentlich vergrößert (Holubice, Lužice, Borotice, Čejkovice, Šakvice usw.). Bislang wurde jedoch kein einziger Siedlungsplatz festgestellt.

Karte 2: Das Fundbild auf dem Gebiet nördlich der mittleren Donau im ausgehenden 5. Jh. und in der Zeit um 500
○ Gräberfelder und Grabfunde vorlangobardischer, donauländisch-frühmerowingischer Prägung
● Elbgermanisch-langobardische Gräberfelder mit Funden aus der Zeit um 500

In Männergräbern erscheinen verhältnismäßig häufig Waffenbeigaben, merowingische Spathen- und Saxtypen, eine Vielfalt an Lanzenspitzen, Schildbuckeln und Schildfesseln sowie Äxten.

In Frauengräbern fand man, sofern sie nicht gänzlich ausgeraubt waren, verschiedene Schnallenformen, bronzene und silberne Riemenzungen, Beschläge und Bestandteile cingulumartiger Gehänge, Zierschlüssel, Perlen und Spinnwirtel. Für den thüringisch-langobardischen Kreis der Reihengräber sind Webschwerter besonders kennzeichnend. In Männer- sowie in Frauengräbern lagen häufig einseitige, dreiteilige Kämme mit mäßig gewölbter Griffplatte, Beschläge von Holzgefäßen und anderes.

Für die chronologische Einordnung der mährisch-niederösterreichischen Gruppe sind verschiedene Fibelformen wichtig. Im Laufe der ersten Hälfte des 6. Jahrhunderts bildete sich bei den Langobarden nördlich der mittleren Donau ein charakteristisches Fibelspektrum heraus, dessen Großteil vom thüringischen Formbestand abstammt und weiter entwickelt wurde. Einige Formen scheinen jedoch unter merowingischem Einfluß entstanden zu sein, andere knüpfen an das Erbe der donauländischen Gießereiwerkstätten der vorangegangenen Periode an. Zu den Leittypen zählen die S-Fibeln mit quadratischem Mittelfeld und Vogelköpfe mit geöffnetem Schnabel, spezifische Arten der S-Fibeln mit Köpfen mit geradem Schnabel, fortgeschrittene Formen der Zangen- und Vogelfibeln und einige Varianten der Vielknopffibeln mit ovaler Fußplatte. Es hat den Anschein, daß schon um die Mitte des 6. Jahrhunderts auf einigen Fibeln die Motive des I. Tierstils und die Schlaufenornamentik einsetzen.

Am Beispiel der handgemachten Keramik, die im Gesamtbild zwar elbgermanisch geprägt ist, auf einzelnen Gräberfeldern durchaus auch einen jedoch unterschiedlichen Formenbestand aufweist, wird gewissermaßen die heterogene Zusammensetzung der langobardischen Siedler deutlich. Während auf einigen Friedhöfen die gesamte Typenskala der sogenannten norddanubischen Entwicklung sichtbar wird, wie Schalen- und Beutelgefäße mit Keilstich-, Ritz- und plastischer Verzierung, überwiegen auf anderen in einem einheitlichen Stil geformte tiefe Schalen oder sogar eine einfache kumpfartige Keramik. Vereinzelt taucht auch die „echte" thüringische Irdenware auf.

Unterschiede zeigen sich auch in der Entwicklung der Friedhöfe. Die meisten sind durch einfache Reihengräber um ein „Gründergrab", wie in Holubice, gekennzeichnet. Ähnlich wie in Maria Ponsee auf dem Tullner Feld in Österreich, erfolgte auf dieser Nekropole die Grablege in drei voneinander getrennten Gruppen, was entweder chronologisch oder familiengeschichtlich

bedingt ist. Etwas Besonderes stellen auf einigen norddanubischen Gräberfeldern die Kreisgräben um bedeutendere Bestattungen dar, mit oder sogar ohne Zentralgrab (Holubice, Holásky, Smolín). Eine außerordentliche Stellung nehmen jene kleinen Friedhöfe ein, die als Bestattungsplätze des höheren langobardischen Adels oder fürstlicher Familien benutzt wurden. Außer weiträumigen Schachtgräbern kommen hier häufig Pferdebestattungen vor, die zu dieser Zeit eine Mode darstellen, die in höheren Schichten der damaligen Gesellschaft gepflegt wurde. Im Einklang mit der historischen Überlieferung bestätigen die erwähnten Beobachtungen einen Aufschwung der langobardischen Macht und die fortschreitende gesellschaftliche Differenzierung seit der Herrschaft König Wachos.

Der größte Grabschacht auf dem Friedhof von Šakvice erreichte die Ausmaße von 4×3 m und war beinahe 7 m tief. Die hölzerne Subkonstruktion läßt ein Hausgrab erkennen. Auch bei einigen anderen geräumigen Gräbern auf diesem Fundplatz, darunter einem mit Pferdebestattung, muß man einen komplizierten Grabbau voraussetzen. Eine ähnliche Nekropole wurde auf der österreichischen Seite in der etwa 30 km in südlicher Richtung entfernten Ortschaft Hauskirchen entdeckt. Der Schacht des Frauengrabes Nr. 13 besaß Ausmaße von 3,2×2 m und reichte bis zu einer Tiefe von

Luftaufnahme des langobardischen Gräberfeldes von Holubice (Mittelmähren), wo 1979/80 auf dem Gräberfeld 110 Bestattungen freigelegt wurden. Deutlich sind in der verschneiten Landschaft die ausgehobenen Grabgruben erkennbar.

3,6 m. In beiden Gräbern, sowohl in Šakvice als auch in Hauskirchen, blieben außer anderem, trotz gründlicher Ausplünderung, eiserne und bronzene Ringtrensen, prächtige Beschläge des Pferdegeschirrs und in Šakvice vielleicht sogar Reste eines Wagens erhalten. Einem vergleichbaren Sozialmilieu gehören vielleicht auch die Funde aus den gestörten Gräbern aus

49

HOLUBICE

S

ŠAKVICE 1974
měř. 1 : 100

S

0   30m

Znojmo an, unter denen wiederum die Reste einer eisernen, silbertauschierten Pferdetrense, silberne, prachtvoll verzierte Pferdegeschirrbeschläge sowie bronzebeschlagene Eimer zum Vorschein kamen.

Weiträumige nach Westen gerichtete Verbindungen zur Zeit des Königs Wacho belegen Importe von gläsernen und metallenen Gefäßen. Außer zwei Rüsselbechern sind besonders die fünf Perlrandbecken (Baumgarten, Borotice, Hauskirchen, Lužice 2 St.) zu erwähnen, denen ein einziges Stück aus Pannonien (Várpalota) gegenübersteht, und die ins Frankenreich gerichtete Beziehungen des langobardischen

Adels dieser Zeitphase belegen. Gemeinsam mit anderen Funden deutet diese Einfuhr an, daß die norddanubische Zone noch im Laufe der gesamten ersten Hälfte des 6. Jahrhunderts als einem Kernraum des langobardischen Siedlungsgebietes angesehen werden muß.

Wann die elbgermanischen Bevölkerungsgruppen, darunter auch die Langobarden, die Gebiete nördlich der mittleren Donau verlassen haben, ist eine der meist diskutierten Fragen. Der archäologische Befund läßt uns vermuten, daß die Auswanderung stufenweise in mehreren Wellen verlief. In Böhmen wird angenommen, daß ein Teil der Gräberfelder mit einer kürzeren Belegungsdauer früher, vielleicht schon im Laufe der ersten Hälfte des 6. Jahrhunderts abbrach, was mit der Auswanderung der Langobarden nach ihrem kurzfristigen Aufenthalt im Lande in Verbindung gebracht werden kann. Wenn auch manche dieser Nekropolen, wie es das Beispiel der handgemachten Keramik, welche direkte Entsprechungen im mährisch-niederösterreichischen Bereich besitzt, zeigt, tatsächlich als langobardisch angesehen werden dürfen, so kann bei anderen, wie die vereinzelten Schädeldeformationen und weitere spezifische Züge im Fundmaterial besagen, ein Zusammenhang am ehesten mit thüringischen Bevölkerungsgruppen nicht ausgeschlossen werden. Die Bewegungen in südlicher Richtung, die in der endgültigen Besetzung Pannoniens,

deren südlichen Teilprovinzen Pannonia II und Savia eingeschlossen, haben erst um die Mitte des 6. Jahrhunderts ihren Höhepunkt erreicht, was auch das Abbrechen einiger mährischer Friedhöfe zu bestätigen scheint. Dieses massivere Vordringen der Langobarden in die Gebiete südlich der Donau wurde offensichtlich durch den Föderatenvertrag hervorgerufen, den im Jahre 546 Kaiser Justinian I. mit dem langobardischen König Audoin geschlossen hatte.

Trotz der Verlegung des Zentrums langobardischer Besiedlung nach Pannonien, was auch durch archäologischen Befund anschaulich dokumentiert wird, zeichnet das heutige Fundbild nach der Mitte des 6. Jahrhunderts keine absolute Entleerung der nördlich der Donau gelegenen Gebiete von elbgermanischen Siedlern an. Schon die ältere Forschung hat auf vereinzelte Funde in Böhmen hingewiesen. Deren Zugehörigkeit zur sogenannten pannonischen Entwicklungsphase ist durch genaue Analogien in Pannonien, ja sogar in Italien, bezeugt (die mit dem I. Tierstil verzierte Fibel von Světec, Fibeln von Solany und Zbuzany, einige Funde von Čelákovice – Záluží usw.). Neuerlich besagen die mährisch-niederösterreichischen und südwestslowakischen Funde hinsichtlich der Siedlungsgeschichte nördlich der Donau noch deutlicher das gleiche. Als eine späte Entwicklung können im hiesigen Befund z. B. die entwickelteren Varianten der S-Fibeln vom Typ Várpalota/Vinkovci oder Schwechat/Pallersdorf, aus Hauskirchen und Lužice bewertet werden, die in die Mitte des 6. Jahrhunderts gehören. Der zweiten Hälfte dieses Jahrhunderts sind die S-Fibeln vom Typ Sarching von Velké Pavlovice und die mit Schlaufenornamentik vom Typ Várpalota, wiederum aus Lužice, zuzuweisen. Auch andere Funde von dem letztgenannten, bis jetzt noch unpublizierten Friedhof machen eine späte Datierung erforderlich, z. B. das Paar von Bügelfibeln mit Schlaufenornamentik, einige bronzene Zierscheiben, im Dekor des I. Tierstils verzierte Beschläge von Holzgefäßen und einige Kämme. Einen zeitlichen Ansatz für die jüngsten Gräber von Lužice in die zweite Hälfte des 6. Jahrhunderts unterstützt ein neu gefundener Solidus Justinians I., der als Anhänger verwendet wurde.

Verhältnismäßig spät sind auch einige Waffenformen einzureihen, einzelne Lanzenspitzentypen, zu denen auch jene mit seitlichen Flügeln gehören und das Schwert mit trapezoidem Schwertknauf von Devínské Jazero. Unter der Keramik erweist sich als eine pannonische Form das stempelverzierte Beutelgefäß aus Velké Pavlovice. Fortgeschrittene einheimische Typen sind durch eine „mährische" Reihe der handgeformten Rippengefäße mit extrem gedrungenem Körper und durch stempelverzierte Schalen vertreten.

Erstaunlicherweise ergibt sich eine späte Datierung auch für die meisten Inventare aus Adels- oder Fürstengräbern. Die Beschläge des Pferdegeschirrs von Znojmo und besonders jene von Hauskirchen, mit der Tierstil-I-Ornamentik, oder von Šakvice, die sogar mit frühem Tierstil II verziert sind, lassen erkennen, daß die hier bestatteten Angehörigen der führenden langobardischen Familien frühestens um die Mitte, überwiegend jedoch in der zweiten Hälfte des 6. Jahrhunderts beigesetzt worden sind.

Die Ursache des weiteren Verbleibens der nicht unbedeutenden langobardisch-elbgermanischen Gruppen nördlich der mittleren Donau, wobei insbesondere der Hochadel seine Machtpositionen behielt, sind heutzutage schwer zu ermitteln. Vielleicht waren es die schriftlich überlieferten dynastischen Streitigkeiten zwischen den Königsgeschlechtern der Lethinger und Gausen, als um die Mitte des 6. Jahrhunderts der Gause Audoin die Macht usurpierte. So können einige Anhänger der Lethinger auf den Zug über die Donau nach Süden verzichtet haben und im alten Siedlungsgebiet verblieben sein. Das erklärt auch die gepidischen Einflüsse, die besonders in der Drehscheibenware einiger Gräberfelder gefaßt werden können (Velké Pavlovice, Lužice), die mit den gepidisch ausgerichteten Verbindungen der lethingischen Langobarden zusammenhängen dürften.

Alles dies, aber auch die Frage der endgültigen Abwanderung der elbgermanischen Bevölkerung aus dem Raum nördlich der Donau, liegt noch im Dunkel der Vermutungen verborgen. Wenn auch das Überleben einzelner Splitter elbgermanischer Restbesiedlung bis in die spätere Zeit als wahrscheinlich angenommen werden kann, sind wesentliche Teile der elbgermanischen Bevölkerung, besonders die oberen Sozialschichten, von den Slawen bedroht, spätestens um 568 abgewandert und haben sich den Langobarden aus Pannonien auf ihrem Zug nach Italien angeschlossen. Damit sind die Gebiete nördlich der mittleren Donau im großen und ganzen freigeworden, um die erste slawische Besiedlung aufzunehmen.

Jaroslav Tejral

Literatur

H. Adler, Das „feld" bei Paulus Diaconus, Arch A. Beiheft 14, 1976, 256—262.

V. Bierbrauer, Das Reihengräberfeld von Altenerding in Oberbayern und die bajuwarische Ethnogenese – eine Problemskizze, ZAM 13, 1985, 7—25.

I. Bóna, Der Anbruch des Mittelalters. Gepiden und Langobarden im Karpatenbecken (Budapest 1976).

H. Friesinger, H. Adler, Die Zeit der Völkerwanderung in Niederösterreich, Wissenschaftl. Schriftenreihe Niederösterreich 41/42, 1979, 36—64.

Z. Klanica, Die späte Völkerwanderung und die Anfänge der slawischen Besiedlung im mittleren Marchtal. In: Die Völkerwanderung im Karpatenbecken, Anzeiger d. Germanischen Nationalmuseums 1987 (Nürnberg 1988), 121—124.

W. Menghin, Die Langobarden. Archäologie und Geschichte (Stuttgart 1985).

J. Poulík, Záhadná mohyla Žuráň, Arch. rozhledy 1, 1949, 10—15. Abb. 2—7.

B. Schmidt, Die späte Völkerwanderungszeit in Mitteldeutschland, Veröffentl. d. Landesmuseums f. Vorgesch. in Halle, Bd. 18 (Halle 1961).

B. Svoboda, Čechy v době stěhování národů (Böhmen in der Völkerwanderungszeit), Monumenta Arch., Bd. 13 (Praha 1966).

J. Tejral, Die Probleme der späten römischen Kaiserzeit in Mähren, Studie Arch. ústavu ČSAV v Brně, Bd. III/2 (Praha 1975).

J. Tejral, Grundzüge der Völkerwanderungszeit in Mähren, Studie Arch. ústavu ČSAV v Brně, Bd. IV/2 (Praha 1976).

J. Werner, Die Langobarden in Pannonien. Beiträge zur Kenntnis der langobardischen Bodenfunde vor 568. Abh. d. Bayer. Akademie der Wissenschaften, Phil.-Hist. Klasse, N. F. 55 (München 1962).

J. Zeman, Severní Morava v mladší době římské (Nordmähren in der jüngeren römischen Kaiserzeit). Monumenta Arch. Bd. 9 (Praha 1961).

J. Zeman, Böhmen im 5. und 6. Jahrhundert. In: *W. Menghin, T. Springer u. E. Wamers* (Hg.), Germanen, Hunnen und Awaren, Schätze der Völkerwanderungszeit, Ausstellungskatalog d. Germanischen Nationalmuseums (Nürnberg 1987), 515—527.

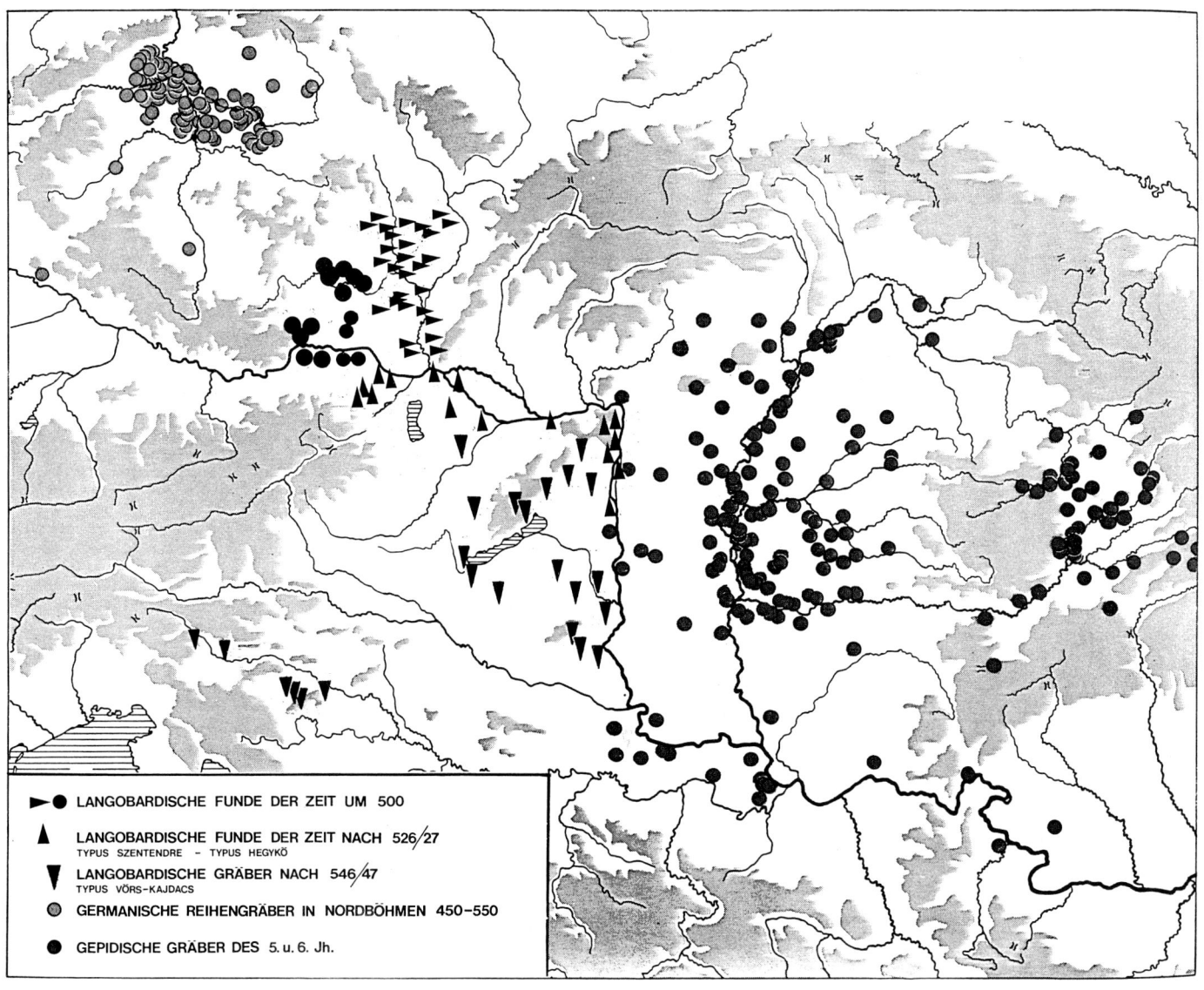

LANGOBARDISCHE FUNDE DER ZEIT UM 500

LANGOBARDISCHE FUNDE DER ZEIT NACH 526/27
TYPUS SZENTENDRE – TYPUS HEGYKÖ

LANGOBARDISCHE GRÄBER NACH 546/47
TYPUS VÖRS-KAJDACS

GERMANISCHE REIHENGRÄBER IN NORDBÖHMEN 450–550

GEPIDISCHE GRÄBER DES 5. u. 6. Jh.

Germanische Funde des 6. Jh.s im Donauraum (n. W. Menghin, Langobarden, S. 50, Abb. 28).

Die Langobarden in Österreich

Als im Winter 487 der Skire Odoaker in seiner Eigenschaft als römischer Heermeister die an der Nordgrenze des Römischen Reiches wohnenden Rugier vernichtend schlug und ihren König Fewa und dessen Gemahlin Giso, eine Kusine des Ostgotenkönigs Theoderich gefangennahm, begann sich jene Prophezeiung des heiligen Severin zu erfüllen, die da lautete: *Denn die bis dahin jetzt dicht besiedelten Orte werden in eine so wüste Einöde verwandelt werden, daß die Feinde in dem Glauben, sie könnten etwas Gold finden, auch die Gräber der Toten aufwühlen werden.*

Ein Jahr später stand zum letzten Mal ein römisches Heer an der Donau, überschritt sie und zerstörte die noch vorhandenen letzten Reste des Rugierreiches. Friedrich, der Sohn König Fewas, floh mit seinen letzten Getreuen zu Theoderich nach Pannonien. Bei der Rückkehr des römischen Heeres wurden auch die in Ufernorikum verbliebenen marschfähigen Bewohner, die Romanen, nach Italien und Binnennorikum mitgenommen. Auch der Wunsch des bereits am 8. Januar 482 verstorbenen hl. Severin, seine sterblichen Reste nach Italien zu überführen, ging in Erfüllung. Damit hörte ein geordnetes Leben im römischen Sinne in den durch hohe Mauern und mächtige Türme geschützten ehemaligen römischen Lagern, jetzt stadtartige Siedlungen, auf. Keine noch so kleinen römischen Militärverbände schützten Hab und Gut der Bewohner und vertrieben durchziehende, plündernde, germanische Verbände auf ihren Märschen entlang den römischen Straßen. Römische Waren konnten weder von Germanen in den römischen Städten gekauft werden, noch konnten Romanen die germanischen Märkte am Nordufer der Donau besuchen, wie es noch unter Severin durchaus an der Tagesordnung war. Wohl waren viele der nur wenig geschützten Landgüter in Flammen aufgegangen, manche der römischen ehemaligen Lager waren geplündert und verheert worden, doch standen die mächtigen mehrstöckigen Gebäude gleichsam rauchgeschwärzt als weithin sichtbare Wegweiser in der Landschaft am Strom.

Auch nordwärts der Donau fanden sich, wie das Beispiel des Oberleiserberges bei Ernstbrunn zeigt, befestigte Höhensiedlungen mit Stein und Holzbauten auf terrassierten Hängen, fast vergleichbar mit den befestigten Höhensiedlungen Binnennorikums. Hier ging romanisches christliches Leben seinen gewohnten Gang, nur waren es hier nicht Romanen, sondern Sueben, die Nachfahren jener Markomannen und Quaden, die durch vier Jahrhunderte die Nachbarn Roms an der Donau waren.

Der Versuch Roms, den durch das Donautal ziehenden verschiedenen gentes gleichsam die Versorgungsbasis zu entziehen, um so eine Atempause für die zu erwartenden germanischen Verstöße auf Italien zu gewinnen, war dennoch nicht restlos geglückt, denn nicht alle Romanen hatten ihre Städte verlassen, sondern zogen es vor, statt einer ungewissen Zukunft, in Binnennorikum und Italien in den Ruinenstädten zu verbleiben und sich mit den nun nachfolgenden Germanen zu arrangieren. Es waren aber nur wenige, deren Spuren wir bisweilen in den Friedhöfen jener Neuankömmlinge aus dem thüringischen Raum, den Langobarden, fassen können.

489 besetzten die bis dahin im nördlichen Mitteldeutschland und den nordöstlichen Randzonen Thüringens siedelnden Langobarden unter ihrem König Godeoc Teile des nördlichen Niederösterreich. Im Raum von Hollabrunn finden wir die ersten Gräber dieser Neuankömmlinge. In Aspersdorf wurden 29 Körper- und zwei Pferdegräber gefunden. Am Ausgang des Kamptales, in Straß, entdeckte man 14 Bestattungen, und auch in Unterrohrendorf bei Krems wurden 30 Gräber freigelegt.

Während gerade das Aspersdorfer Gräberfeld besonders deutlich die direkten Verbindungen mit dem nordwestlichen Mitteldeutschland zeigt, so finden sich in Rohrendorf und Straß direkt neben den neuen langobardischen An-

kömmlingen auch ältere rugierzeitliche Bestattungen.

Die nordöstlichen Nachbarn der Langobarden, die Eruler, die an March und Thaya saßen, sind archäologisch noch bedeutend schwerer zu erfassen als die Langobarden selbst. Lediglich ein mächtiger, vor wenigen Jahren bei Laa an der Thaya (Abb.) entdeckter, aus Steinen errichteter Grabhügel, der seine Entsprechung im Zuran, einem in gleicher Weise gebauten „Königsgrabhügel" nördlich von Brünn in der ČSSR findet, kann am ehesten mit diesen Erulern in Zusammenhang gebracht werden. Während im Zuran noch zwei Bestattungen, nämlich die eines Mannes und einer Frau, aus dem ausgehenden 5. Jahrhundert, wenn auch alt beraubt, festgestellt werden konnten, so wurde in Laa an der Thaya nur eine leere Grabgrube vorgefunden. Entweder hatten die Plünderer hier ganze Arbeit geleistet und keinen noch so kleinen Fundgegenstand zurückgelassen oder dieser

Hügel war für eine entsprechende Bestattung vorbereitet – der Bau dieses Hügels aus geschichteten Steinen nahm doch eine gewisse Zeit in Anspruch – doch die Grablegung selbst konnte nicht mehr vorgenommen werden. Der Grund hierfür könnten die Kämpfe zwischen den Erulern und den Langobarden sein, die unter dem Erulerkönig Rodulf, dem Waffensohn Theoderichs des Großen, ausbrachen – damals waren die Langobarden den Erulern tributpflichtig – und die mit einer schimpflichen Niederlage der Eruler endeten. Diese verloren ihre Identität und wurden in alle Winde zerstreut.

Im Jahre 505 besetzten die Langobarden, nach ihrer eigenen Überlieferung, eine Ebene, die sie „feld" nannten. Diese Ebene „feld", das heutige Tullnerfeld, lag zu beiden Seiten der Donau und reichte von Krems am linken bzw. Mautern am rechten Donauufer bis Stockerau am linken bzw. St. Andrä am rechten Donauufer. Im südlichen Teil dieser Ebene liegen die römischen Lager von Mautern, Traismauer, Zwentendorf, Tulln und Zeiselmauer. Im Nahbereich dieser Lager und auch in der Nähe von dazwischen liegenden burgi, kleinen befestigten römischen Anlagen, haben sich eine Reihe von Gräberfeldern befunden wie Langenlebarn, Tulln, Erpersdorf und Maria Ponsee. Das bedeutendste davon ist Maria Ponsee. Hier gelang es, 93 Körpergräber und zwei Pferdebestattungen freizulegen.

Fürstengrabhügel „Schmalzberg" in KG und MG Neudorf bei Staatz nahe von Laa an der Thaya. Der im Durchmesser mehr als 50 m messende Hügel ist mit einer Steinlage abgedeckt gewesen. Die Brandgräber des 1. bis 2. Jh.s n. Chr. bilden eine ältere Grablege über Siedlungsschichten noch älterer Zeit. Der Große Steinhügel scheint im 6. Jh. mit einem Holzkammergrab angelegt zu sein; das Grab war aber vollständig ausgeraubt. Aus stratigraphischen Gründen ist dieses in die Völkerwanderungszeit zu stellen und kann als ehesten einem langobardischen Fürsten angehören. (Fotos J.-W. Neugebauer, Klosterneuburg)

Neben typischen langobardischen Funden zeigen sich auch vereinzelt Hinweise auf weiterlebende romanische Bevölkerungselemente, die hier unter diesen neuen Herren nicht nur weiterlebten, sondern auch teilweise nach ihrem Geschmack produzierten und wahrscheinlich dafür verantwortlich waren, daß diese Langobarden nicht nur mit dem katholischen Christentum in Berührung kamen, sondern auch mit den Arianern.

Das langobardische Besiedlungsgebiet umfaßte nun das südliche Mähren, das östliche Weinviertel sowie die Ebene *feld*. Pannonien stand ja noch nominell unter ostgotischer Herrschaft und wurde erst nach dem Tode Theoderichs des Großen 526 in Besitz genommen. Spätestens zu diesem Zeitpunkt gehörten auch das östliche Weinviertel und damit die siedlungsgünstigen Niederungen an der March und ihren Nebenflüssen zum langobardischen Gebiet.

Damals im Höhepunkt langobardischer Macht im Gebiet des heutigen Österreichs war Wacho, König der Langobarden. Er hatte seinen Onkel und Vorgänger Tato, den Sieger der Erulerschlacht von 511, ermordet und die Tochter des Gepidenkönigs Elemung geehelicht, um so etwaige Angriffe seiner östlichen Nachbarn, zu denen der Enkel Tatos, Hildegis, geflüchtet war, zu vermeiden.

Aus dieser Zeit der Expansion des Langobardenreiches stammen die Gräberfelder von Poysdorf, Hauskirchen, Hohenau und Baumgarten im Weinviertel. Im Wiener Becken zwischen Leithagebirge und Wienerwald wurden damals die Friedhöfe in Wien VI, Mittelgasse, Perchtoldsdorf, Mödling, Schwechat, Sommerein und Mannersdorf angelegt. Aus dem Gebiet des heutigen Burgenlandes kennen wir vor allem die Gräber von Großhöflein, Steinbrunn und Nikitsch. Einige weitere einzelne, nicht gesicherte Grabfunde sind hier noch aus Petronell, Mattersburg und Sigleß zu nennen.

Nach Wachos Tod im Jahre 540 folgte auf ihn Walthari, sein unmündiger Sohn, und fünf Jahre später nach dessen Tod König Audouin, der für Walthari die Regentschaft geführt hatte. Ein Vertrag zwischen Audouin und Kaiser Justinian im Jahre 546 ermöglichte auch die Einbeziehung der südlichen pannonischen Gebiete in das langobardische Reich. Er brachte aber auch gleichzeitig vermehrte Auseinandersetzungen mit den östlich sitzenden Gepiden, wobei Ostrom durch eine wechselnde Stellungnahme für Langobarden bzw. Gepiden zur Eskalierung der Differenzen dieser beiden Erbfeinde wesentlich beitrug. Höhepunkt dieser Auseinandersetzungen war dann der Entscheidungskampf im Jahre 567. Mittlerweile war Alboin, der Sohn Audouins, König geworden. Er, der aus dem Schädel seines getöteten Widersachers, des Gepidenkönig Kunimund, einen Trinkbecher machen ließ, beschloß dann, daß die

Langobarden mit Weib, Kind, Hab und Gut nach dem Osterfest des Jahres 568 nach Italien ziehen sollten, und überließ das langobardische Reich an der Donau den Awaren unter ihrem Khagan Bajan, dem er für seine Unterstützung im Kampfe gegen die Gepiden schon das gepidische Siedlungsgebiet und zehn Prozent des langobardischen Viehbestandes vertraglich zugesichert hatte.

Archäologisch haben sich von der Anwesenheit dieser Langobarden in Wien, Niederösterreich und Burgenland bisher fast ausschließlich die Friedhöfe nachweisen lassen. An Siedlungsspuren ist eine eingetiefte Hütte mit Firstbalken, zwei Pfosten und einer Herdplatte aus Lehm innerhalb einer römischen Villa in Sommerein der bisher einzige nachweisbare Befund. Neben Fragmenten einer typischen langobardischen handgemachten weitmündigen Rippenschale sowie Teilen einer doppelkonischen, gittermusterverzierten, scheibengedrehten Umbruchschüssel fanden sich Scherben von handgeformter, wellenbandverzierter romanischer Keramik. Ansonsten haben sich von dieser 70 Jahre während Anwesenheit der Langobarden lediglich die tief in den Boden eingegrabenen Grabgruben erhalten.

Wohl zeugen einige Fragmente, vor allem Keramikscherben, Fibelbruchstücke u. a. mehr, von ihrer Anwesenheit in den römischen Ruinenstädten. Über Aussehen der Siedlungen, geschweige denn der Bauten, im nichtrömischen, norddanubischen Gebiet wissen wir bis zum heutigen Tage nichts. Es verbleiben also lediglich die Gräber, von denen nördlich der Donau und im Gebiet der Ebene *feld* alle systematisch beraubt sind. Nur im Wiener Becken finden sich, wie das Beispiel der sieben Körpergräber aus der Flur Leinerinnen in Mödling deutlich macht, ungestörte Bestattungen. Ein Großteil der gerade in den letzten Jahren sorgfältig ausgegrabenen und entsprechend beobachteten Gräber zeigt, daß man die Leichen meist noch im Fleisch- und Sehnenverband aus ihren Holzkisten und Baumsärgen herauszerrte und sie ihres reichen Schmuckes beraubte. Erhalten blieben meist nur die alltäglichen Gegenstände, vor allem die Gefäße, Kämme und einzelne Ausrüstungsgegenstände, für die man entweder keine besondere Verwendung hatte oder die aus uns nicht faßbaren religiösen Überlegungen nicht mitgenommen werden durften.

Der Grund für diese Beraubung mag sicherlich in der Gier nach dem rar gewordenen Edelmetall gelegen haben, auch eine gewisse Rohstoffknappheit dürfte dafür verantwortlich gewesen sein. Einiges ist auch bei der Plünderung verlorengegangen und es waren sicherlich nicht die Vornehmsten der unter dem Begriff *Langobarden* zusammengefaßten vielen gentes und ihrer Nachbarn, die hier systematisch plünderten.

Der wohl bisher bedeutendste Grabfund wurde nördlich der Donau in Niederösterreich in Hauskirchen im Tal der Zaya gemacht. In einem 3,6 m tiefen, 3,2 m langen und 2 m breiten Schacht lagen die durchwühlten Reste der Bestattung einer 25- bis 30jährigen Frau. Die gesamte Holzauskleidung des Grabes war zertrümmert, die über der eigentlichen Bestattung liegenden beiden Pferde waren in die Grabgrube gestürzt, die Tote war aus ihrem Sarg gezerrt und im Schacht schräg an die Wand gelehnt worden, dabei war der Schädel abgerissen und offensichtlich aus dem Grab hinausgeworfen worden und so verlorengegangen. Die große Hast, in der die Räuber waren, wohl nicht nur wegen des Verwesungsgestankes der Leiche, sondern auch wegen der Gefahr, entdeckt zu werden, hat uns nicht nur einen kleinen Rippenbecher aus Ton und ein großes Messingbecken erhalten, sondern auch die kerbschnittverzierten vergoldeten Bronzebeschläge der beiden Zugpferde, weiterhin ein zweites Gefäß und ein eisernes Webschwert. Welch qualitätvollen persönlichen Schmuck muß diese Frau getragen haben, wenn schon ihre beiden Pferde so reich geschirrt waren? Sie war sicherlich Mitglied einer führenden langobardischen Familie und in Bedeutung und Ausstattung durchaus vergleichbar mit jener fürstlichen Dame aus Untersiebenbrunn, die etwa 100 Jahre vor ihr im südlichen Weinviertel gelebt hat.

Einen besonderen Glücksfall stellt auch der Fund eines Goldschmiedegrabes aus Poysdorf dar, in dem nicht nur die Werkzeuge des Schmiedes in einer Kiste mit Vorhängeschloß erhalten blieben, sondern auch zwei Modelle, eines für eine Bügelfibel und das andere für eine S-Fibel, und seine Waffen.

Ein besonders seltenes Stück ist auch der komplett erhaltene fränkische Rüsselbecher aus Glas, der in Maria Ponsee, Grab 53, gefunden wurde und uns die weitreichenden Handelsbeziehungen der Langobarden an der Donau bis in das Rheinland vor Augen führt. Schildbuckel und Schildbeschläge, Lanzen und Pfeilspitzen, aber auch die silbertauschierten Scheidenbeschläge von zweischneidigen Schwertern, wie sie gerade in Mödling, Grab 6, gut erhalten blieben, gewähren Einblick in die Bewaffnung dieser Langobarden. Auch die gut erhaltenen Fragmente eines ostgotischen Spangenhelmes, der nebst anderen Waffenteilen aus einem offensichtlich ungestörten Grab in Steinbrunn im Burgenland zutage kam, und das Kopfgeschirr eines Reitpferdes mit silbertauschierten Seitenstangen aus Maria Ponsee geben ein anschauliches Bild dieser Krieger. Zahlreiche Kämme und Toilettengegenstände wie Pinzetten gehören ebenso zum Bestand der Männergräber wie auch die selten vorkommenden Beile und der zweizinkige Fischstecher aus Maria Ponsee.

S-förmige, vogelförmige und scheibenförmige Fibeln gehörten zur Oberbekleidung der Frau. Ketten aus bunten Glaspasteperlen, manchmal auch Bernsteinperlen und Goldbrakteaten wurden, wie in Mödling nachgewiesen, auf aus Flachs gedrehten Schnüren um den Hals getragen. Vom Gürtel hingen lange Stoff- oder Lederbänder, in die Perlen aus Glas, Chalcedon und Bergkristall eingeknüpft waren. Ihre Enden waren mit Silberblechen beschlagen und große Bügelfibeln aus Edelmetall, meist Silber vergoldet, wurden ebenfalls vom Gürtel herabhängend getragen. Nadelbüchsen, Schlüssel, Eisenmesser und -scheren waren ebenfalls am Gürtel befestigt oder in einem Beutel verwahrt. Schuhe waren in vielen Fällen mit Metallverschlüssen versehen oder mit Wadenbinden hochgewickelt, hölzerne Handspindeln mit tönernen Schwungscheiben und Webschwerter gehörten ebenfalls zur Ausrüstung der Frau.

Eier und Fleisch, von denen sich Schalen und Knochen erhalten haben, und hölzerne halbkugelige Trinkbecher, die manchmal mit Silberblech beschlagen waren, große sogenannte Perlrandbecken aus Messing sowie eine Vielzahl von verschieden geformter, handgemachter, typischer langobardischer Tonware, aber auch vereinzelt von Romanen gefertigte Tongefäße, wohl als Behälter für Speise und Trank, gehörten ebenso zur typischen Grabausstattung.

Die Größe der Gräberfelder, eigentlich jedoch ihre Kleinheit, macht deutlich, daß es sich hier um kleine Gemeinschaften handelte. Zu diesen Einzelhöfen, gehörte je nach dem sozialen Ansehen innerhalb der Gesamtgesellschaft eine entsprechende Anzahl von Kriegern und Frauen verschiedenen sozialen Standes bis hin zu Dienern und Sklaven.

Die stark gegliederte soziale Struktur dieser Langobarden läßt sich gerade in den Gräberfeldern aufzeigen und erlaubt in manchen Fällen Vergleiche mit den aus den Schriftquellen faßbaren sozialen Gliederungen. Danach waren die freien wehrhaften Männer, die mit kompletter Waffenausrüstung bestatteten *arimanni*, ihre Frauen jeweils eine *frea*. Die nächst höher gestellte Schicht waren dann die *adalingi*, die die Anführer und Sippenoberhäupter der *faras*, der Sippe, waren. Aus ihren Reihen stammten dann die militärischen Führer, die *duces* (Herzöge). Sie verfügten über Reitpferd und Jagdhund, wie dies die Gräber von Maria Ponsee so deutlich machen. Neben den Freien gab es auch noch sogenannte Halbfreie, die *aldiones,* die nur mit einem Teil der Waffenausrüstung versehen waren. Diese konnten jederzeit von ihren Herren oder der Volksversammlung zu *arimanni* gemacht werden und somit freie wehrhafte Männer werden. Am unteren Ende dieser Stufenleiter standen dann die *skalke*, Knechte, die meist am Rande der langobardischen Gräberfelder bestattet waren. Zu diesen gehörten sicherlich jene im Donauraum verbliebenen Romanen, die christliches Glaubensgut tradierten.

Diese aus den drei wichtigsten schriftlichen Nachrichten über die Langobarden abzulesende soziale Gliederung bezieht sich allerdings schon auf die Verhältnisse in Italien, dürfte jedoch im wesentlichen bereits vor der Wanderung nach Italien entstanden sein.

Herwig Friesinger

Literatur:

Herwig Friesinger und *Horst Adler,* Die Zeit der Völkerwanderung in Niederösterreich (St. Pölten u. Wien, 1979).
Herwig Friesinger und Brigitte Vacha, Römer – Germanen – Slawen in Österreich, Bayern und Mähren. Eine Spurensuche (Stuttgart 1988). [Mit weiteren Literaturangaben]

Die Langobarden in Pannonien

Vor dreißig Jahren wurde Pannonien höchstens als nebelhafter Begriff vermerkt, als eine „Durchgangsstation" vor der Besetzung Italiens durch die Langobarden; den Langobarden zugeordnete archäologische Funde kannte man nur aus der österreichisch-ungarischen Grenzgegend, aus der östlichen Alpenzone; in einem falschen chronologischen System wurden zudem auch diese wenigen Funde zwischen 550–600 datiert. Für die Geschichtsforschung war zu dieser Zeit nur eines sicher: die Langobarden zogen im Jahre 568 von Pannonien nach Italien. Und da auch die Schriftquellen einseitig interpretiert wurden, datierte man die pannonische „Station" der Langobarden höchstens von 546/548 an, d. h. die archäologischen und historischen Daten schienen damals fast im Einklang zu sein. Der Ausfall der pannonischen Periode aus der langobardischen Geschichte führte bei italienischen Historikern zu schwerwiegenden Fehlurteilen, sie ließen die in Italien erscheinenden Langobarden „aus der germanischen Urwildnis" abstammen und charakterisierten sie mit den Worten des Velleius Paterculus aus dem 1. Jahrhundert[1].

Aufgrund der Aufarbeitung der alten Ausgrabungen und Forschungen (1956)[2] sowie aufgrund der ihr folgenden planmäßigen Ausgrabungen in Ungarn und Österreich[3] änderte sich das frühere archäologisch-historische Bild, und diese Veränderung ist auch heute noch nicht abgeschlossen.

Der verläßliche Beginn der Langobardengeschichte im Donauraum ist das in den zeitgenössischen Nachrichten fixierte Jahr 489, in dem die ersten Langobarden von Nordwesten her das heutige Niederösterreich erreichten, das damalige Rugiland, und damit das nördliche Donauufer. Dort ließen sie sich nieder. Eine Gruppe von neu angelegten niederösterreichisch-südmährischen Friedhöfen (z. B. Holubice mit 110 Gräbern) widerspricht den historischen Fakten nicht: die Langobarden waren von der Wende vom 5. zum 6. Jahrhundert an wirklich in der Ebene nördlich der Donau anwesend. Nach Osten hin überschritten sie zwar das linke Ufer der Morava/March ganz bis zu den Kleinen Karpaten (z. B. Theben/Preßburg), weiter nach Osten siedelten sie sich jedoch nicht an; denn in der südwestslowakischen Ebene, dem nach 1945 vielleicht am intensivsten erforschten Gebiet Europas, findet sich keine Spur der Langobarden. Dies zeigt auch, daß sich *nicht viel später, nachdem* sie an der nordöstlichen Grenze Noricums und an der nordwestlichen Grenze Pannoniens nachgerückt waren, dem ganzen eine neue Heimat suchenden germanischen Volk die Gelegenheit bot, auf dem so heiß ersehnten römischen Land Fuß zu fassen. Heute wissen wir schon: genau dies ist passiert. In der Nähe der römischen Castra, die sich vom Zwentendorfer römischen Castrum nach Osten am Südufer der Donau entlang ganz bis zum großen Knie von Szentendre befinden (Comagenis, Vindobona, Ala Nova, Brigetio, Castra Constantia), wurden größere langobardische Friedhöfe angelegt, deren ursprüngliche Gräberzahl bis zu 90—100 Bestattungen erreichte (Maria Ponsee, Wien 6, Schwechat, Bezenye, Szentendre). Diese Friedhöfe wurden zum großen Teil auf Arealen der Größe 80—100 m✕ 80—100 m ergraben; sie waren mit Gräbern verhältnismäßig dicht und einheitlich belegt; sie haben einen Kern und weiten sich nach allen Seiten hin aus, d. h. sie wurden durch mehrere Generationen hindurch benutzt. Die Gründer trafen noch auf die vorhandenen germanischen Bewohner der Besiedlungsphase vom Ende des 5. Jahrhunderts und nahmen mit ihnen Kontakt auf (aus Gräbern der Langobardenzeit: Metallspiegel, Ohrgehänge mit Polyederknopf, Bügelfibel mit fünfeckiger Fußplatte); die spätesten Schmuckstücke, Waffen und Gefäße dieser Friedhöfe kann man auch noch in den frühen Langobardengräbern Italiens finden.

Mit dem langobardischen Einzug beginnt gleichzeitig in der österreichisch-ungarischen Gegend südlich des Fertö/Neusiedlersees das neue Leben einer langobardenzeitlichen Bevölkerung, die zusammengesetzt ist aus donaugermanischen und lokalen römischen Elementen. Deren vollständig freigelegte bzw. gut erforschte Friedhöfe (mit 80—90 Gräbern) sind ebenso alt wie die der frühesten Langobarden. Es ist dies die Hegykö-Gruppe (wichtigere Friedhöfe: Hegykö, Nikitsch, Fertöszentmiklós, Mannersdorf, Steinbrunn), welche gleichzeitig mit dem langobardischen Exodus endet. In Pannonien unterscheiden sich ihre Friedhöfe noch deutlich in Struktur und Ritus sowie in Tracht, Schmuck und Waffen der Begrabenen. Alles dieses erscheint in Italien schon als organischer Teil der langobardischen Kultur, d. h. das Volk der Hegykö-Gruppe verschmolz mit den Langobarden, und in Italien erscheint es schon als langobardisch.

In dem nordpannonischen Streifen, der sich bis zum südlichen Endpunkt der südlich von Budapest beginnenden großen Csepel-Insel und bis zum nördlichen Zipfel des Plattensees erstreckt, kann man wahrscheinlich mit langobardischen Friedhöfen rechnen, die ähnlich groß wie am Donauufer oder kaum kleiner sind. Leider ist es bisher nicht gelungen, einen ungestörten und damit vollständig erschließbaren zu finden (Várpalota, Rácalmás, Mödling); ebendort muß man natürlich auch mit kleinen „Familien"-Bestattungsplätzen rechnen (Dör, Tatabánya, Kápolnásnyék usw.), d. h. mit der frühen Besetzung von etwa zwei Fünfteln des nördlichen Pannoniens. Die Siedlungen auf diesem Gebiet lagen zwischen den Mauern von römischen Städten, Castra, Villen und Wachtürmen. Südlich dieses Gebietes finden sich für ein Vierteljahrhundert lang keine Spuren, die auf das Erscheinen der Langobarden hinweisen. Wie aus dem folgenden hervorgeht, kam es nur durch den Ausbruch des byzantinisch-gotischen Krieges (535) zur langobardischen Okkupation Südpannoniens bis zur Drau; zuvor war das Gebiet eine „leere" Grenzzone zwischen den Ostrogoten und den Langobarden, ein ebenso breiter unbewohnter Gebietsstreifen, wie er sich zu dieser Zeit zwischen Donau und Theiß auch zwischen den Langobarden und Gepiden herausbildete.

Eine bis zum südlichen Zipfel des Plattensees und bis zur Mündung des Flusses Sió sich erstreckende mittlere pannonische Zone brachte die Überraschung, nachdem es auch hier gelang, Friedhöfe der Langobardenzeit vollständig zu untersuchen. Diese wurden auf einem ebenso großen Areal wie die Friedhöfe des „Szentendre"-Typs neben der Donau angelegt, aber mit weit voneinander entfernt liegenden einzelnen Gräbern oder Gräbergruppen, die sich planlos zu verdichten scheinen. Ihre Gräberzahl beträgt ungefähr die Hälfte derjenigen der nördlichen Friedhöfe (Vörs 41, Kajdacs 48, Tamási 55 Gräber), weil sie nur halb so lang

wie die Friedhöfe vom Szentendre-Typ belegt sind. Von hier südlich bis zur Drau, örtlich auch südlich der Drau, sind nur noch kleine „Familien"-Bestattungsplätze zu finden (Gyönk, Szekszárd, Máza, Mohács, Vinkovci), eine Art „Vorwachen". Die pannonischen langobardischen Friedhof-Typen bestätigen also auch für sich genommen die etappenweise Okkupation und Besiedlung des Landes[4].

Wenigstens eine Überraschung verursachten die Funde der südpannonischen Friedhöfe. Die Gräber der pannonischen Langobarden, tief und von großen Ausmaßen, ihre aus Baumstämmen ausgehöhlten oder aus Brettern zusammengefügten Särge, ihre mehr als einmal vorkommenden Totenhäuser, mit den darin liegenden bis zu den Zähnen bewaffneten Kriegern (Lanzen, Schwerter, Dolche, Rundschilde mit Schildbuckel und Schildfessel) und mit deren Frauen, die auf besondere Weise mit Schmuckstücken ausgestattet waren, galten sowieso als archäologisches Novum nach dem römischen Zeitalter und dem römisch-barbarischen Zeitalter des 5. Jahrhunderts. Am ungewöhnlichsten jedoch waren ihre Grabgefäße. Ein größerer Teil von ihnen wurde mit freier Hand hergestellt; solche waren im Lande Pannonien schon seit einem Jahrtausend aus der Mode gekommen! Ihre Form, Technik und ihre Ornamentik erinnert an die Keramik der späten Bronze- und frühen Eisenzeit; es ist nicht zufällig, daß man sie zu

Beginn unseres Jahrhunderts manchmal als „Hallstatt"-Keramik ansah. Die handgeformte Keramik ist im nördlichen Streifen Pannoniens relativ selten (in der lokalen Hegykö-Gruppe kommt sie überhaupt nicht vor); einige Kümpfe und kannelierte Rippenschalen zählen fast als Ausnahme. In der mittleren und südlichen Zone – begonnen von der Linie Kádárta-Várpalota-Rácalmás hinunter ganz bis zur Drau – dagegen sind die handgeformten weitmündigen Schüsseln charakteristisch für die Gräber. Ihre Ornamente sind senkrechte oder schräge Kanneluren, Ritzlinien, Muster mit Keileinstichen; so viele Größen und Formen wie Gefäße; auf ihre Charakteristika hin besehen gleichen sie den Urnen der Elbgermanen zur späten Römer- und frühen Völkerwanderungszeit. Und damit die Parallele vollständig sei, kamen in Kajdacs und Tamási auf den Friedhöfen langobardische Urnengräber zum Vorschein, am erstgenannten Ort fast ein Viertel der Gräber; ursprünglich wahrscheinlich noch mehr, doch der neuzeitliche Ackerbau zerstörte sie. Die Keramik und die Totenverbrennung verraten, daß man in Pannoniens südlicher Hälfte mit neuangekommenen Langobarden rechnen muß, die von der nördlichen Seite der Donau, sogar von weiter her, aus dem Böhmischen Becken, frisch hierhergezogen waren. Diese zweite Einwanderung begann nach 535. Die chronologische Situation der südpannonischen Friedhöfe ist eindeutig. Die Waffen sind

hier die „modernsten"; hier gibt es auch die meisten Schildbuckel mit halbkugeliger Kuppe „italischen" Typs, Spathen mit damaszierter Klinge, späte Lanzentypen. Bei den Frauen finden sich die spätest-pannonischen – früher einfach für „italisch" gehaltenen – Bügelfibeln mit ovalen Fußplatten, oft mit den Motiven des entwickelten I. Tierstils; ihre Kopfplatten schmücken 7–10 Knöpfe, mehr als einmal sogar Knöpfe in-Gestalt von Tierköpfen. Auch zwischen den S-Fibeln sind die des „italischen" Typs häufig. Der ausgebildete Stil I erscheint bei den nordpannonischen Langobarden nur gelegentlich in der ersten Hälfte des 6. Jahrhunderts, was darauf hindeutet, daß die Vertreter der neueren Wellen ihn fertig aus der Elbgegend gebracht haben. Ein allgemeines Charakteristikum der pannonischen Periode ist die durch gepidischen bzw. südpannonisch-römischen Einfluß übernommene feine, auf der Drehscheibe gefertigte, grau gebrannte, gestempelte Keramik (Beutelgefäße). Die Stempelkeramik allerdings charakterisiert die Langobarden in ganz Pannonien, aber ihre schönsten Exemplare – wieder fast „italische" Formen und Ornamentik – kennt man aus Südpannonien. Die Langobarden übernehmen dort diese Art Tonware; auch ist es nicht selten, daß sie sie als Urne benutzen.
Die bisherigen archäologischen Folgerungen können in einigen Sätzen zusammengefaßt werden. Die Langobarden lebten *zwei vollständige*

Generationen lang in Nordpannonien, ihre erste Generation jedoch bevölkerte nur den nördlichen Streifen des Gebiets. Die zweite Generation kam in wenigstens zwei Wellen nach Mittel- und Südpannonien, von 568 zurückgerechnet nach 535 und 550. Im Norden merkt man eigenartigerweise weniger, daß die Langobarden aus dem Barbaricum einwanderten, weil die ersten Eroberer wahrscheinlich aus dem schon oberflächlich „romanisierten" Rugiland stammten. Im Süden ist die „barbarische" Tradition viel stärker; diese Langobarden zogen aus nordwestlichen Siedlungen heran, die sich bis zum Böhmischen Becken erstreckten.

Der Ritus der Brandbestattung und die elbgermanische Keramik enthüllen, daß keine dieser Wellen nach einer 100—150 Jahre dauerndern Wanderung geschlossen Pannonien erreichte. Vor 489 lassen sich nämlich nirgendwo in Rugiland, Mähren und im Böhmischen Becken Langobarden archäologisch nachweisen; diese Gebiete okkupierten sie also erst danach. Nach Pannonien zogen sie in umgekehrter Reihenfolge ein. Zuerst aus Rugiland, dann aus Mähren; zuletzt räumte die „Nachhut" auch Böhmen. All dies kann man mit dem Druck der nach Westen gerichteten Wanderung der Slawen in Verbindung bringen.

*   *   *

Das größte Hindernis der historischen Klarsicht ist auch heute jene veraltete Anschauung, welche die Angaben der italischen späten langobardischen Chroniken als erstrangige Quellen gegenüber den zeitgenössischen Nachrichten betrachtet. Gemäß dem historischen Bild der Chronisten verlassen die langobardischen Auswanderer um 380 geschlossen ihre mit verschiedenen Namen erwähnte Urheimat. Durch Länder mit bald verschwommenen Namen immer in einem Verband (etwa wie ein Heer) ein ganzes Jahrhundert hindurch wandernd erreichen sie zunächst die Donau. Ihre erste authentische, zeitlich festzumachende Station ist das Rugiland (489). Von jetzt an bemühen sich allerdings auch die modernen Langobarden-Historiker, die byzantinischen und andere zeitgenössische Quellen in die weitere Historie einzuschalten; diese jedoch ordnen sie entweder der in den langobardischen Chroniken gewonnenen angenommenen „Hauptlinie" unter, oder sie lassen sie nur zur Ergänzung dienen; ihre Widersprüchlichkeiten „schnitzen" sie weg. Heutzutage bezieht man in die Geschichte des pannonischen Zeitalters auch die Ergebnisse der Archäologie der letzten 15—30 Jahre ein; heute stellt ein ernsthafter Historiker z. B. nicht mehr die Behauptung auf, die Langobarden hätten erst 546 oder 548 Pannoniens Erde betreten. Man nimmt die Überschreitung der Donau durch die Beweiskraft der archäologischen Funde allgemein um 526 an. Davon abgesehen wird die pannonische Geschichte auch weiterhin nach den langobardischen Chronisten abgehandelt. Entweder folgt man ihnen treu oder würzt sie mit planlosen Hypothesen, denen Archäologie und Quellenkritik gleichermaßen fremd sind[5].

Welche sind diese Quellen? An erster Stelle steht die Chronik „Historia Langobardorum" des Paulus Diaconus (PD), welche ihr hervorragender Autor, dessen Tätigkeit zur Kenntnis der italischen Geschichte der Langobarden unschätzbar ist, mehr als 300 Jahre später schrieb, als die Langobarden das Rugiland erreicht hatten. In Verbindung mit der frühen langobardischen Geschichte ist es Usus, seine Glaubwürdigkeit-Zuverlässigkeit damit zu untermauern, daß seine Daten mit der ein paar Sätze kurzen langobardischen Urchronik (Origo Gentis Langobardorum; im weiteren Origo) „übereinstimmen", welche – wenigstens in der uns überlieferten Form – nur 100 Jahre nachdem die Langobarden Pannonien verlassen hatten (668), schriftlich festgehalten wurde. Paulus und die Origo zeichnen jedoch einfach deshalb auf ähnliche Weise die Geschehnisse vor der italischen Pe-

riode, weil der Chronist von Monte Cassino – von einigen Mißverständnissen abgesehen – fast Wort für Wort aus den uns überlieferten Fassungen der Origo den Text der Madrider Handschrift abgeschrieben hat. Jedoch existieren in anderen Codices auch andere Varianten dieser unter König Grimoalds Herrschaft (reg. 662–671) überarbeiteten Origo; eine der letzteren exzerpierte zwischen 807–810 ein unbekannter italienischer Verfasser für seine Historia Langobardorum, welche nur in einem einzigen Exemplar, in einem Gothaer Codex, erhalten geblieben ist (HLG). Die letztere enthält auch einige solcher frühen verläßlichen Angaben, wie sie weder bei Paulus noch in der Origo zu finden sind. In bezug auf Pannonien ist das Wesentliche der *gesamten* langobardischen Quellen (ausgenommen der noch zu erwähnende vervollständigende Text der HLG): Paulus Diaconus bewertet gerade jene großen langobardischen Persönlichkeiten als Usurpatoren, die in der Geschichte der Langobarden in der Donaugegend eine entscheidende Rolle gespielt haben. Den nicht aus dem Geschlecht der Lethinger abstammenden König Pero, den wahren Eroberer Rugilands, strichen sie – mit Ausnahme der HLG – ganz aus der Geschichte der Langobarden. Den zwischen 510 und 540 herrschenden großen König Wacho jedoch – seine Existenz konnte man wohl nicht ganz verschweigen – beraubten sie seines den rechtmäßig Regierenden zustehenden Attributs „er hat geherrscht" (regnavit) und strichen ihn aus der gezählten Reihenfolge der legitim regierenden langobardischen Könige[6]. Es ist hier nicht der Raum dafür, gründlich auszuführen, warum dies passiert ist und warum gerade in Italien. Hier nur soviel: daß in der Einleitung des 643 von König Rothari herausgegebenen Gesetzbuches Wacho noch als legitim gezählter (8.) Lethingerherrscher auftritt, ist kaum zufällig, war doch Rothari der Gatte von Gundeberga, Wachos Urenkelin.

Die in dem uns überlieferten Text der Origo vollzogene historische Kosmetik verdunkelte, daß in Wirklichkeit Wacho die nördlich der Drau liegenden Teile Pannoniens erobert hat. Er tritt nur soweit auf, daß er die Sueben (suavos) „unter die Oberherrschaft der Langobarden brachte". Bloß, diese Donausueben wohnten seit der Mitte des 5. Jahrhunderts, zum Teil seit dem Ende dieses Jahrhunderts, ganz in der nördlichen Hälfte Pannoniens. Anderswo konnte man sie nicht unterwerfen bzw. „unter die Oberherrschaft der Langobarden bringen". Pannonien nördlich der Drau war das Suebenland, welches nach dem Zeitzeugen Prokopios (der sogar in den Ereignissen persönlich mitwirkte) in seiner ausführlichen Beschreibung der Länder der Ostrogoten aus dem Jahre 535 *nicht* zum ostrogotischen Herrschaftsgebiet *gehörte* – im Gegensatz dazu lehren dies auch heutzutage

noch die meisten historischen Karten und Handbücher.

Die italische langobardische Politik des 7. Jahrhunderts verzieh im allgemeinen Wacho schwer, daß er Katholik war, daß er sich mit Byzanz verbündete, daß er erfolgreiche Heirats- und Freundschaftsbündnisse mit den Merowingern und mit den gepidischen Ardarikingern zustandegebracht hatte, besonders jedoch, daß er der Großvater der von vielen gehaßten katholischen Königin Theodolinde war. Dies sind jedoch die kleineren, sozusagen verzeihlichen Sünden. Die größere war, daß nicht Wacho, sondern in Wirklichkeit Audoin aus dem Geschlecht Gausus, der Vater des Königs Alboin, die Herrschaft der uralten Lethinger-Dynastie entthronte, deren letzter König Wachos Sohn Waltari war. Nun, den uns überlieferten Text der Origo faßte man gerade zur Zeit Grimoalds, des späteren Königs aus dem Geschlecht Gausus, schriftlich ab; später lebte auch Paulus Diaconus am Hofe der Beneventer Herzöge aus dem Geschlecht Gausus und war ihnen verpflichtet. Zur Zeit des Gausenkönigs beschuldigte man den Wacho schrecklicher Greueltaten, wie er sie nach dem Zeitzeugen Prokopios nicht so, wenigstens nicht gegen jene Leute begangen hatte. Man mußte auch das verschweigen, was Prokopios entschieden behauptet, daß eigentlich dem Lethinger Thronerben Hildigis „Audoin die Königswürde geraubt hatte", und eben jenen Hildigis ließ in Wirklichkeit Audoin 551 ermorden – elf Jahre nach dem Tode Wachos! Das heißt, des Sturzes der Lethinger-Dynastie beschuldigte der Verfasser der Origo gerade den Lethinger Wacho. Er veränderte die Reihenfolge und vor allem auch die Wertordnung von Wachos dynastischen Heiraten, um so das in Italien noch immer sehr lebendige Erbe der Lethinger verblassen zu lassen. Von Authari (reg. 584–590) bis zu Grimoalds gewalttätiger Machtübernahme legitimierte nämlich das die langobardischen Könige, daß sie die Ehegatten von Wachos Enkelin und Urenkelin waren.

Die Konsequenz der Wacho verdammenden damnatio memoriae in den langobardischen Chroniken war, daß der Ruhm der Eroberung Pannoniens dem Gausen Audoin zugeeignet wurde. In der zu erschließenden gemeinsamen Urquelle von Origo und HLG war noch klar von der Eroberung der Pannonia Secunda und der Savia zwischen Drau und Save und von der dortigen, 22 Jahre lang dauernden Herrschaft der Langobarden (546–568) die Rede, d. h. von jenem unter oströmischer Rechtsgewalt stehenden Südpannonien und von Südost-Noricum, welches Justinian I. Audoin überlassen hatte. Von dieser Überlassung berichtet der Zeitzeuge Prokopios, und eben das erwähnt auch der wacho-freundliche Einschub der HLG. Die in der HLG überlieferten richtigen 22 Jahre „verbessern" die Origo und Paulus auf 42 Jahre und weisen die Anfänge dieser mehr als vier Jahrzehnte während „pannonischen" Herrschaft Audoin zu. Daraus resultiert ein anderes Datum (schlimmer als alle anderen) der pannonischen Herrschaft der Langobarden zwischen 526 und 568[7]. Es fällt jedoch meist nicht einmal auf, daß die Eroberung „Pannoniens" in diesem Zyklus von 42 Jahren von vornherein nicht an den Gausen Audoin gebunden werden kann, da dieser erst 20 Jahre später, nämlich 546, an die Macht kam.

Wenn man anhand der Angaben der byzantinischen und anderen Zeitgenossen (Cassiodorus, Marcellinus comes, Prokopios, Jordanes, Nicetius von Trier, Agathias, Menandros Protektor, Agnellus, Gregorius von Tours, Marius von Avenches) des 6. Jahrhunderts die späten und gründlich umgeschriebenen langobardischen Chroniken kontrolliert, zeichnet sich in ihren Hauptzügen die wahre pannonische Geschichte der Langobarden ab.

Nach der Niederwerfung (zwischen 507 und 510) der über Nordpannonien und seine benachbarten Gebiete nach 488 die Hegemonie ausübenden Heruler und ihres Königs Rodulf stand für die Langobarden das ganze nördlich der Drau liegende Pannonien offen, welches nach dem Sturz des herulischen Protektorats zu einem von Sueben bewohnten politischen Niemandsland wurde. Seine Eroberung, die Besetzung des nördlichen Streifens, unter der Führung Wachos, geschah unmittelbar nach 510[8]. Wacho sicherte seine Herrschaft fast in jede Richtung durch seine Freundschaftspolitik nach Thüringen (eine seiner Ehefrauen war eine thüringische Herzogin), nach Franken (zwei seiner Töchter wurden Merowingerköniginnen) und zu den Gepiden (eine andere seiner Ehefrauen war eine gepidische Herzogin); von den Ostrogoten mußte er nach dem Tode Theoderich des Großen (526) ebenfalls nichts befürchten. Sein Land erstreckte sich weit, im politischen Sinn, von Thüringen bis zur Drau; Wacho selbst wohnte gemäß der in der HLG erhaltenen Überlieferung, nicht in Pannonien. Sein Volk jedoch begann, sich etappenweise in Nordpannonien anzusiedeln, wo es einen Wandel durchmachte, der es bald zur Eroberung Italiens befähigte. Von den 530er Jahren an ergänzt er die früheren Bündnisse durch ein mit Byzanz geschlossenes „christliches Bündnis", dessen wesentlicher Inhalt die Neutralität war. Wacho hilft dem Ostrogoten Vitigis nicht gegen Justinianus I. und bleibt auch dem fränkisch-gepidischen Bündnis gegen Byzanz (539) fern. Nach Wachos Tod herrschte einige Jahre sein minderjähriger Sohn Waltari (bis 546); nach seinem undurchsichtigen Tod gelangt sein Vormund Audoin aus dem Geschlecht Gausus an die Macht. Audoin bricht ab 547 mit der früheren langobardischen Neutralitätspolitik und schaltet sich in die Kriege

Justinians I. ein; schon zu Beginn seiner Herrschaft setzt er ein Heer gegen die Gepiden in Bewegung. Als Belohnung bekam er Gold und die Gebiete südlich der Drau, genauer, eher nur das Recht darauf, diese Länder zu erobern. Im Gegenzug mußte er Justinianus darin unterstützen, daß es diesem gelang, die Gepiden wieder aus den 539 verlorenen Gebieten von NordMoesien und Dacia ripensis herauszudrängen. Nach mehreren erfolglosen Versuchen führte das langobardisch-byzantinische Bündnis im Frühjahr 551 wirklich zu einem großen Sieg über die Gepiden; auf dem „Asfeld" fiel auch Thorismuth, der gepidische Thronerbe. Den konnte jedoch kaum der damals höchstens vier bis fünf Jahre alte Alboin im Zweikampf getötet haben, wie die darüber entstandene italische „Alboin-Sage" glauben machen möchte.
Nachdem es Justinianus I. mit langobardischer Hilfe gelungen war, die Gepiden aus den südlich der Donau liegenden byzantinischen Provinzen zu vertreiben und dann im folgenden Jahr (552) mit beträchtlicher langobardischer Hilfe den Ostrogoten Totila zu unterwerfen, ließ sein Interesse an den Ereignissen der Donaugegend gründlich nach. Die byzantinisch-langobardischen Beziehungen wurden lockerer. Spektakulärer Beweis dafür ist, daß gegen Ende der 550er Jahre Audoin seinen Sohn Alboin mit Chlodoswintha, der Tochter des Frankenkönigs Chlodowech, der Schwester des späteren Kö-

nigs von Austrasien, Sigebert, verheiratete. Ein paar Jahre später starb Audoin, nach langobardischer Überlieferung in Pannonien. Der Gepidenkrieg seines Sohnes Alboin (566) führte zu einem neuen byzantinisch-gepidischen Bündnis, welches die Langobarden in eine katastrophale Lage brachte.

Es ist hier nicht der Raum, die zur Zerstörung des Gepiden-Reiches führenden Ereignisse durch das fränkisch-awarisch-langobardische oder, wenn man so will, Sigebert-Bajan-Alboin-Bündnis zu vertiefen. Nur als Andeutung: die Origo läßt nur die Langobarden im letzten Krieg gegen die Gepiden antreten; nur ihnen schreibt sie den über den Gepidenkönig Kunimund errungenen Sieg zu, die Awaren erwähnt sie nicht einmal. Paulus dagegen – nach Gregor von Tours – läßt auch die Awaren auftreten, aber in der Art von Nebenfiguren, störenden Faktoren. Die zeitgenössischen Byzantiner dagegen (Menandros Protektor, Johannes von Ephesos) sprechen ausdrücklich den Awaren und dem Chagan Bajan die Zerstörung des Gepiden-Reiches zu, die mit den Gepiden an der Donau geschlagene große siegreiche Schlacht und die vollständige Besetzung des Landes zu. Es ist unumstritten, daß dies der Wahrheit viel näher steht, denn wegen des Übergewichts der awarischen Heeresmacht war Alboin trotz des über die Gepiden erreichten Sieges gezwungen, schon im folgenden Frühjahr, am 2. April 568, Pannonien, seine Heimat „reliquiens et incedens", verlassend und verbrennend, mit seinem ganzen Heer und Volk „in fara" nach Italien zu ziehen.

István Bóna

Anmerkungen

1 Sehr charakteristisch ist auf diesem Gebiet das sehr erfolgreiche Buch von *G. Pepe*, Il Medio Evo Barbarico d'Italia (Torino 1941, 1963[4]), 104.
2 *I. Bóna*, Die Langobarden in Ungarn. Die Gräberfelder von Várpalota und Bezenye. Acta Archaeologica Hung. 7, 1956, 183—244, mit 30 Fototafeln. Genau dasselbe Fundmaterial in bezug auf das ungarländische Pannonien veröffentlicht erneut *J. Werner*, Die Langobarden in Pannonien (München 1962), das häufig als Primärquelle angesehen wird.
3 Über diese und die anderen neuen Forschungen: *I. Bóna*, Langobarden in Ungarn. Aus den Ergebnissen von zwölf Forschungsjahren. Arheoloski Vestnik (Ljubljana) XXI—XXII, 1970—1971, 45—74; *ders.*, I longobardi e la Pannonia. In: La civiltà dei longobardi in Europa (Roma 1974), 241—255. *H. Adler*, Neue langobardische Gräber aus Schwechat. Fundberichte aus Österreich 18, 1979 (1980), 9—40; *ders.*, in: *H. Adler – H. Friesinger*, Die Zeit der Völkerwanderung in Niederösterreich (St. Pölten-Wien 1979), 36—64.
4 Über die in Mittel- und Südpannonien erschlossenen Friedhöfe: *I. Bóna*, Neue Langobardenfunde in Ungarn. In: Problemi seobe naroda u Karpatskoj kotlini (Novi Sad 1978), 109—115; *ders.*, Die langobardische Besetzung Südpannoniens. In: Studien zur Völkerwanderungszeit im östlichen Mitteleuropa (Marburg/Lahn 1980), 393—397; *ders.*, Die Langobarden. In: Germanen, Hunnen und Awaren. Schätze der Völkerwanderungszeit (Nürnberg/Frank-

furt am Main 1988), 124—125). Den Friedhof von Vörs, in einen gänzlich falschen historischen Rahmen gebettet, publizierte *K. Sági,* Das langobardische Gräberfeld von Vörs. Acta Archaeologica Hung. 16, 1964, 359—404, der aufgrund der „Analyse" von J. Harmatta den ersten Einzug der Langobarden in Pannonien auf 546 festlegt (a. a. O. 389).

5 *J. Jarnut,* Geschichte der Langobarden (Stuttgart 1982), 17—26; *A. Melucco Vaccaro,* I longobardi in Italia (Milano 1982), 33—41; *H. Wolfram,* Die Geburt Mitteleuropas (Wien 1987), 77—81; ich rechne nicht hierher *W. Menghin,* Die Langobarden (Stuttgart 1985), eine ohne die nötige Quellenkritik und ohne die Kenntnis der originalen Funde geschriebene Kompilation.

6 *L. Várady,* Epochenwechsel um 476. Odoaker, Theoderich d. Gr. und die Umwandlungen (Budapest 1984), Anhang: Pannonica, 99—122.

7 *I. Bóna,* Der Anbruch des Mittelalters. Gepiden und Langobarden im Karpatenbecken (Budapest 1976), 19—37, welches aufgrund des „arithmetischen Mittels" der Meinungen von Verlag und Lektoren das Jahr 526 übernahm und begründete. Dies war ein riesiger Schritt rückwärts, den leider — unter Berufung — auch die in Anm. 5 auftretenden Jarnut, Melucco Vaccaro und Menghin übernehmen.

8 *I. Bóna,* Die Langobarden in Ungarn (1956), 233—239, besonders 234: „Die Langobarden dürften demnach bereits um 510 im Norden von Pannonien eingedrungen sein."; *ders.,* Neue Beiträge zur Archäologie und Geschichte der Langobarden in Pannonien. In: Aus Ur- und Frühgeschichte (Berlin 1964), 104—109, besonders 108: „Die Langobarden hatten bereits um das Jahr 512, nachdem die Heruler geschlagen und vertrieben worden waren, die nördlichen Gebiete der einstigen Provinzen Pannonia I. und Valeria, also Teile der heutigen Komitate Györ-Sopron, Veszprém, Komárom, Fejér, Pest besetzt." Auf diesen Standpunkt stellt sich nach gründlicher philologischer und historischer Analyse der Quellen *L. Várady,* wobei er die entgegengesetzte Meinung J. Werners ausführlich kritisiert (a. a. O. 121, Anm. 265).

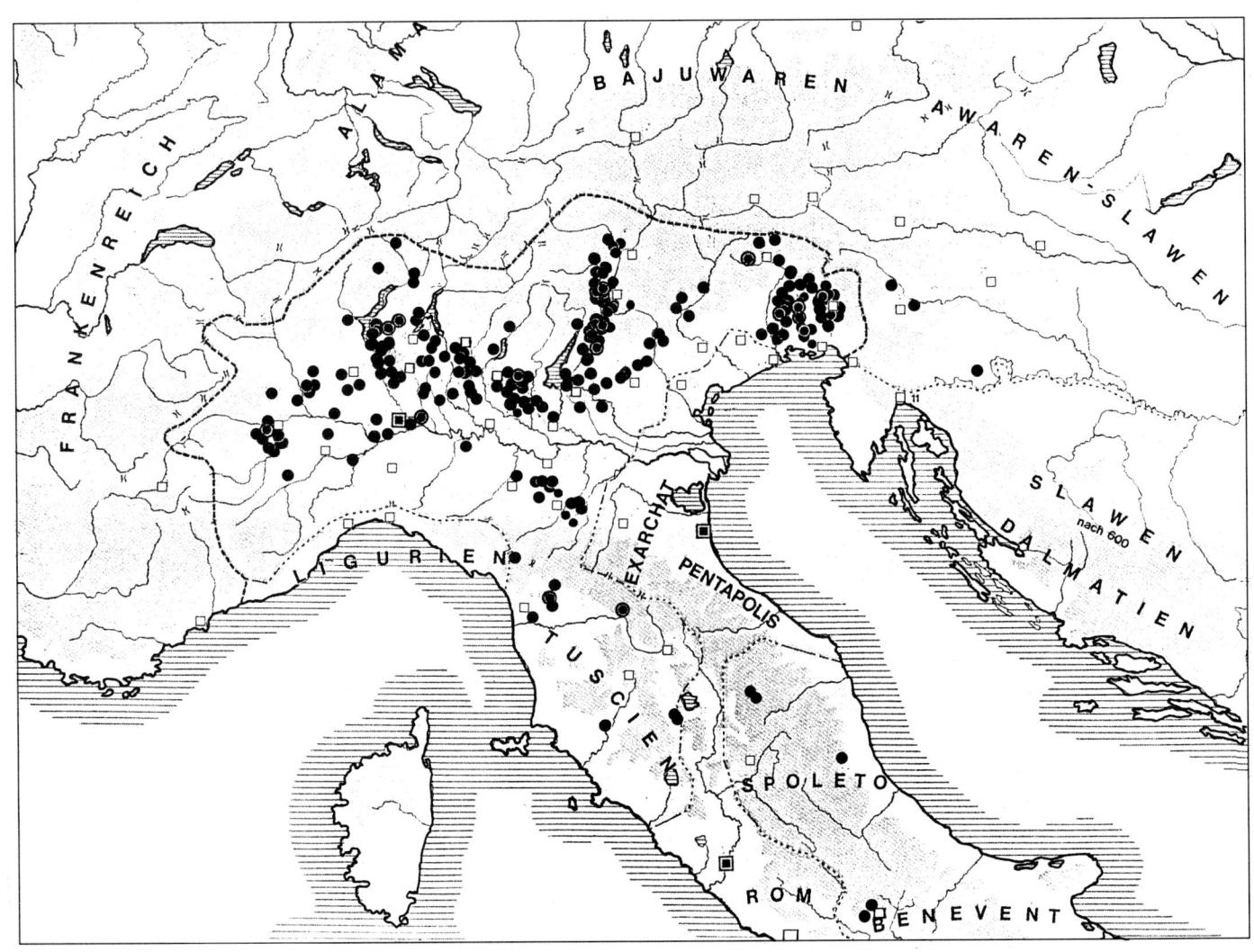

Verbreitungskarte der langobardischen Grabfunde in Italien (n. W. Menghin, Langobarden, S. 105, Abb. 88).

Archäologische Zeugnisse der Langobarden in Italien

Die archäologische Erforschung Italiens im frühen Mittelalter hat erst in den letzten Jahrzehnten begonnen. Vorher wurden zwar schon zahlreiche Funde aus der hier interessierenden Periode geborgen, aber meist wanderte dieses Material unbearbeitet in die Depots der Museen und blieb dort, ohne weiter beachtet zu werden. Diese Situation hat sich heute weitgehend geändert. Gerade in den letzten zehn Jahren wurden nämlich zum Teil über 100jährige Fundbestände nach modernen wissenschaftlichen Methoden aufgearbeitet und veröffentlicht. Es ist also erst jetzt möglich, einen Überblick über die archäologische Hinterlassenschaft der Langobarden in Italien zu gewinnen.

Über langobardische Siedlungen wissen wir bis heute, trotz einer Reihe moderner Ausgrabungen, so gut wie nichts. Es konnten keine Bauten gefunden werden, welche eindeutig diesem Stamme zugewiesen werden können. Es scheint, daß die Langobarden in Italien, wie schon vorher in Pannonien, vorhandene Gebäude weiterbenützten und für ihre Zwecke veränderten.

Die Masse der Funde aus der italienischen Periode der Langobarden sind Grabbeigaben und stammen aus Friedhöfen, die vor allem in Norditalien, aber auch in Mittel- und Süditalien entdeckt wurden. Sie geben uns wichtige Erkenntnisse über die Lebensweise, soziale Struktur, Handel, Glauben und vieles mehr.

Dieses Material läßt sich grob in drei chronologische Gruppen einordnen. Die erste Gruppe umfaßt die Einwanderungsgeneration und ist in das letzte Drittel des 6. Jh.s zu setzen. Die zweite Gruppe ist in das erste Drittel des 7. Jh.s zu datieren. Die dritte Gruppe schließlich nimmt den Rest des 7. Jh.s ein. Über die erste Gruppe ist zur Zeit am meisten bekannt, es folgt ihr die zweite Gruppe, die vor allem, dank neuer Ausgrabungen in den letzten Jahren, nun auch schon recht gut zu überschauen ist. Die dritte zeichnet sich heute zwar auch ganz gut ab, aber gerade auf diesem Gebiet muß noch eine Menge geforscht werden, denn es steht nur wenig Material zur Verfügung.

Die Funde aus den Gräberfeldern der Einwanderungszeit in Italien (ab 568) setzten in den ersten Jahrzehnten die Tradition aus Pannonien fort. Besonders klar läßt sich das an Stücken aus den Gräberfeldern von Cividale del Friuli, Nocera Umbra und Castel Trosino bei Ascoli Piceno erkennen. Hier, aber auch an anderen italienischen Fundplätzen, begegnet man dem gleichen Formengut, das für die pannonische

Periode charakteristisch war und somit eindeutig die Umsiedlung der langobardischen Bevölkerung belegt. Schon bald jedoch lassen sich an den Grabinventaren Neuerungen erkennen, die auf Impulse aus der byzantinisch-mediterranen Kultur zurückzuführen sind. Zwar halten die langobardischen Frauen zunächst an der althergebrachten Fibeltracht fest, daneben finden sich neue, aus der byzantinischen Mode übernommene Trachtbestandteile, vor allem mit feinem Filigran überzogene goldene und silberne Ohrringe. Auch Fingerringe aus Edelmetall kommen nun in Mode. Außerdem finden sich in reichen Frauengräbern in Perlenketten eingezogene Goldanhänger.

Die Kleinfibeln werden von den Langobarden bald nach ihrer Ankunft in Italien aufgegeben. An ihre Stelle tritt eine Scheibenfibel, die in der ersten Zeit noch mit Cloisonné verziert ist. Die Bügelfibeln werden größer, und statt der zunächst noch verwendeten Verzierung mit Formen des ersten Tierstils und des sog. Schlaufenstils kommt eine neue Ornamentik auf, die sich erst nach der Umsiedlung entwickelt hat, der Tierstil II.

Diese neue Ornamentik breitet sich nicht nur auf den Bügelfibeln aus, sie findet sich nun auch auf Gürtelbeschlägen und ähnlichem, vor allem aber auf den sog. Goldblattkreuzen, einer für die italisch-langobardische Periode typischen Gruppe von Kleinaltertümern. Die meist recht

Pannonisches Bügelfibelpaar aus Nocera Umbra, Grab 4 (Rom, Museo del Alto Medioevo)

kleinen, aus dünnem Goldblech geschnittenen und überwiegend in Preßtechnik verzierten Kreuze waren ursprünglich auf „Schweißtüchern" aufgenäht, die man nach mediterraner Sitte den Toten über das Gesicht breitete. Die Vielfalt ihrer Muster macht sie zu den wichtigsten Dokumenten langobardischer Kleinkunst. Neben entwickelten Schlaufenstilornamenten finden sich alle Variationen des II. Tierstils, aber auch nichtlangobardische Ornamente byzantinischer Herkunft.

Die zweite chronologische Stufe bringt die Hochblüte langobardischer Kleinkunst und Goldschmiedearbeiten. Der Gold- und Silberreichtum dieser Periode spiegelt sich in einer Anzahl bedeutender Grabfunde. Zu den Stan-

Goldscheibenfibel aus Parma (Aufn. R. Articus)

Spathagriff aus Nocera Umbra, Grab 1 (Rom, Museo del Alto Medioevo)

dardbeigaben der Frauengräber gehören Ohrgehänge aus Gold mit Amethysten und anderen Edelsteinen. Die Bügelfibeln werden abgelöst durch eine große Scheibenfibel, die meist kreuzförmig angeordnete Steineinlagen und reichen Filigranschmuck aufweist. Häufig findet sich in diesen Gräbern Goldbrokat, der auf kostbar dekorierte Gewänder schließen läßt und der nun auch in Männergräbern auftritt. Darüber hinaus sind Spathen mit Gold- oder Silberknäufen sehr beliebt, teils mit Filigran, teils mit Tierornamenten im Stil II verziert. Zu besonderem For-

Sattelbeschlag aus Castel Trosino, Grab 119 (Rom, Museo del Alto Medioevo)

menreichtum entwickelt sich die Gürtelmode. Man trug vielteilige Gürtelgarnituren in Gold und Silber nach nomadischem und byzantinischem Vorbild, deren Ornamente mediterrane Muster, wie Delphine und ähnliche Darstellungen, zeigen. Weitere Prunkgegenstände aus Männergräbern dieser Zeit und ebenfalls mediterraner Herkunft sind kostbare Sattel- und Zaumzeugbeschläge aus Goldblech. Eine für die italischlangobardische Periode typische Form sind dagegen die sogenannten langobardischen Prunkschilde, die vergoldete Niete und bei besonders prunkvollen Exemplaren auch figürliche Beschläge zieren. Die auf der Schildfläche dargestellten Szenen können spätantikem Formenschatz entnommen sein, wie bei dem Beispiel aus Stabio, das eine Jagdszene zeigt, oder aus der christlichen Ikonographie entstammen, wie auf dem Schild von Lucca, auf welchem ein Kelch zwischen zwei Pfauen und ein kreuzbewehrter Krieger zwischen zwei Lö-

wen erscheinen. Gelegentlich finden sich auch Kreuze als einzige Verzierung, etwa auf dem „Gisulfschild" von Cividale oder dem Schild von Borgo d'Ale, Grab I.

In die ersten Jahrzehnte des 7. Jh.s muß auch die Stirnplatte des sogenannten Agilulfhelmes aus der Val di Nievole datiert werden. Ganz in antiker Manier ist darauf eine Huldigungsszene dargestellt: Zwischen zwei bewaffneten Kriegern thront der König, dem sich links und rechts, angeführt von einer geflügelten Victoria, je eine Figurengruppe nähert. Diese bringen dem König, der durch eine eingepunzte Inschrift als Agilulf gekennzeichnet ist, zwei Kronen. Es handelt sich wohl um die langobardische Krone und die Italiens. Auch wenn sich

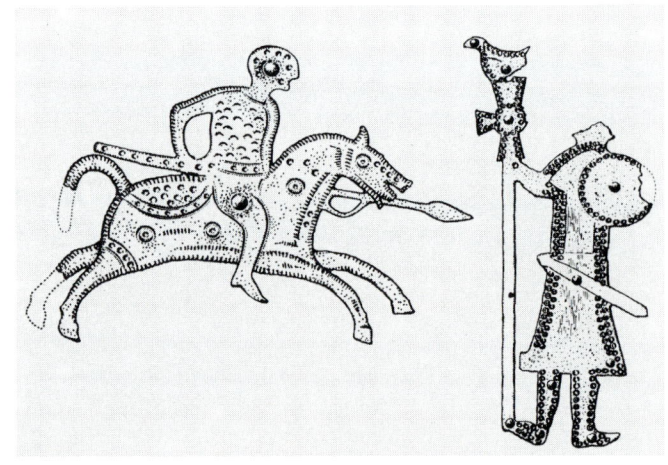

Beschläge des langobardischen Prunkschildes aus Lucca (n. Menghin)

ihre Darstellung an antike Vorbilder anlehnt, zählt die Agilulfplatte nicht nur zu den interessantesten, sondern auch zu den wichtigsten Zeugnissen langobardischer Kunst, aus der, mit Ausnahme einiger „Portraits" auf Siegelringen, sonst so gut wie keine figürlichen Darstellungen erhalten sind.

Die langobardischen Funde aus der Zeit um die Mitte des 7. Jh.s (chronologische Stufe 3) haben ihren Charakter völlig geändert. In den wenigen Frauengräbern, welche aus jener Epoche bekannt geworden sind, finden sich nur noch Beigaben der mediterranen Mode, etwa Ohrringe und Scheibenfibeln und gelegentlich ein Fingerring aus Edelmetall. Vergleicht man die Funde aus diesen Gräbern mit denen aus der gleichen Zeit aus dem nichtlangobardischen Sizilien und Sardinien, so läßt sich in modischer wie in künstlerischer Hinsicht eine weitgehende Übereinstimmung feststellen, was auf eine vollständige Assimilation deutet. Dagegen sind an den Beigaben der Männergräber dieser Zeit immer noch typische Eigenarten zu beobachten, die sie deutlich gegen einheimische Bestattungen abgrenzen. So wird an der Waffenbeigabe festgehalten. Hauptträger der langobardischen Tierornamentik werden nun die Beschläge der Waffengürtel und die sich mit ihnen gleichzeitig entwickelnden Sporengarnituren. Beide waren teils aus Bronze, teils aus Eisen. Die bronzenen Garnituren weisen als Verzierung nur Niete und

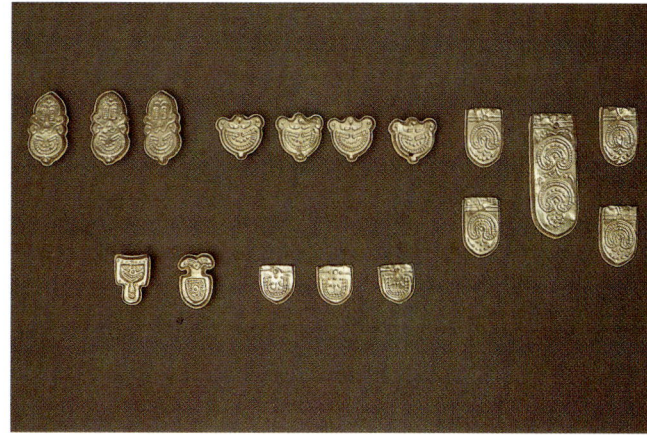

Vierteilige Gürtelgarnitur aus Castel Trosino, Grab 90 (Rom, Museo del Alto Medioevo)

geschweifte Ränder auf, die eisernen sind dagegen mit einer Fülle von Motiven in Tauschier- und Plattiertechnik verziert. Es handelt sich dabei zum größten Teil um Massenware, die vermutlich in Norditalien hergestellt wurde, wie immer mehr neue Funde zu bestätigen scheinen. Dieses Material war anscheinend auch für den Export im größeren vorgesehen, denn es wird und wurde in fast allen süddeutschen Gräberfeldern der Alemannen und Bajuwaren sehr häufig angetroffen.

Bereits zu Beginn des 7. Jh.s treten neben Gürtelgarnituren aus Edelmetall tauschierte fünfteilige Gürtelgarnituren aus Eisen auf, bedeckt mit relativ primitiver Flächentauschierung im Stil II. Gleichzeitig finden sich vielteilige Eisengarnituren, deren Tauschierung die byzantinische

Komma- und Punktornamentik zu imitieren sucht (Spiralornamentik in allen Formen). In einem zweiten Stadium, das nach heutigem Wissen zeitlich am Anfang des zweiten Drittels des 7. Jh.s liegt, wird die Verzierung sowohl auf den fünfteiligen wie auf den vierteiligen Garnituren weitaus qualitätvoller. Flächendeckende, sorgfältig ausgeführte Ornamente in Stil II herrschen nunmehr vor. Um die Mitte des 7. Jh.s schließlich werden die eisernen fünfteiligen Garnituren aufgegeben, während man bronzene Garnituren dieses Typs weiterverwendet. In diese Zeit gehören auch sehr fein plattierte vielteilige Eisengarnituren, teilweise mit mediterraner Rankenornamentik, teilweise mit zierlicher Ornamentik in Stil II, meist Achterschleifen, geschmückt. Am Ende der Entwicklung, beginnend wohl im letzten Drittel des 7. Jh.s, stehen sehr schmale, lange und profilierte Gürtelgarnituren aus Eisen und Bronze, von denen die eisernen Exemplare meist mit Streifentauschierung oder aufgelöteten Bronzeplättchen mit gepunztem Dekor versehen sind.

Dies ist der letzte beigabenführende Fundhorizont der Langobarden. Danach, mit dem Erlöschen der Beigabensitte am Anfang des 8. Jh.s, lassen sich die Langobarden in Italien archäologisch nicht mehr nachweisen.

Otto von Hessen

Literatur

Otto von Hessen und *Adriano Peroni,* Die Langobarden in Pannonien und in Italien. In: Kunst der Völkerwanderungszeit, hrsg. von Helmut Roth. Propyläen Kunstgeschichte, Supplementbd. 4, 1979, 164—179.

Katalogteil

Waffen auf langobardischen Friedhöfen an der Niederelbe

Seit dem letzten Drittel des 1. Jahrhunderts v. Chr. wird es Brauch, einzelnen Verstorbenen ihre Waffen mit ins Grab zu geben. Vermutlich kann hier an einen Zusammenhang mit den Römerkriegen gedacht werden, die in dieser Zeit am Rhein einsetzen. Es handelt sich meist um Waffen, die zuvor auf dem Scheiterhaufen gelegen haben oder nachträglich verbogen und zerbrochen worden sind. Offensichtlich starb mit dem Mann auch seine Waffe.

Im einzelnen sind dies ein- oder zweischneidige Schwerter, deren Vorbilder auf keltische Werkstätten zurückgehen und z. T. sogar dort gefertigt worden sind. Der römische Gladius konnte dagegen nur vereinzelt Eingang in die Bewaffnung finden. Den Hauptanteil der Waffen stellen allerdings die Lanzenspitzen unterschiedlicher Form und Größe. Seltener sind kurze Speerspitzen mit langen Widerhaken. Dagegen gehörte das römische Pilum nie zur Bewaffnung der Germanen. Den Schild aus Holz verwendete man überwiegend zur Abwehr. Erhalten blieben allerdings nur die eisernen und bronzenen Beschlagteile, wie der Schildbuckel, der zum Schutz der Hand diente, die Schildfessel, die den Handgriff bildete, und einzelne Teile der Randeinfassung. Die Form des Schildbuckels mit lang ausgezogener Spitze zeigt andererseits aber, daß der Schild auch als Stoßwaffe eingesetzt werden konnte. Gelegentlich gehören zur Grabausstattung auch Äxte, lange Messer und Pfeilspitzen. Letztere deuten darauf hin, daß der Bogen und ein Köcher voller Pfeile ebenfalls zur Bewaffnung gehörten.

Auf den Friedhöfen des Niederelbegebietes bleibt die Zahl der Schwerter gering, da offensichtlich nur wenige Männer das Recht oder den sozialen Status hatten, ein Schwert führen zu dürfen.

F. L.

Datierung: 2. Hälfte 1. Jh. v. Chr. bis 2. Jh. n. Chr.
Verbleib: Hamburg, Hamburger Museum für Archäologie
Literatur: H. Schirnig, 1965, S. 19 ff.
W. Wegewitz, 1972.
W. Wegewitz, 1988, S. 99 ff.

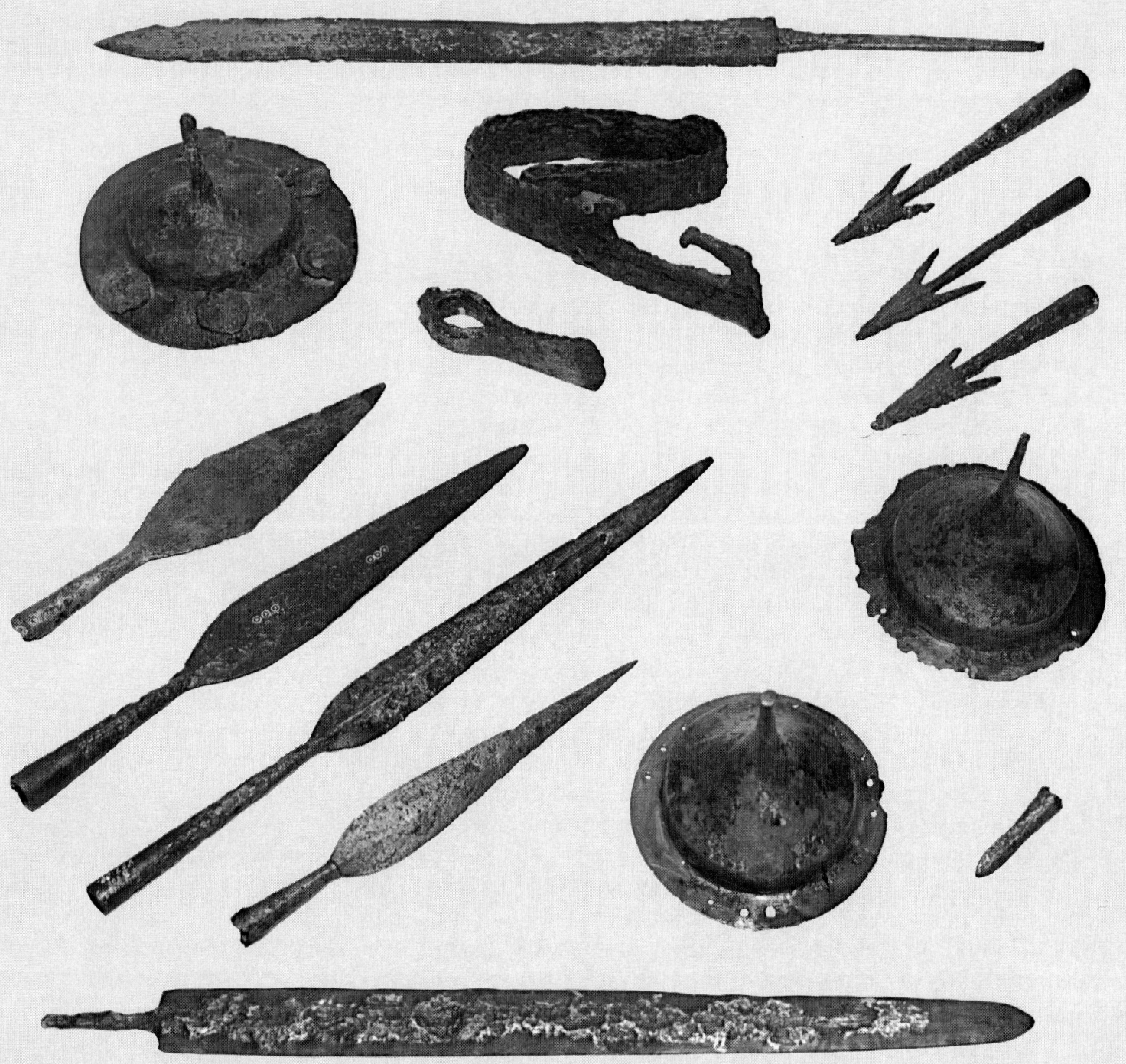

Waffenausstattung aus Urne 141

Auf dem ausgedehnten Urnenfriedhof Putensen wurden insgesamt 986 Bestattungen ausgegraben. Die ältesten Beisetzungen setzen im beginnenden 1. Jahrhundert v. Chr. (Spätlatènezeit) ein. Beigaben wie Fibeln u. a. sind in dieser Zeit noch selten, und die Sitte, Waffen mitzugeben, kann erst im letzten Drittel des 1. Jahrhunderts v. Chr. erkannt werden. Scheren, Bogenmesser, Rasiermesser, Sporen, Gürtelteile u. a. sind kennzeichnende Beigaben für die folgende Zeitphase der älteren römischen Kaiserzeit. Die jüngsten Bestattungen dieses Friedhofes gehören schon in die jüngere römische Kaiserzeit, ins 3. Jahrhundert n. Chr. Überwiegen in der frühen Zeit der Belegung noch die Beisetzungen in Tongefäßen und vereinzelt auch solche in metallenen Eimern und Kesseln, so herrschen in der jüngeren Belegungsphase die Leichenbrandlager vor. Diese sind teilweise mit Steinen abgedeckt. Eine für die beginnende ältere römische Kaiserzeit kennzeichnende Bestattung ist Urnengrab 141. Die Beigaben lagen teilweise in der Urne zwischen dem Leichenbrand (verbrannte menschliche Knochen), teilweise aber auch außerhalb des Gefäßes. Es handelt sich um eine weitmundige Terrine mit hohem, gerundeten Umbruch, die statt mit einer Schale mit einem flachen Stein bedeckt war. In dem Gefäß lagen verschiedene Teile des Trachtenzubehörs, nämlich eine bronzene Armbrustfibel (Almgren, Gruppe I/12) und eine eiserne Achterschnalle sowie anderes Kleingerät, so ein eiserner Pfriem und ein Feuerschlagstein. Neben der Urne lagen die Waffen, ein konischer Schildbuckel aus Eisen, der ehedem durch sechs paarig angeordnete Niete auf einem hölzernen Schild befestigt war, eine Lanzenspitze mit schmalem Blatt und eine Speerspitze mit kurzer Tülle und ausgeprägtem Widerhaken. Hinzu kommen noch die Bruchstücke eines eisernen Messers.   *F. L.*

Datierung: Um Christi Geburt
Verbleib: Hamburg, Hamburger Museum für Archäologie
Literatur: O. Almgren, 1923.
W. Wegewitz, 1972, S. 81, Taf. 32.

Waffenlager B 283

Außer Bestattungen in Gefäßen (Urnen) und Leichenbrandlagern wurden auf dem Friedhof in Putensen auch isolierte Waffenlager und noch häufiger einzelne Waffen oder Teile davon angetroffen. In vielen Fällen lassen sich absichtliche Beschädigung und Zerstörung nachweisen. So kann ein Schwert oder eine Lanzenspitze verbogen oder/und zerbrochen werden, bei den Holzschilden hat man die Handhabe (Schildfessel) und den Schildbuckel abgerissen und zerschlagen. Die unbrauchbar gemachten Waffen wurden dann vergraben. Nur gelegentlich gelingt es, den zugehörenden Toten bzw. seine Urne zu ermitteln.

Waffenlager B 283 wurde in 0,5–0,9 m Tiefe unter der heutigen Oberfläche angetroffen. Das einschneidige Schwert steckte mit der Spitze nach unten im lockeren Sand. Nur 20 cm davon entfernt lag ein Stangenschildbuckel, der vom Schild abgerissen worden war, ebenfalls mit der Spitze in den Sand gedrückt. Unmittelbar daneben wurde auch die mehrfach zerbrochene eiserne Schildfessel beobachtet. Zwischen dem Hiebschwert und den Schildresten steckten senkrecht nach unten die beiden Lanzenspitzen. Vermutlich sind die Holzschäfte vor dem Vergraben abgebrochen worden. Die Waffenkombination, bestehend aus Schwert, zwei Lanzen und einem Schild, ist die Ausrüstung eines Kriegers, der sich gerade durch die seltene Ausstattung mit einem Schwert aus der Gemeinschaft der übrigen Bewaffneten heraushob. So stehen auf dem Friedhof Putensen, Gem. Salzhausen, Kr. Harburg, bei insgesamt 986 bekannten Bestattungen neun Schwertern 210 Lanzen- und 32 Speerspitzen sowie fünf kleine Äxte gegenüber. Dieses Beispiel verdeutlicht, daß die Standardausrüstung der langobardischen Krieger aus der Kombination von Lanze und Speer oder zwei Lanzen jeweils mit einem Schild oder aus Teilen dieser Ausstattung besteht.   *F. L.*

Datierung: 1. Hälfte 1. Jh. n. Chr.
Verbleib: Hamburg, Hamburger Museum für Archäologie
Literatur: H. Schirnig, 1965, S. 19 ff.
W. Wegewitz, 1972, S. 75, Taf. 26.

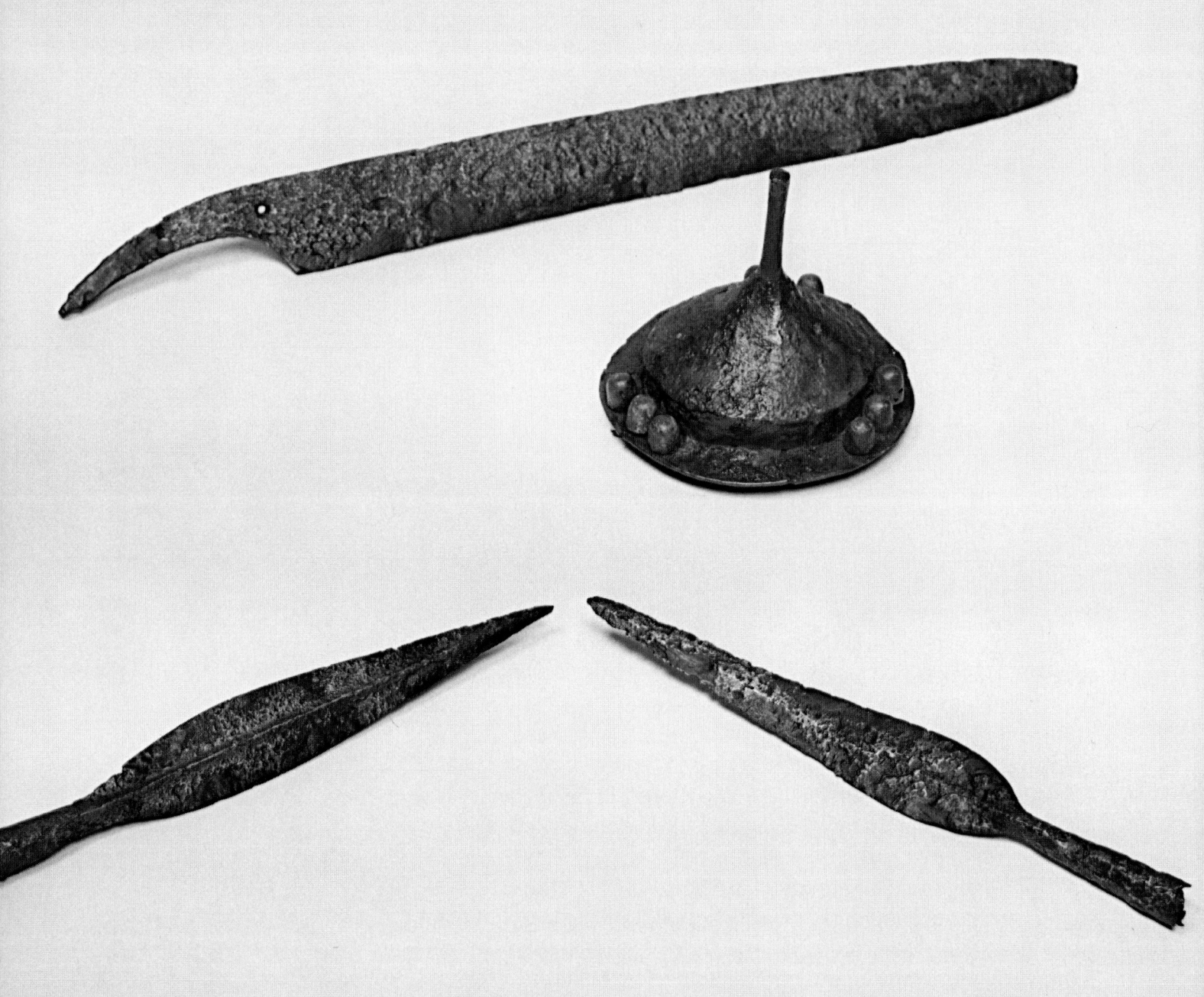

Waffenausstattung von Urne 46

In etwa 0,3 m Tiefe wurden zwischen zwei Steinen Leichenbrand und Scherben einer zerdrückten Urne geborgen. Es handelt sich dabei um eine dunkelbraune Schalenurne mit hohem, steilem Rand. Die Wandung ist mit umlaufenden Punktrillen und dazwischen mit drei breiten mit dem Rollrädchen gefertigten Zickzackbändern geschmückt.

In der Urne lagen keine Beigaben. Doch unterhalb des Gefäßes, in einer Tiefe von 65 cm, fand sich wiederum ein Waffenlager. Der Stangenschildbuckel mit hohem Kragen war mit der Spitze nach unten in den Sand gedrückt, die zugehörige Schildfessel lag daneben. Auch bei diesem Waffenlager steckten die Lanzen- und die Speerspitze senkrecht im Boden.

Das Tongefäß und die Form des Schildbuckels datieren diese Bestattung in den jüngeren Abschnitt der älteren Kaiserzeit. Damit zeigt sich, daß über 150 Jahre hinweg eine gleichartige Bewaffnung verwendet wurde und damit auch in der Kampftechnik der Langobarden keine Änderung zu verzeichnen ist.   *F. L.*

Datierung: 1. Hälfte 2. Jh. n. Chr.
Verbleib: Hamburg, Hamburger Museum für Archäologie
Literatur: W. Wegewitz, 1972, S. 63, Taf. 13.

Frauenschmuck des 1. Jh. v. Chr.

Durch die Sitte der Brandbestattung bedingt, wird eine Rekonstruktion der Frauentracht sehr erschwert. Einmal kann weder die genaue Lage von Nadeln, Fibeln und Gürtelzubehör am Körper der Verstorbenen beobachtet und damit in deren ehemalige Funktion erschlossen werden, noch sind die Auswahlkriterien bekannt, nach denen die Trachtbestandteile vom Scheiterhaufen abgesammelt wurden. Doch können bestimmte Aussagen anhand der sich ständig wiederholenden Ausstattungskombinationen gemacht werden.

Für das späte 1. Jahrhundert v. Chr. und das beginnende 1. Jahrhundert n. Chr. kann auf den langobardischen Friedhöfen im Niederelbegebiet eine Dreifibeltracht erkannt werden. Zur textilen und Schmucktracht gehören drei, häufiger völlig identische Fibeln aus Eisen, später auch aus Bronze, ferner Gürtelzubehör und einige Knochennadeln mit kleinem Kopf. Zwei der Fibeln sind durch ein metallenes oder mit Perlen besetztes Kettchen miteinander verbunden.

Vergleiche mit bildlichen Darstellungen auf Grabsteinen und Grabfunden des Mittelrheingebietes zeigen, daß die langobardischen Frauen in den Jahrzehnten um Christi Geburt am ehesten eine der keltischen Menimane-Tracht ähnliche Oberkleidung, ein Peplos-Gewand, trugen, das von zwei Fibeln in Schulterhöhe gehalten und mit einer dritten Fibel in Brusthöhe gerafft wurde. Für zusätzlichen Halt sorgte ein Gürtel mit auffälligem Metallverschluß. Die ebenfalls in den Urnen angetroffenen kleinen Knochennadeln dürften zum Aufstecken der Haare oder zur Befestigung eines darübergelegten Netzes oder Tuches verwendet worden sein.

F. L.

Datierung: Spätes 1. Jh. v. Chr. und 1. Jahrzehnt n. Chr.
Verbleib: Hamburg, Hamburger Museum für Archäologie
Literatur: W. Wegewitz, 1944.
W. Wegewitz, 1970.
P. Wild, 1968, S. 166 ff.

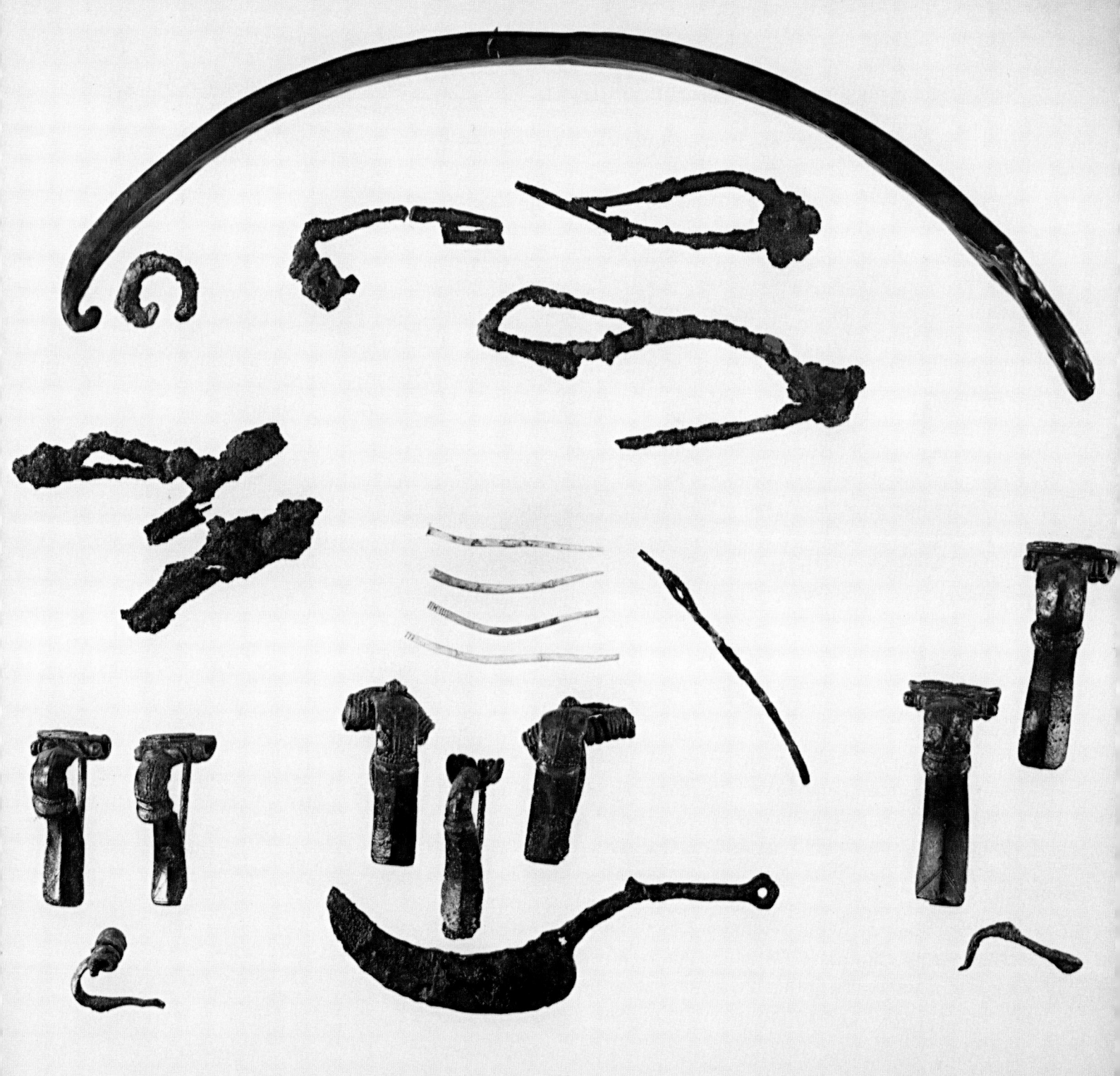

Frauenschmuck des 1. Jh. n. Chr.

Für die erste Hälfte des 1. Jahrhunderts n. Chr. wird es durch den Mangel an Fundkomplexen mit Fibeln wesentlich schwieriger, Aussagen zur textilen Tracht zu machen.

Anscheinend ist man zu einer Zweifibeltracht übergegangen, was darauf hindeutet, daß man wohl noch einen Peplos trug, diesen aber nicht mehr in Brusthöhe raffte. Gürtelschmuck ist unbekannt. Nadelfunde sprechen dafür, daß Haarnetze getragen wurden und das Haar hochgesteckt war.

Reich ausgestattet sind dagegen die Urnengräber der zweiten Hälfte des 1. und des frühen 2. Jahrhunderts n. Chr. Geburt. Kennzeichnend ist wiederum eine Dreifibeltracht, wobei jetzt in der Regel nur zwei der Fibeln in Form und Größe aufeinander abgestimmt sind, die dritte, meist kleinere, gehört einem anderen Typ an. Viele der Fibeln sind in Silber gefertigt, die übrigen aus Bronze oder Eisen. Die Vorbilder für diese Tracht müssen in den römischen Provinzen an der mittleren Donau gesucht werden. Auch hier trugen die Frauen ein Peplos-Gewand, das auf den Schultern mit Fibeln gehalten wurde. Die dritte, kleinere Fibel diente dazu, ein Untergewand zu verschließen. Vervollständigt wurde diese Tracht durch große Hüte und Kappen, wie man sie ebenfalls aus den römischen Provinzen Noricum und Pannonien kennt. Es handelt sich vielfach um Dreispitze mit nach hinten gerichteter dritter Spitze, an denen mit kleinen silbernen und bronzenen krückenförmigen Nadeln ein Schleier befestigt war, der über die Schultern herabhing. Vervollständigt wurde die Schmuckausstattung durch Perlenketten mit großen melonenförmigen Perlen und silbernen Verschlußhaken, silbernen und goldenen Berlocks, ferner silbernen Armreifen mit Tierkopfenden. An zusätzlichen Beigaben finden sich Sichelmesserchen, Spinnwirtel und vereinzelt auch Holzkästchen mit metallenen Beschlägen. *F. L.*

Datierung: 1. Jh. und beginnendes 2. Jh. n. Chr.
Verbleib: Hamburg, Hamburger Museum für Archäologie
Literatur: I. Garbsch, 1965.
M. Gebühr, 1976.
F. Laux, 1983, S. 213 ff.
W. Wegewitz, 1944.
P. Wild, 1968, S. 166 ff.

Frauenschmuck des fortgeschrittenen 2. Jh. n. Chr.

Im Verlauf des 2. Jahrhunderts ändert sich die Fibeltracht erneut, denn zur Ausstattung der Frauen gehören nun wieder zwei, in aller Regel übereinstimmende Fibeln. Die langobardischen Frauen werden wohl weiterhin ein peplosähnliches Gewand getragen haben, das in seinem Schnitt noch am ehesten jenen gleicht, mit denen auf der Markussäule in Rom die gefangenen Germaninnen bekleidet sind. Hinweise auf Gürtel sind selten, solche auf Hüte oder Kappen fehlen in den Inventaren völlig. Nachweisen lassen sich jedoch noch Haarnetze. Im übrigen unterscheidet sich die Ausstattung kaum von jener der vorangegangenen Zeitphasen.

Bemerkenswert ist, daß etwa in dieser Zeit auch eine Veränderung der Beigabensitte einsetzt, denn es werden nun nicht mehr alle vom Scheiterhaufen abgesammelten Trachtbestandteile und Beigaben zu dem Leichenbrand in die Urne gepackt, sondern gesondert in Depots niedergelegt. In einzelnen Fällen (Tostedt-Wüstenhöfen, Fundstelle 96) ist zu erkennen, daß dieses in einem hölzernen Kasten mit metallenen Beschlägen erfolgte.   *F. L.*

Datierung: Mitte 2. Jh. n. Chr.
Verbleib: Hamburg, Hamburger
Museum für Archäologie
Literatur: W. Thieme, 1981—1983,
S. 145 ff.
W. Wegewitz, 1944.

Waffengrab aus Hamburg-Marmstorf

Das Grab Nr. 216 ist durch ein Lackprofil konserviert, das uns anschaulich die Anlage des Grabes überliefert. In die Grabgrube legte man den Schild, die Außenseite nach unten gerichtet. Darüber kam die kleine Lanzenspitze zu liegen, und das Schwert des Kriegers wurde tief in den Untergrund gesteckt. Auch die große Lanze rechts wurde senkrecht auf gleiche Weise in die Grabgrube hineingerammt; es ist anzunehmen, daß der Lanzenschaft aus dem Erdboden hinausschaute und damit die Lage des Grabes markierte. Oberhalb der Bewaffnung des Kriegers wurde die Urne mit Rädchenverzierung als Behältnis für den Leichenbrand in die Grube gestellt. Im Leichenbrand fand sich eine Rollenkappenfibel.   *R. B.*

Datierung: 1. Jh. n. Chr.
Verbleib: Hamburg, Hamburger
Museum für Archäologie
Literatur: W. Wegewitz, 1964.

Rechteckfibeln

Für die jüngste Fibel vom Mittellatèneschema in Norddeutschland schien sich für die ersten Bearbeiter eine regionale Beschränkung auf den Niederelberaum abzuzeichnen, so daß sie zunächst als Langobarden-Fibel in die Literatur einging. Es handelt sich um eine einteilige Fibel, die aus Eisen oder Bronze, bevorzugt aus dickem Draht hergestellt wurde; eine in Norddeutschland seltene Variante zeigt eine bandförmige Verbreiterung des Fußdaches. Die Fibel wird durch den großen rechteckigen Rahmen geprägt, den der Fußdraht vom Nadelhalter bis zur Verklammerung vor der kurzen Spirale bildet. Dieser rechteckige Fußrahmen gab den Anstoß für den heutigen Namen: Rechteckfibel, nachdem Neufunde und Ausblicke in fernere Gebiete eine weiträumige Verbreitung dieses Fibeltyps erbracht haben. Auch der Name Hannoversche Latènefibel wurde wegen der Verwechslungsmöglichkeit mit einer ähnlich benannten bronzezeitlichen Fibel wieder aufgegeben.

Im Niederelbegebiet gibt es Rechteckfibeln in unterschiedlichen Größen. Während kleine Exemplare in Frauengräbern vorkommen, werden größere Exemplare, bis zu 9,7 cm Länge, oft in Männergräbern gefunden.

An der Niederelbe, im langobardischen Gebiet, ergibt sich eine gewisse Verdichtung in der Verbreitung der Rechteckfibel, sie kommt hier aber nicht auf jedem Friedhof vor. Die Funde streuen an der Elbe aufwärts bis Magdeburg. Eine kleine Fibelgruppe findet sich auf Amrum und in Jütland; weitere Verbreitungsgebiete sind die schwedischen Inseln Öland und Gotland sowie das nordwestliche Polen. *W. Th.*

Datierung: Mitte des 1. Jh. v. Chr. und etwas später
Verbleib: Hamburg, Hamburger Museum f. Archäologie; Lüneburg, Mus. f. d. Fstm. Lüneburg
Literatur: W. Wegewitz, 1944, S. 105 f.

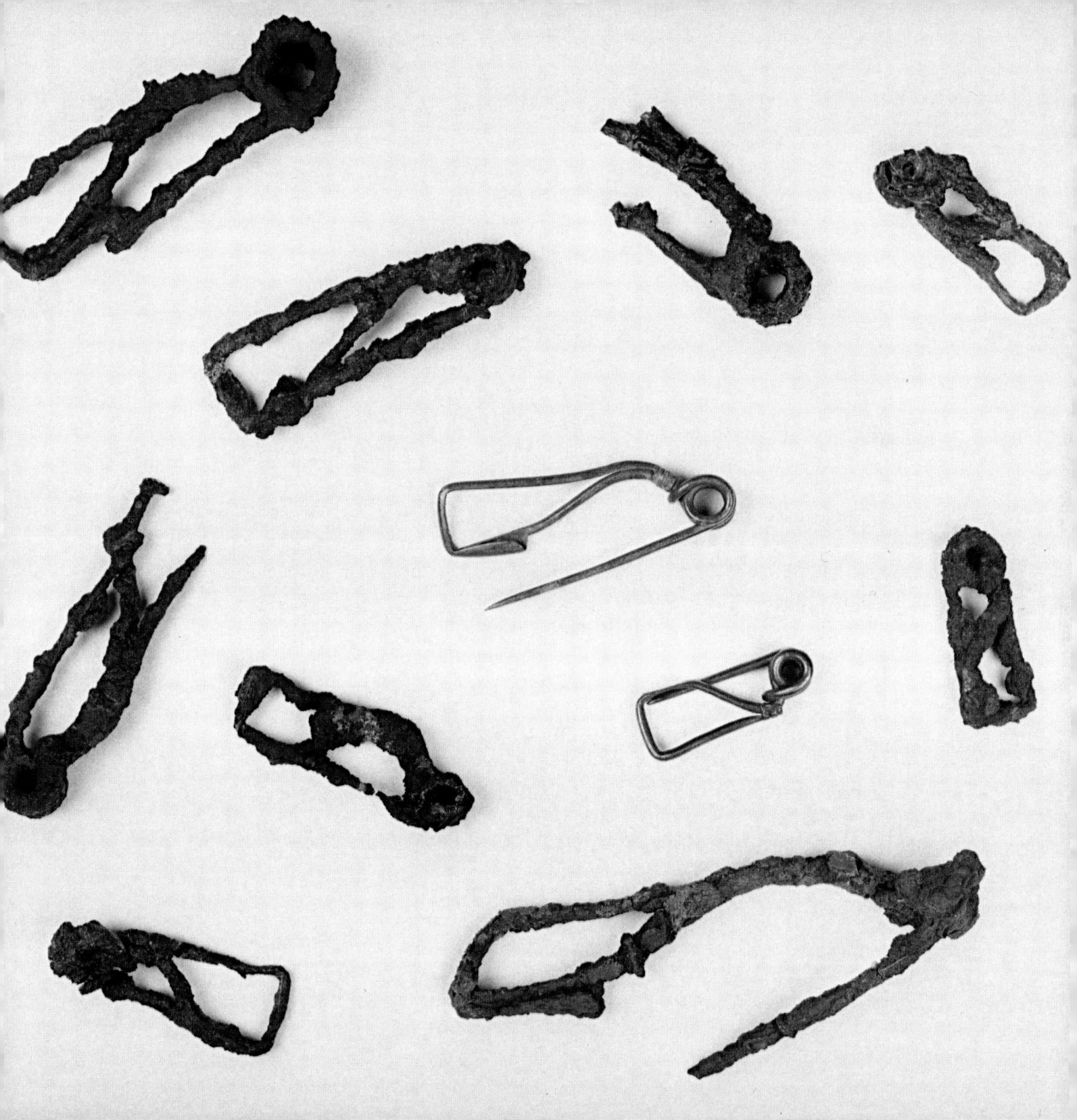

Fundstücke vom Urnenfriedhof Darzau

Ein sehr reiches Urnengräberfeld hatte Dr. Christian Hostmann 1871 auf dem Gelände der Domäne Darzau teilweise ausgegraben. Seine Ergebnisse hat er umgehend in einem Buch publiziert. Dieses Gräberfeld mit seinen schönen Funden wurde namengebend für die Stufe von Darzau, die die kulturelle Entwicklung im nordöstlichen Niedersachsen während des 1. und 2. Jahrhunderts n. Chr. umschreibt.

Durch Wilhelm Keetz 1904 und durch das Museum für das Fürstentum Lüneburg 1957 erfolgten Nachgrabungen auf dem Friedhof. Die vorgestellten Funde stammen aus diesen beiden Grabungen. Sie bieten einen Überblick über das Trachtenzubehör, den Schmuck und die Gerätschaften von Frauen in Norddeutschland während der älteren römischen Eisenzeit.

Besonders zahlreich sind Fibeln vertreten; bis zu drei Stücke hat eine Frau an ihren Kleidern und Mänteln getragen. Glasperlen, silberne S-Haken und goldene Berlocken zierten den Hals. Mit Nadeln wurden Tücher und Haare festgesteckt und auch Umhänge geschlossen. Die Schnalle gehört zum Gürtel; der Hakenschlüssel erinnert an die Schlüsselgewalt der Hausfrau, und die tönernen Spinnwirtel zeigen eine ihrer vielen Pflichten an.   *W. Th.*

Datierung: 1. und 2. Jh. n. Chr.
Verbleib: Hamburg, Hamburger Museum für Archäologie; Lüneburg, Museum für das Fürstentum Lüneburg
Literatur: C. Hostmann (Braunschweig 1874).
W. Keetz, 1907, S. 267.
G. Körner, 1958, S. 139—148.

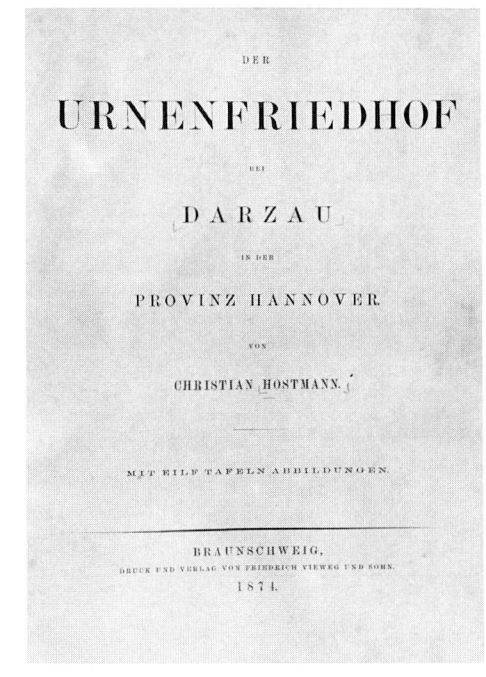

Das Gräberfeld von Darzau

Der Privatgelehrte Christian Hostmann (1829–1889) grub 1871 einen Urnenfriedhof in Quarstedt bei Darzau aus; schon 1874 legte er die Ergebnisse in einer Publikation vor, zu der der Celler Maler Carl Engelke die Abbildungen lieferte. Das Erscheinen dieser Veröffentlichung ist ein Markstein in der Entwicklung der vor- und frühgeschichtlichen Forschung in Niedersachsen. Die Publikation von Urnenfriedhöfen Niedersachsens nahm hiermit ihren Anfang. Zwar standen bei Hostmann antiquarische Interessen im Vordergrund, so ist doch sein Werk in der Zeit von richtungsweisender Bedeutung. Später bezeichnete man die ältere Römische Kaiserzeit als Stufe von Darzau.

Die Funde aus diesem Friedhof spiegeln eine Bevölkerung wider, die sehr wahrscheinlich als langobardisch, sicher als elbgermanisch bezeichnet werden kann. Taf. VIII dieses Werkes bildet typische Schmuckformen ab.   *R. B.*

Datierung: 1./2. Jh. n. Chr.
Verbleib: Hamburger Museum für Archäolgie
Literatur: H. Gummel, 1954.
C. Hostmann, 1874.

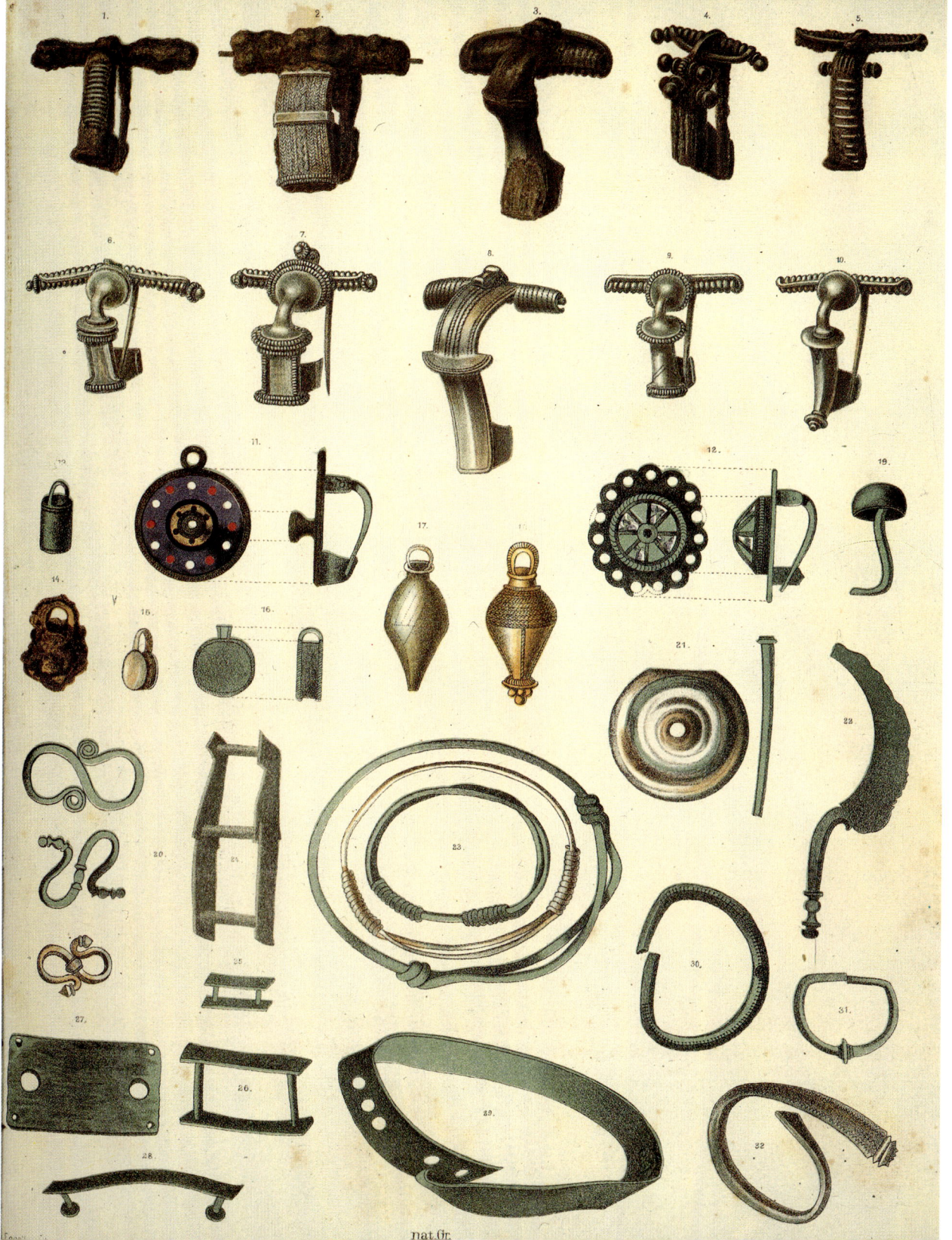

nat.Gr.

Eine silberne Fibel Almgren 101

Im Grab 118 des Urnenfriedhofs Tostedt-Wüstenhöfen, Kreis Harburg, lag eine besonders qualitätvolle silberne Fibel. Über der schmalen Spirale setzt der Bügel mit zwei gegenständigen Erweiterungen an, die dem Schalltrichter einer Trompete ähneln. Es folgt eine waagerechte Bügelplatte, auf der ein Geflecht aus feinsten Silberdrahtzöpfen befestigt ist. Das Geflecht ist mit hauchdünner Goldfolie überzogen worden. Die beiden Erweiterungen des Bügels sowie das Ende der Bügelplatte hat man mit je zwei Perldrahtkränzen eingefaßt; selbst am Sehnenhaken sind zwei Zierknöpfe angebracht worden, um diese mit Perldraht verzieren zu können. Den kräftigen Nadelhalter hat man beidseitig mit gekreuzten Einritzungen versehen. Die Fibel mißt 3,6 cm in der Länge.

Diese Fibel stellt eine besonders aufwendige Variante eines Fibeltyps dar, der eine weite Verbreitung erfahren hat. Konzentrationen bilden die Funde am Rhein um Wiesbaden und Mainz sowie im langobardischen Niederelbegebiet.   *W. Th.*

Datierung: um 100 n. Chr.
Verbleib: Hamburg, Hamburger Museum für Archäologie
Literatur: U. Fischer, 1966, S. 229—262.

Tierkopfarmringe

In einigen Grabinventaren aus der nördlichen Lüneburger Heide fallen besonders Armringe mit Tierkopfzier auf. Diese Armringe aus Silber, seltener aus Bronze gearbeitet, bestehen aus einem dicken Draht, der sich zu beiden Enden bandförmig erweitert und mit stilisierten Tierköpfen abschließt. Der Bandteil und der Kopf sind mit Dreiecks- und Kreispunzen sowie mit Stichellinien verziert. Nicht immer sind die Augen der Tiere deutlich zu erkennen. Die Tierköpfe der Armringe aus den Friedhöfen Tostedt, Garlstorf, Sottorf und Rebenstorf zeigen spitze Mäuler, so daß sie Schlangenköpfen ähneln. Auf den Gräberfeldern Darzau und Tostedt kommen auch Armringe mit dickem Tierkopf und breitem Maul vor.

Während die schmalköpfigen Tierkopfarmringe bei den Elbgermanen von der Niederelbe bis nach Sachsen verbreitet sind, bilden die beiden Ringe aus Darzau, aber auch ein Stück aus Tostedt sowie ein mecklenburgischer Ring eine Sonderform, die östliche Einflüsse voraussetzt.

Unter den Armringen, die in der älteren römischen Eisenzeit nicht zum gewöhnlichen Trachtenzubehör einer Frau gehören, fallen die silbernen Tierkopfarmringe als Besonderheit auf. Sie stellen ein Zeichen für den gehobenen Rang der Trägerinnen dar. Während bronzene Armringe wahrscheinlich eine etwas niedere soziale Stufe andeuten mögen, läßt sich schon in der älteren römischen Eisenzeit, aber noch eindrucksvoller in den nachfolgenden Jahrhunderten die hohe Position von Damen mit goldenen Armringen aus den Grabinventaren und dem Bestattungsbrauch ablesen.

W. Th.

Datierung: um 100 bis 150 n. Chr.
Verbleib: Hamburg, Hamburger
Museum für Archäologie
Literatur: W. Thieme, 1980,
S. 68–76.

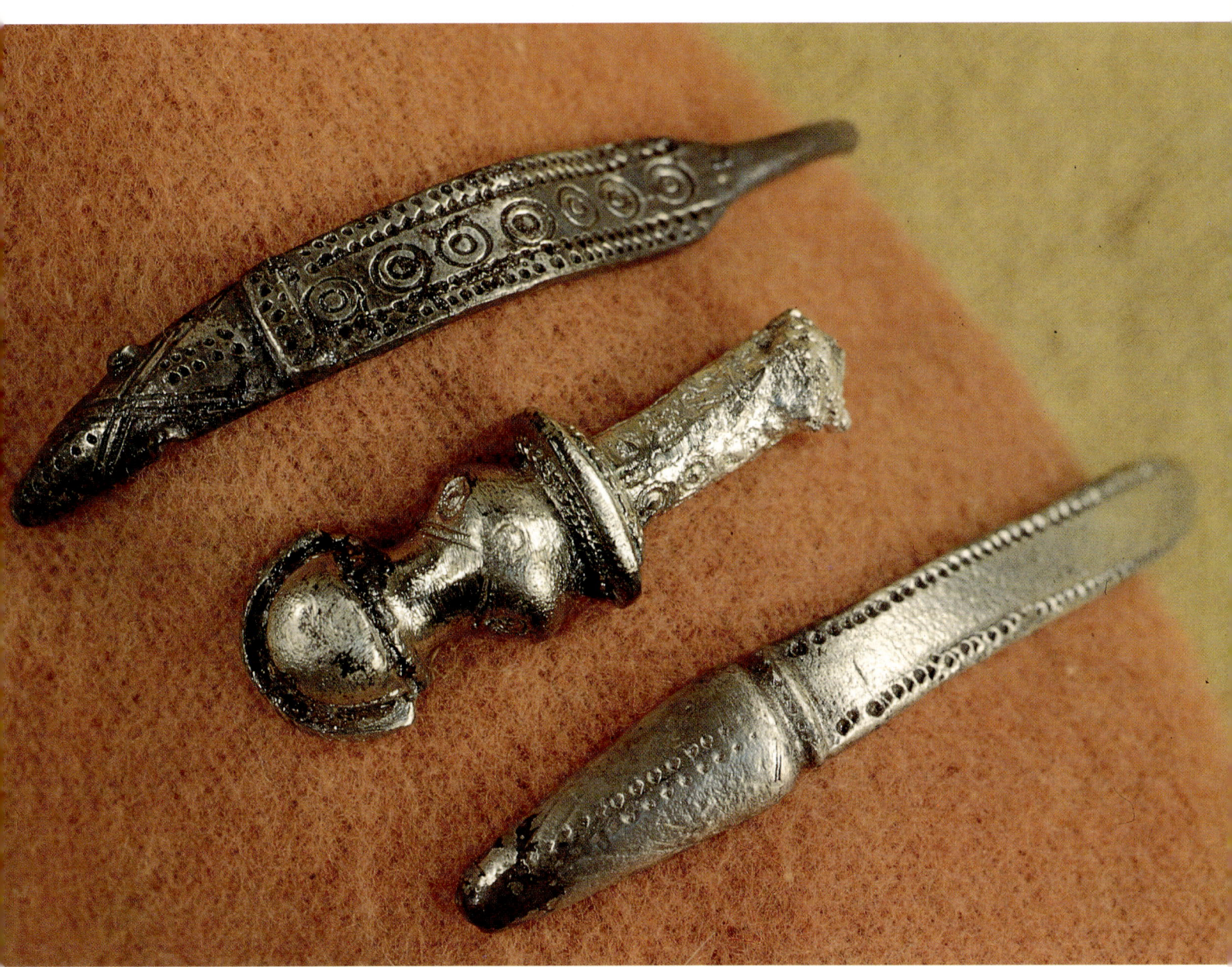

Silberne Fibeln

Erstmals für das frühe 1. Jahrhundert n. Chr. verraten die Grabinhalte, daß im Gebiet südlich der Niederelbe einige Frauen silberne Fibeln und Nadeln tragen und bestimmte Männer ihre Waffen mit Silberzierat versehen lassen oder auch silberne Fibeln besitzen. Die silbernen Gegenstände sind als Zeichen des Reichtums und der sozialen Stellung zu verstehen. Der „Herr von Putensen" erhält deshalb drei Paare silberner Fibeln und eine silberne Nadel in die Urne gelegt.

Auffällig nehmen die silbernen Fibeln, Nadeln und Ringe seit dem Ende des 1. Jahrhunderts an Zahl und Verbreitung zu. Insbesondere Rollenkappenfibeln, aber auch Trompetenfibeln und verwandte Formen werden in Silber gearbeitet. Silber gelangt jetzt als Sold, den die germanischen Hilfstruppen im römischen Heeresdienst erhalten, in Form von Denaren nach Norddeutschland. Das Geld ist hier im täglichen Handel und Tausch unbrauchbar und wird umgeschmolzen oder in Horten deponiert.

Die Fibeln und anderen Schmuckstücke aus Silber zeichnen sich besonders durch kleinteilige Zierate und kunsthandwerklich schwierige Details aus, die erst durch die günstigen Eigenschaften des Metalls Silber gegenüber Bronze oder gar Eisen ermöglicht werden.

Die abgebildeten Fibeln stammen aus Friedhöfen in Garlstorf und Tostedt, beide Kreis Harburg, sowie Quarstedt-Darzau, Kreis Lüchow-Dannenberg. *W. Th.*

Datierung: 2. Hälfte 1. Jh. und 1. Hälfte 2. Jh. n. Chr.
Verbleib: Hamburg, Hamburger Museum für Archäologie; Lüneburg, Museum f. d. Fürstentum Lüneburg
Literatur: W. Thieme, 1981–1983, S. 158–160.

Ausgewählte Grabkeramik

Die Zusammenstellung von Urnen vom späten 1. Jahrhundert v. Chr. bis in das 3. Jahrhundert n. Chr. aus dem Gebiet südlich der Niederelbe zeigt eine Vielzahl von Gefäßformen. Alle diese Urnen sind unter dem Begriff langobardisch zusammenzufassen. Eine derartige Gefäßvielfalt ist für die Nachbargebiete nicht zu vereinen, weil durch abweichende Bestattungssitten dort nur eine eng begrenzte Auswahl von Gefäßen als Urnen Verwendung fand.

Diese Keramik ist für das Grab hergestellt worden, nur ein geringer Prozentsatz der Urnen ist dem Haushalt entnommen. In den Siedlungen werden die als Urnen bevorzugten Gefäßformen nur selten entdeckt.

Vorgestellt werden Situlen, Terrinen und zweihenklige Töpfe der späten Seedorf-Stufe, es folgen Trichterurnen, weitmündige Töpfe und wiederum Terrinen. Terrinen gibt es bis in die zweite Hälfte des 2. Jahrhunderts in verschiedenen Varianten. Standfußschalen und Pokale, hohe Töpfe mit steilem Hals und Krüge kommen dagegen selten vor. Aus den Terrinen entwickeln sich die Schalenurnen, die in die jüngere römische Eisenzeit führen und dann die überwiegende Mehrzahl der Urnen ausmachen. Daneben treten die ersten Kümpfe auf.

Das Bild gibt zugleich einen Eindruck von den typischen Verzierungsweisen durch Rauhung, Strichlinien, Einstiche, Abdrücke von Rollrädchen und eingedrückte Rillen und Riefen.

Da die Grabkeramik handgeformt ist, gleicht kein Gefäß dem anderen. Trotz vieler Einflüsse, die sich über weite Gebiete auswirken, entstehen immer wieder regional eigene Entwicklungen und Umwandlungen, die in der älteren römischen Eisenzeit im südlichen Niederelbegebiet besonders klar in der Grabkeramik zum Ausdruck kommen.   *W. Th.*

Datierung: 2. Hälfte 1. Jh. v. Chr. bis 3. Jh. n. Chr.
Verbleib: Hamburg, Hamburger Museum für Archäologie
Literatur: W. Thieme, 1981—83, S. 146 ff.

Große Siedlungsgefäße

Bei den Ausgrabungen auf Siedlungen in Scharmbeck, Ashausen, Emsen und anderen Orten im Landkreis Harburg wurden verschiedentlich in den Abfallgruben dicke Gefäßscherben freigelegt, die sich zu riesigen gelbrötlichen Gefäßen zusammensetzen ließen.

Die Gefäße haben die Form von Töpfen; die großen, fast birnenförmigen Körper sind mit einer Schlick- oder Sandrauhung versehen. Diese bietet eine bessere Griffigkeit, außerdem bewirkt die rauhe Oberfläche günstigere Verdunstungs- und damit stärkere Kühlungsbedingungen. Es befinden sich zwei oder vier Henkel über dem Umbruch, oder sie fehlen ganz. Die Töpfe messen bis zu 60 cm in der Höhe und 55 cm im größten Durchmesser. Die Stärke der Wandung beträgt 1,0–1,5 cm. Der ehemalige Inhalt der Vorratsgefäße ist nicht überliefert. Wahrscheinlich ist Getreide in den Töpfen aufbewahrt worden. Für die Aufnahme von Flüssigkeiten sind die Gefäße wegen der durchlässigen Wandung nur bedingt zu verwenden. *W. Th.*

Datierung: spätes 1. Jh. v. Chr. und 1. Jh. n. Chr.
Verbleib: Hamburg, Hamburger Museum für Archäologie
Literatur: W. Wegewitz, 1970, S. 72–75.

Kleine Gefäße aus Siedlungen

Zu den verschiedensten Arbeiten sind im Haus, Stall oder am Handwerksplatz Behältnisse notwendig gewesen. Wurden diese nicht aus organischem Material hergestellt, bot sich Ton an. Schüsseln, Terrinen, Teller, Krüge, Durchschläge und Tassen werden in den eisenzeitlichen Siedlungen in reichlicher Menge zerscherbt ausgegraben. Viele Gefäße sind oxydierend rotbraun gebrannt. Sie sind nicht alle gut geglättet, bei manchen sind die Unterteile mit Schlick- oder Sandbewurf gerauht. Daneben kommt in erheblich geringerer Zahl bis in die erste Hälfte des 1. Jahrhunderts n. Chr. eine schwarze, gut geglättete Ware vor, die der Grabkeramik ähnelt. Es handelt sich um Terrinen, situlenartige Gefäße und bauchige Schüsseln. *W. Th.*

Datierung: 1. Jh. v. Chr. bis 2. Jh. n. Chr.
Verbleib: Hamburg, Hamburger Museum für Archäologie
Literatur: W. Wegewitz, 1942.

Langobardisches Haferbrot

Im Jahre 1937 wurden durch einen Mitarbeiter des Helms-Museums in Emsen-Langenrehm mehrere „Abfallgruben" untersucht, die neben einer Anzahl Scherben einen für die Ernährungsgeschichte und die Geschichte des Brotes im speziellen sehr bemerkenswerten Fund enthielten.

In einer 2 m tiefen Grube (Fundplatz 2, Grube 2) war ein ganzer Satz Haushaltsgeschirr zusammen mit Bruchstücken eines Mahlsteins, mit einem Messer, einem tönernen Spinnwirtel, Rinderzähnen, Holzkohle und einem verkohlten Brotrest versenkt worden. Die sorgfältige Abdeckung der Grube durch Steine und die Fundumstände ließen den Bearbeiter der Funde, Willi Wegewitz, schließen, daß hier die Reste einer Totenmahlzeit vergraben worden sind. Den Spinnwirtel und den Mahlstein sprach er als Opfergaben für eine Frau an. Anhand der Gefäßscherben konnte das Alter des Grubeninhalts und damit auch des Brotrestes in die zweite Hälfte des 1. Jahrhunderts v. Chr. datiert werden.

Die Bestimmung des Brotrestes durch Walter von Stokar, 1939, und die erneute Untersuchung durch Max Währen, 1988, ergab, daß es sich dabei um ein stark mit Fett angereichertes Haferbrot handelt.

Der 6,4 cm lange, 4,4 cm breite und 2,3 cm hohe Brotrest hat ein Gewicht von 10,2 g. Der Durchmesser des verkohlten Brotes dürfte 8,5 cm betragen haben. Nach den Untersuchungen des Brothistorikers M. Währen wird das Brot im Frischezustand 18 cm im Durchmesser groß gewesen sein. Das zur Herstellung des Brotes verwendete Hafermehl mit einem Anteil Weizenmehl wurde sehr fein ausgemahlen und sehr gut gesiebt. Der Teig wurde gesäuert und gut verarbeitet. Abdrücke von Fingernägeln und -kuppen und die gute Ausformung des Randes zeugen davon.

Außer diesem Brotrest liegen aus dem Gebiet der unteren Elbe weitere Hinweise auf den Anbau von Kulturpflanzen und die Ernährung der Bevölkerung in Form von verkohlten Getreideresten vor. Allerdings sind bislang erst die Funde der vorrömischen Eisenzeit hinlänglich untersucht. Eine umfassende Arbeit jüngeren Materials steht noch aus. Die Untersuchung der vorrömischen Getreidereste ergab, daß Gerste, Dinkel, Saat- und Zwergweizen, Emmer und Hafer in einigem Umfang angebaut worden sind. Die Gerste war mit Abstand das wichtigste Getreide, während Roggen nach den bisherigen Untersuchungen kaum eine Rolle bei der Ernährung gespielt hat. Das Brot wurde in eingetieften Lehmkuppelöfen gebacken, die den noch bis in unser Jahrhundert auf dem Lande üblichen Backöfen ähneln. Das Bild zeigt einen Schnitt durch einen eisenzeitlichen Backofen bei Hamburg-Marmstorf (Fundplatz 61, Fundstelle 3) aus der Zeit um Christi Geburt. Anhand der Holzkohleschichten lassen sich zwei Benutzungsphasen nachweisen. Die rot verziegelte Lehmkuppel der zwei Öfen ist bei ihrer Zerstörung in die Feuergrube gefallen.

R. A.

Datierung: 2. Hälfte des 1. Jh. v. Chr.
Verbleib: Hamburg, Hamburger Museum für Archäologie
Literatur: D. Kučan, 1986, S. 87 ff.
W. von Stokar, 1951, S. 41, 144.
M. Währen, 1989.
W. Wegewitz, 1955, S. 13 f.
W. Wegewitz, 1988, S. 93.

Wohn- und Stallhaus

Auf dem seit der Jungsteinzeit bis in das Frühmittelalter hinein immer wieder besiedelten Kronsberg bei Rullstorf im Kreise Lüneburg ist unter anderem eine bedeutende, großflächige Siedlung aus der jüngeren Römischen Kaiserzeit zutage gekommen. Sie liegt auf sandigen Moränenschottern hoch über den nach Norden unmittelbar angrenzenden Elbauen mit ihren feuchten Wiesen. Am südlichen Hange des Kronsberges entspringt noch heute eine Quelle, die schon einst für Frischwasser sorgte. Topographisch liegt der Platz am Handelswege zwischen Mittel- und Norddeutschland. Im Weichbild finden sich wertvolle Resourcen wie Brennstoff aus den Wäldern in der südlich allmählich ansteigenden Dünenlandschaft sowie Raseneisenerz aus der Elbaue. Die noch nicht abgeschlossenen Ausgrabungen haben auf nur einem Viertel des Kronsberges bereits 15 Höfe mit aus Holzpfosten errichteten Langhäusern, Speichern, Werkhütten und Webstuben erfaßt, doch hat sich die Siedlung ehedem wohl über die gesamte Kuppe erstreckt.

Die Außen- und Zwischenwände der bis zu 70 m langen, aus mächtigen Pfosten errichteten Häuser waren aus Flechtwerk hergestellt. Ob einst Fenster in den Wänden ausgespart waren, läßt sich heute nur noch mutmaßen, da die Erhaltungsbedingungen keinen Aufschluß für diese Frage bieten. Sicher ist dagegen, daß die Häuser mit Reet gedeckt waren. Der freigelegte Grundriß weist mehrere unterschiedlich konstruierte Hausabschnitte auf, deren ehemalige Funktion sich analog zu anderen Befunden erschließen läßt. Der im Nordosten gelegene Abschnitt mit seinen in unregelmäßigen Abständen gegenständig eingetieften Pfosten ist als eigentlicher Wohnteil anzusprechen, dessen Grundfläche einem Drittel der gesamten Hausfläche entspricht. Daran schließt ein zweiter, mit weit auseinander stehenden und nicht sehr tief gegründeten Pfosten konstruierter mittlerer Abschnitt, dessen Innengliederung keinen Rückschluß auf die ehemalige Funktion gibt. Im Südwesten liegt der dritte Hausteil, dessen enge Pfostenpaare den Stallbereich mit seinen Viehboxen anzeigen.

Neben den Langhäusern finden sich stets ein oder mehrere Grubenhäuser, kleine Gebäude, deren Innenraum tiefer als die damalige Oberfläche gelegen hat. Sie wurden als Webstuben oder als Werkhütten für handwerkliche Tätigkeiten genutzt. Kleine, aus wenigen Pfosten errichtete Bauten mit quadratischem Grundriß sind als Speicher für die Lagerung landwirtschaftlicher Produkte genutzt worden.

Die wiederentdeckte Siedlung auf dem Kronsberg bei Rullstorf zeigt, in welchem Rahmen die Langobarden gelebt haben. Langhäuser mit Wohn-, Wirtschafts- und Stallteil, Werkhütten, Webstuben und Speicherbauten sind Zeugnis einer bäuerlichen Mischwirtschaft mit ausgeprägter handwerklicher Komponente. *F. Lü.*

Datierung: Römische Kaiserzeit (2. und 3. Jh.) Verbleib: Hamburg, Hamburger Museum für Archäologie Literatur: W. Gebers und F. Lüth, 1984, S. 99–114. W. Gebers, 1984, S. 191–196.

Rennfeuerofen

Auf den zahlreichen elbgermanischen Siedlungsplätzen der Harburger Region gehören Eisenschlacken zu den regelmäßigen Beobachtungen. Eine unbeschädigte Ofensau, so nennt man in der Hüttensprache das Konglomerat aus Schlacke und Eisen, das sich nach Abbrennen des Ofens in der darunterliegenden Grube sammelt, ist aus Pattensen bekannt.

Der Rennfeuerofen, ein zylindrischer Tonmantel, wurde mit Holzkohle und zerkleinerten Brocken von Raseneisenerz beschickt. Beim Abbrennen rinnt die Schlacke (Beimengungen) heraus, und das Eisen verdichtet sich, ohne daß es selbst schmilzt. Aus diesem Vorgang erklärt sich der Name dieser Öfen, die, wie unser Beispiel zeigt, mehrfach Verwendung finden konnten. *R. B.*

Datierung: 2. Jh. n. Chr.
Verbleib: Hamburg, Hamburger
Museum für Archäologie
Literatur: W. Wegewitz, 1957 u. 1962.

Fibelherstellung

Zeigt man einem Museumsbesucher eine Fibel der älteren römischen Eisenzeit, beispielsweise die silberne Fibel (Katalog Nr. 12), ist er über die Kunstfertigkeit des Silberschmiedes vor 1860 Jahren erstaunt. Ein Fachmann wie H. Drescher kann die Arbeitstechniken erläutern; er hat sich die Kunstwerke genau angesehen und dann nachgefertigt.

a Die Proben sprechen schon für sich. Dargestellt ist die Nachbildung einer eisernen Spätlatènefibel aus Ehestorf, Kreis Harburg. Sie entsteht aus einem Eisenstück von 6×6×100 mm und wird aus einem Stück gefertigt. Deshalb wird zuerst der Bügel geschmiedet. An einem Ende entsteht der Nadelhalter, das andere Ende wird zu einem langen Draht ausgehämmert, der abschnittsweise um einen Stab gewickelt wird und so die Federspirale für die Nadel ergibt. Das lange Ende bleibt als Nadel. Insbesondere die bronzenen und silbernen Fibeln, deren Bügelrohform gegossen und dann, wie eben beschrieben, durch Schmieden mit Nadelhalter und Spirale sowie Nadel versehen wird, erhalten der Mode gemäß ihre Verzierung mittels Punzen und Sticheln. Anhand der Spuren dieser Geräte lassen sich die Fibeln aus derselben Werkstatt ermitteln.

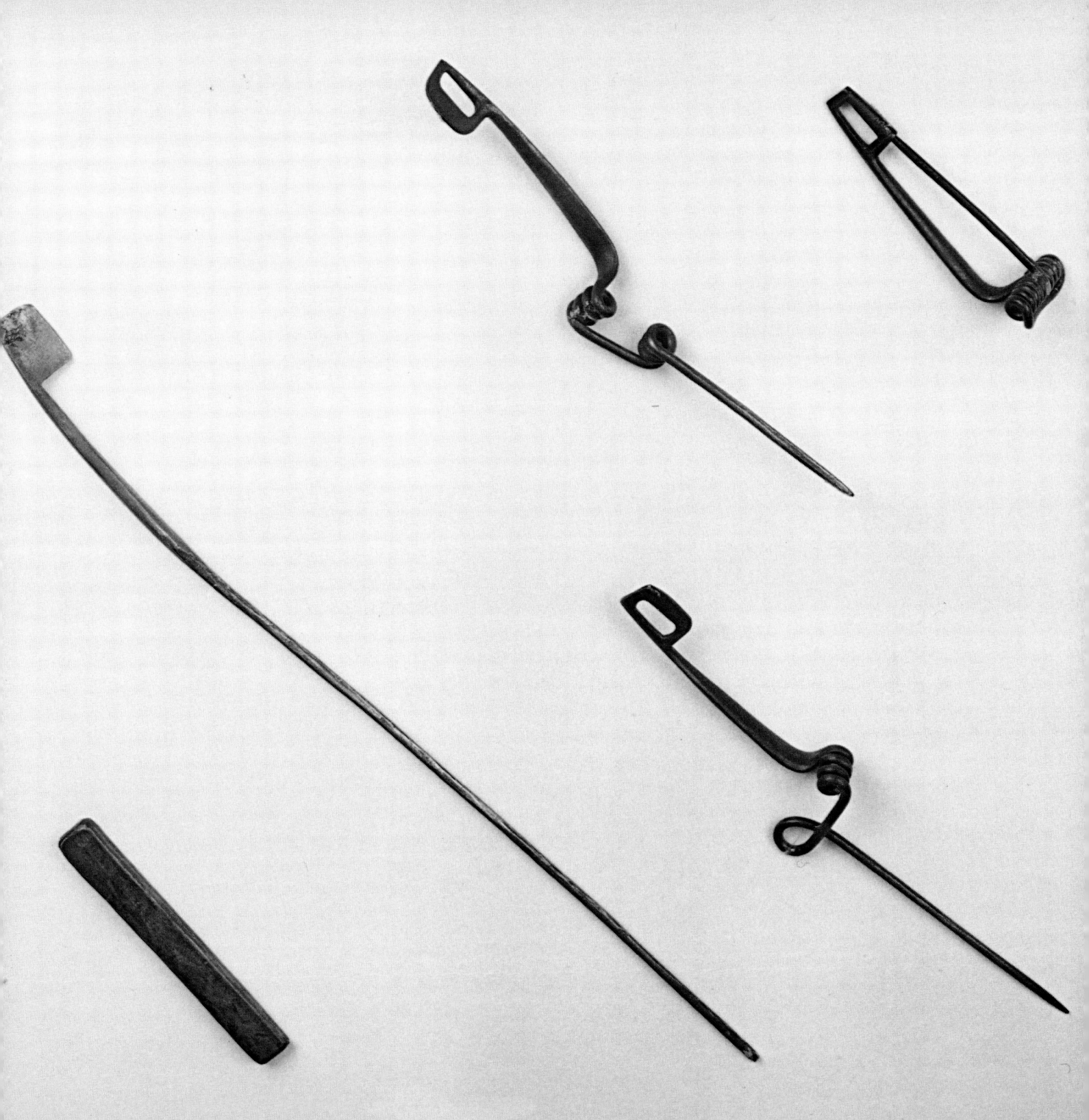

b Komplizierter ist die Herstellung der mehrteiligen Scheiben-
fibel von Tangendorf, Kreis Harburg. Die Fibel besteht aus der
Zierscheibe von vergoldetem Silberblech, die mit drei Nieten
an einer zweiten, größeren silbernen Scheibe befestigt ist.
Zwischen beiden sitzen ein Kranz aus einem organischen Material, wahrscheinlich Elfenbein, und eine kleinere kupferne
Zwischenplatte. Auf der Rückseite der Grundplatte sind ein
Nadelhalter sowie eine eiserne Spirale mit Nadel angenietet.
Das zurückblickende Tier und die beiden Kreiswülste der Zierplatte sind in einem Gesenk getrieben worden, d. h., das Blech
wurde mittels eines weichen Treibpechs in den Model gedrückt. Die Punkte des Hintergrundes, die Halskette des Tieres, die Rippen der Wülste und der Kränze um die Ziernieten
hat man mit einer Punze geschlagen. Das Zierblech wurde
ausgeschnitten und feuervergoldet. Die Hohlformen des
Blechs wurden von der Rückseite mit Zinn und Blei unterfüt-
tert. Der Zierkranz aus Elfenbein konnte eingefaßt und auf der
kleinen kupfernen Zwischenplatte durch die 45 randlichen Niete von der Zierplatte befestigt werden. Hohlräume wurden aus-
gekittet. Das Ganze wurde nun auf die silberne Grundplatte
genietet.   *W. Th.*

Datierung: a) Mitte 1. Jh. v. Chr.
b) um 300 n. Chr.
Verbleib: Hamburg, Hamburger
Museum für Archäologie;
Privatbesitz
Literatur: H. Drescher, 1955 a.
H. Drescher, 1955 b.

Soziale Dynamik

Auf dem Friedhof von Putensen, Kreis Harburg, liegen mehrere Gräber, die metallene Importgefäße enthalten, auffällig als Gruppe beisammen. Die ältesten Gräber bilden das Zentrum, jüngere Gräber schließen sich direkt oder mit geringem Abstand an. Es handelt sich zunächst um die Gräber 280, 281, 283, 348 und 382. Abgesondert davon liegt das Grab 403. Auch die Fundstelle B 376 ist mit zu der älteren Gruppe zu zählen. Ein Bronzekessel mit eisernem Rand, drei situlenförmige Eimer mit Herzblatt- bzw. Delphinattachen sowie ein kantiger Eimer, der nur in kleinen Resten erhalten ist, und ein Becken mit Tülle bilden zusammen diese ältere Urnengruppe. Fundstelle 348 war ein Brandgrubengrab, in dem sich außer den Eimerfüßen auch Waffenteile fanden.

In der Nähe der Gruppe befinden sich das Grab 360 mit einem Eimer, mit Schere, Messer, Wetzstein und zwei Fibeln und das Grab 150, das eine vollständige Waffenausrüstung, Schnalle, Messer, Trinkhörner und zwei Fibeln umfaßt. Hinzu kommen noch drei Paare silberner Fibeln, eine silberne Nadel, drei Sporenpaare und zwei Kasserollen. Diese zusätzlichen Ausstattungsstücke verdeutlichen den Reichtum sowie die gehobene soziale Stellung des Toten. Hier ist der Aufstieg einer Familie in den Grabinhalten mehrerer aufeinanderfolgender Generationen zu beobachten. Anfangs sind noch zwei bis drei Personen einer Generation mit einem bronzenen Gefäß bestattet worden. In Grab 150 liegt dann das sozial aufgestiegene Familienoberhaupt.

Fünf weitere Gräber mit Bronzegefäßen sind bis in das 2. Jahrhundert noch festzustellen. Insbesondere drei Fundstellen, B 280, 50 und B 657, in denen auch Waffen freigelegt wurden, zeigen, daß die Vorrangstellung einzelner Familienmitglieder auch weiterhin vorhanden war.   *W. Th.*

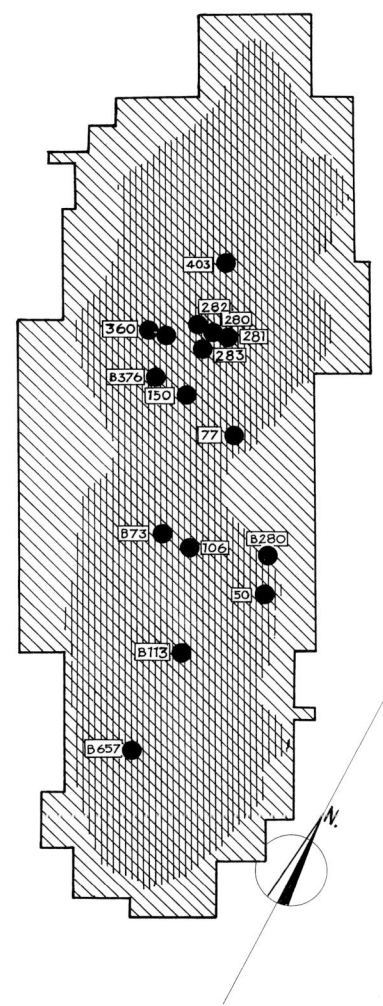

Datierung: Mitte 1. Jh. v. Chr. bis Mitte 2. Jh. n. Chr.
Verbleib: Hamburg, Hamburger Museum für Archäologie
Literatur: W. Wegewitz, 1972, S. 207–233.
W. Wegewitz, 1984–1985.

Kriegergrab

Zentral im ausgegrabenen Teil des Gräberfeldes liegt das Grab 26. Es ist das reichhaltigste von fünf vergleichbaren Bestattungen, die als Urnen Bronzekessel mit Bronzeoberteil und schmalem Eisenrand erhielten.

Der Kessel war von einer Steinpackung umgeben. Die Standfläche befand sich 0,65 m unter der Ackeroberfläche. Es handelt sich um ein Gefäß mit halbkugeligem Unterteil, an das ein breites Blechband als Oberteil angenietet wurde. Ein vierkantiger Eisenring ist auf das Blech aufgesetzt und bildet die Gefäßmündung. Von den zwei großen Tragringen ist einer vor der Beerdigung abgerissen worden.

Der Kessel war mit Leichenbrand und Beigaben gefüllt:
1 zweischneidiges Schwert aus Eisen mit silbernen Beschlägen; 4 Bruchstücke einer bronzenen Schwertscheide; 1 konischer Schildbuckel aus Eisen; 1 bronzene Schildfessel; 1 eiserne Lanzenspitze; 2 Stuhlsporen aus Bronze; 2 Tierkopfhaken und 1 Verschlußring mit Beschlag aus Bronze; 1 Dolchmesser aus Eisen mit kleinen bronzenen Beschlägen des hölzernen Griffes (Abb.); 1 eisernes gestieltes Bogenmesser; 1 eiserne Schere; 1 halbmondförmiges Rasiermesser aus Eisen; 1 frühe Rollenkappenfibel aus Bronze; mehrere bronzene Teile eines Trinkhorns: Mündungsbeschläge, Kette und Endbeschlag; 1 Stück Urnenharz.

Der Tote wurde seinem Range entsprechend mit voller Waffenausrüstung, Sporen und Trinkhorn sowie kleineren Geräten ausgestattet. Hervorzuheben sind die silbernen Beschläge des Schwertes. *W. Th.*

Datierung: 1. Drittel 1. Jh. n. Chr.
Verbleib: Stade, Schwedenspeicher-Museum
Literatur: W. Wegewitz, 1937, S. 13—14, Taf. 5—6.

Schwert und Scheide

Zur Waffenausrüstung des Mannes aus Grab 26 gehört ein zweischneidiges eisernes Schwert, das man mehrfach zusammenge-
bogen hat, um es in die Urne zu legen. Die Länge des Schwertes
beträgt 91 cm. Am Ansatz der Klinge befindet sich ein 9,4 cm
breites Silberband mit Zickzackverzierung, das den Abschluß
des Griffes gebildet hat. Die Griffschalen sind vergangen, deshalb hängen an der 18 cm langen Griffangel nur noch ein Beschlag und die Knaufkugel. Diese wird von zwei silbernen hohlen
Halbkugeln gebildet. Der silberne Beschlag setzt sich aus zwei
Teilen zusammen, die durch Niete an der Angel gehalten werden.
Beide Teile bestehen aus zwei Kreisscheiben und einem verbin-
denden Rhombus. Abgefallen vom Griff sind sieben silberne
Randbeschläge, die die hölzernen Griffschalen zusammengefaßt
hatten. Sie sind unterschiedlich geformt, an dem randumgreifen-
den Teil sitzen beidseitig die kreisförmigen Nietscheiben. Die Be-
schläge sind nicht vollzählig erhalten.
Zu dem Schwert gehört eine bronzene Scheide, die im Feuer ge-
legen hat und in wenigstens vier Teile zerbrochen wurde. Das
Ortband fehlt. An der Scheide sind zwei Tragösen befestigt. Am
Scheidenmund sitzt eine kleine silberne Scheibe, die dieselbe
Verzierung zeigt wie die Tragösen und die Beschläge der Griffplatten.   *W. Th.*

Datierung: 1. Drittel 1. Jh. n. Chr.
Verbleib: Stade, Schwedenspeicher-
Museum
Literatur: W. Wegewitz, 1937, S. 13,
Taf. 5, Abb. 44.

Trinkhorn aus Grab 26

Im Leichenbrand des Grabes lagen mehrere Teile verstreut, die zu einem Trinkhorn gehört haben. Es handelt sich um bronzene Randbeschläge der Hornmündung. Sie sind mit Kreisaugen verziert. Die Beschläge haben im Feuer gelegen und sind deshalb nur fragmentarisch erhalten. Von der bronzenen Tragekette sind vier aneinanderhängende Glieder und drei Glieder in Y-Verbindung erhalten, die an dem Befestigungsblechstreifen angenietet sind. Außerdem ist der Zierat von der Trinkhornspitze vorhanden, es handelt sich um eine Tülle mit einem abschließenden vierspeichigen Rad. Die Trinkhornspitze und die Kette sind kaum vom Feuer erfaßt worden.

Das Trinkhorn ist mit seinen Beschlägen von H. Drescher nachgebildet worden. Es ergab sich ein Horn von ungefähr 40 bis 42 cm Gesamtlänge und 7,5–8 cm Mündungsdurchmesser. Es faßt gut einen halben Liter Flüssigkeit.
W. Th.

Datierung: 1. Drittel 1. Jh. n. Chr.
Verbleib: Stade, Schwedenspeicher-Museum; Hamburg, Hamburger Museum für Archäologie
Literatur: H. Drescher, 1952.
W. Wegewitz, 1937, S. 14, Taf. 6.

Schwertscheidenbeschlag

Die wohlhabenden Herren aus Harsefeld haben sich nicht nur bronzenes Geschirr in der Fremde besorgt, sondern auch fremde, wertvolle Waffen erworben.

Zu der Bestattung VIII, einem Leichenbrandlager, das Waffen und Geräte eines Mannes enthielt, gehören auch ein zweischneidiges Schwert und die Schwertscheide.

Das eiserne Schwert konnte H. Drescher aufgrund der Herstellungstechnik und einer Schlagmarke in Form einer Rosette als keltisches Produkt identifizieren. Zu dem Schwert ist die bronzene Schwertscheide vorhanden. Sie besteht aus zwei Teilen, die im Feuer gelegen haben. Die zusammengeschobenen Bronzebleche, die die Scheide bilden, werden unten durch ein hufeisenförmiges Ortband zusammengehalten, was auf ein germanisches Erzeugnis hindeutet. Der Scheidenbeschlag dagegen, eine feine Durchbruchsarbeit aus Bronze (opus interrasile), besitzt nach der Meinung von J. Werner zwar norische Vorbilder, soll aber eine einheimische Imitation sein. Eine vergleichbare und entsprechend qualitätvolle Arbeit gibt es jedoch in Norddeutschland bisher nicht. Eine Herstellung in Harsefeld ist damit unwahrscheinlich. Alles spricht dafür, daß der Scheidenbeschlag ursprünglich zu einer Scheide gehört hat, die zusammen mit dem Schwert aus dem keltischen Bereich nach Norden gekommen ist.   *W. Th.*

Datierung: kurz nach Christi Geburt
Verbleib: Stade, Schwedenspeicher-Museum
Literatur: W. Wegewitz, 1937, S. 33, 95 f., Taf. 16.
J. Werner, 1977, S. 383 f., Abb. 15.

Eimer als Urne

Eines der schönsten Metallgefäße, das aus dem Römischen Reich nach Norddeutschland gelangt ist, wurde als Urne auf dem römerzeitlichen Friedhof am Gut Nienbüttel, Gem. Natendorf, Kreis Uelzen, verwendet. Man hatte den Eimer wegen der Bedeutung des Toten tiefer als die tönernen Urnen vergraben.

Es handelt sich um einen gedrungenen Eimer mit halbkugeligem Körper aus hauchdünnem Blech, das nur an wenigen Stellen etwas versehrt ist. Über der kurzen fast waagerechten Schulter, auf der einige Rillen eingedreht sind, steigt ein Kegelhals auf, der sich unter der Mündung zu einem Wulst ausweitet. Dieser Wulst ist mit einem Flechtband verziert, das von schraffierten Bändern begleitet wird. In den Schlingen des Flechtbandes haben anscheinend früher kleine Kügelchen gesessen, die abgefallen sind.

Der Eimer steht auf drei Kugelfüßchen mit blattförmigen Schilden. An zwei prächtigen Attachen – die eine fehlt – war der gleichfalls verlorene Henkel befestigt. Auf einem schmalen Band, an dem oben der Tragring angebracht ist und unten drei Blätter hängen, sind einander anblickend zwei Maultierköpfe im Relief dargestellt. Die Höhe des Eimers beträgt 18,5 cm, und die größte Weite mißt 25 cm. In der dunkelgrünblauen Patina der Außenseite des Eimers haben sich Spuren von Gräsern abgezeichnet, mit denen die Grabgrube ausgepolstert war. Auch innen hatte man den Eimer mit Pflanzen ausgekleidet; sie verraten, daß der Tote im Spätsommer begraben worden ist. Die in der Urne enthaltenen Beigaben gehörten einem wohlhabenden, bewaffneten Mann. Sie waren vorsätzlich und zudem durch das Feuer des Scheiterhaufens beschädigt worden. Auch scheint der Fund nicht vollständig eingesammelt worden zu sein.

Zu dem Grabinhalt gehören ein kegelförmiger Schildbuckel aus Eisen, Teile der bronzenen Schildrandbeschläge und ein Bruchstück der Schildfessel, weiter eine Speerspitze und möglicherweise ein Pilum. Ein halbmondförmiges Rasiermesser und ein zerbrochener bronzener Kamm mit Durchbruchzierat ergeben das Toilettengerät. Das eiserne Messer mit der geschwungenen Klinge und dem angegossenen Widderkopfgriff stellt eine Ausnahme dar. Selten an der Niederelbe kommen Achterschnallen vor, ein Exemplar läßt sich hier in einem Bruchstück des Bügels und dem Beschlag belegen. Die Schnalle und das Widderkopfmesser stammen aus dem Markomannenreich in Böhmen. Eine Riemenzunge, eine profilierte Knochennadel sowie Bronze- und Eisenfragmente vervollständigen den Grabinhalt. *W. Th.*

Datierung: 1. Drittel 1. Jh. n. Chr.
Verbleib: Hamburg, Museum für Kunst und Gewerbe
Literatur: G. Schwantes, 1928.

Das Fürstengrab

Im Juni 1927 wurde bei Feldarbeiten der obere Teil eines bronzenen Eimers ausgepflügt. Die Nachsuche durch den Landwirt förderte noch die untere Hälfte des Gefäßes zutage, das mit Leichenbrand, Holzkohleresten und zerschlagenen bronzenen und silbernen Gefäßresten gefüllt war. Bei einer Nachgrabung an der Fundstelle konnte W. Wegewitz weitere zum Fund gehörende Teile bergen, darunter auch einen Sporn.

Im einzelnen handelt es sich um einen Eimer (Eggers Typ 25) mit Frauenkopfattachen und eingehängtem Henkel (Abb.), der als Urne gedient hat. Die im Eimer gefundenen Bruchstücke der metallenen Gefäße waren sämtlich angeschmolzen, was darauf hindeutet, daß sie in zerbrochenem Zustand dem Feuer des Scheiterhaufens ausgesetzt waren. Der größte Teil dieser Gefäßreste wurde dann zusammen mit den verbrannten menschlichen Knochen (Leichenbrand) abgesammelt und in der Urne verwahrt.

Die Gefäßreste gehören zu zwei Fußbecken mit festen Griffen (Eggers Typ 102), zu zwei unterschiedlich großen Paaren von Kelle und Sieb (Eggers Typ 160) und zu zwei silbernen Bechern (Eggers Typ 170). Die beiden Siebe unterscheiden sich durch ihr Muster, zusätzlich zeigen die größeren, quer zur Griffrichtung eingeschlagen, auf diesem den Gießerstempel SOL. CATVSIVS F(ecit). Von den beiden silbernen Bechern haben sich die massiven profilierten Füße sowie einige Wandungsstücke und mit Ranken verzierte Teile der Henkel erhalten (Abb.), insgesamt ein Gewicht von 280 g.

Zur Ausstattung gehörten weiterhin die Enden von zwei Trinkhörnern sowie deren Mündungsbeschläge und verschiedene Teile von Kettengliedern. Zu nennen sind auch einige bronzene Beschläge eines Kästchens und ein bronzener Stuhlsporn mit pyramidenförmigem Dorn und Silberdrahtzier an seiner Basis und auf der Sporenplatte. Herausragend ist eine knieförmig gebogene Fibel aus Bronze (Almgren, Gruppe V/143–144) mit reicher silberner Perltauschierung auf dem Bügel. Die profilierten Enden der Spiralachse, ferner einen zusätzlich über der Spirale eingesetzten Stab, der mit Kreuzen und Knöpfen versehen ist, sowie seitliche Sprossen am Bügel hat man mit Silberdraht verziert. Weiterhin fanden sich mehrere durchglühte Scherben.

Eine eingehende Betrachtung des erhaltenen Fundgutes zeigt, daß neben männlichem Trachtzubehör (Sporn) auch weibliches Beigabengut (Kästchenbeschläge) vorhanden ist. Die Vermutung ist naheliegend, daß in dem Brandgrab aus Apensen die Doppelbestattung eines Mannes und einer Frau vorliegt. Diese Vorstellung erklärt auch am einfachsten die ungewöhnliche Beigabe von zwei Sätzen zusammengehörender Kellen und Siebe sowie zweier nahezu übereinstimmender Becken. Offensichtlich hat jeder der beiden Toten einen seinem sozialen Status entsprechenden Geschirrsatz mit auf den Scheiterhaufen erhalten.

In dem Brandgrab von Apensen wurden Angehörige einer fürstlichen Sippe beigesetzt. Die Mitgabe von metallenem Eß- und Trinkgeschirr deutet auf die Übernahme bestimmter Eß- und Trinksitten aus den römischen Provinzen an Rhein und Donau.

F. L.

Datierung: Anfang 2. Jh. n. Chr.
Verbleib: Stade, Schwedenspeicher-Museum
Literatur: O. Almgren, 1923.
H.-J. Eggers, 1951.
F. Laux, 1989.
W. Wegewitz, 1929, S. 148 ff.
W. Wegewitz, 1937, S. 144 f.,
Taf. 33.
W. Wegewitz, 1986, S. 124 ff.,
Abb. 57–59.

Fürstengrab I

Zwischen 1928 und 1944 wurden beim Kiesabbau auf dem Scharfenberg, einem Höhenrücken südöstlich der Stadt Hitzacker, zwei, möglicherweise sogar drei fürstliche Bestattungen angegraben. In den Fällen von Marwedel I (1928) und Marwedel II (1944) fanden unmittelbar darauf wissenschaftliche Nachgrabungen statt.

Bei dem Grab Marwedel I handelt es sich um eine langgestreckte schmale Grabgrube in NW-SO-Ausrichtung, die bis in 2,3 m Tiefe hinabreichte. Der Tote (Skelettreste) wurde in einem großen Baumsarg bestattet und die Beigaben am Kopfende (NW) aufgestellt bzw. am Fußende niedergelegt.

Am Kopfende des Toten – wohl noch innerhalb des vergangenen Sarges – standen das bronzene Trink- und Eßgeschirr sowie zwei reichverzierte Tongefäße, nämlich ein schwarzglänzender Pokal und eine gelbgraue Schale. Bemerkenswert ist die Aufstellung des übrigen Geschirrs. Auf einem aus Bronze gegossenen und dann getriebenen Eimer (Eggers Typ 39), dessen Außenwand schwarze Rußschichten aufwies, stand ein bronzenes Becken (Eggers Typ 100) mit paarig gegenüberstehenden Griffen, die in Tierköpfen ausliefen. In einem der Henkel waren eine schmalschaftige Kelle mit zugehörigem Sieb (Eggers Typ 162) – ineinander geschoben – eingehängt. In dem Becken lagen außer einem gedrechselten Holzgefäß, vielleicht einem Schöpfgefäß, noch zwei Trinkhörner mit zugehörenden Beschlägen. Auf der Brust des Toten hatte man eine gegossene und später abgedrehte große Kasserolle (Eggers Typ 142) niedergelegt. Am Kopfende des Toten müssen seine Sandalen mit daran befestigten Sporen gestanden haben, denn hier wurden ein Sporn, mehrere bronzene Beschläge und Riemenzungen sowie Lederreste geborgen. *F. L.*

Datierung:
1. Hälfte 2. Jh. n. Chr.
Verbleib: Lüneburg, Museum f. d. Fstm. Lüneburg
Literatur: O. Almgren, 1923.
F. Krüger, 1928.
H.-J. Eggers, 1951, 119 Nr. 1057.
F. Laux, 1989.

Fürstengrab I

Der Tote, offensichtlich ein Krieger, trug einen ledernen Panzer. Darauf deuten vier kleine bronzene Ringschnallen (Ringfibeln) hin, die vermutlich analog dem Befund im Grab Marwedel II auf der linken Körperseite untereinander gelegen haben. In Hüfthöhe fand man einen mit silbernen Beschlägen geschmückten Gürtel, dessen wohl ebenfalls silberne Schnalle nicht geborgen wurde. An dem Gürtel hing ein bronzenes Messer mit organischem Griff. Von dem eisernen Langschwert des Toten hat sich nur ein silberner Knaufknopf erhalten, die übrigen Teile wurden nicht erkannt. Über seinem ledernen Panzer trug der Tote einen Mantel, der an der Schulter von zwei Fibeln gehalten wurde, von denen die eine zu den Trompetenfibeln (Almgren, Gruppe IV/78), die andere zu den Kniefibeln mit hohem Nadelhalter (Almgren, Gruppe V) gehört. Die Trompetenfibel ist aus Silber gefertigt, die Kniefibel aus Bronze. Letztere zeigt zusätzlich eine Auflage von Silberblechplatten, auf die gedrehte Perldrahtschnüre aufgelötet wurden.

Zu den Füßen des Toten war eine Tasche niedergelegt, deren Aufschlag mit fünf silbernen Zierknöpfen besetzt ist. Zur weiteren Ausstattung des Toten gehört sein Toilettengerät, eine bronzene Schere, ein bronzenes Rasiermesser und das Bruchstück eines zweiten, ein bronzenes Bogenmesser und eine grün verfärbte Knochennadel. Keinem bestimmten Gegenstand zuweisbar ist ein langer bronzener Griff, in dessen einem Ende ein vierkantiger Dorn aus Eisen eingelassen ist.

Das Grab kann aufgrund seiner Bestattungssitte (Körperbestattung) und seines Reichtums an Beigaben, die in ihrer Zusammensetzung erheblich von der üblichen Ausstattung der Urnengräber mit Brandbestattungen abweicht, nur als Beisetzung eines Fürsten angesprochen werden.
F. L.

Datierung:
1. Hälfte 2. Jh. n. Chr.
Verbleib: Lüneburg, Museum f. d.
Fstm. Lüneburg
Literatur: wie Nr. 29

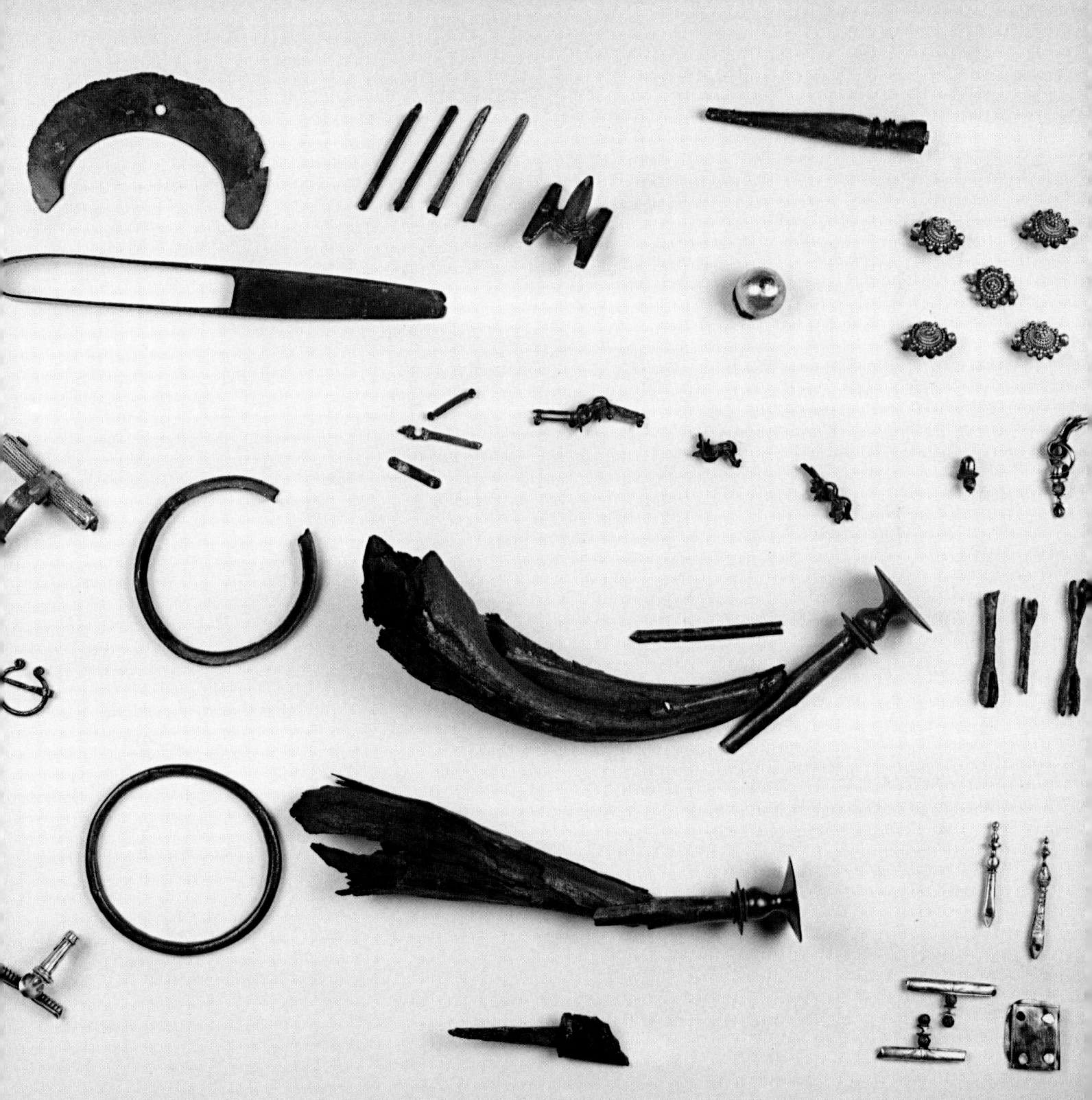

Fürstengrab III

Ein Jahrzehnt nach der Ausgrabung des ersten Marwedeler Fürstengrabes wurden dem Museum für das Fürstentum Lüneburg zwei bronzene, silbertauschierte Stuhlsporen eingeliefert, die aus der gleichen Kiesgrube stammen und im Bereich des reich ausgestatteten Grabes von 1928 geborgen sein sollen. Die Sporen bestehen jeweils aus einem kräftigen Dorn, dessen Schauseite mit einem Muster aus Silberdraht eingelegt (tauschiert) ist; an der Basis sind umlaufende, gedrehte Silberdrähte angebracht. Die in Kreuzarmen auslaufende Stuhlplatte ist mit silbernen Perldrahtschnüren und mit kleinen und großen silbernen Nieten geschmückt, von denen ein Teil zur Befestigung des Sporns auf einem Lederschuh diente.

Die beiden Sporen, die bei der Bergung des Grabes I keinesfalls übersehen worden wären, sind bislang der einzige Hinweis auf ein weiteres Fürstengrab, Marwedel III. Entsprechende, in vielen Einzelheiten mit diesem übereinstimmende Sporen finden sich nur in sehr reich ausgestatteten Gräbern mit zahlreichem bronzenen Geschirr, z. B. in den Fürstengräbern von Marwedel II und von Dollerup in Jütland sowie in sehr reichen Brandgräbern, z. B. Hankenbostel, Gem. Faßberg, Kr. Celle, und Hagenow, Kr. Hagenow, Brandgrab 1, 1899. Mit Hilfe derartiger Vergleichsfunde kann gezeigt werden, daß auch dieses Grab, an dessen reichhaltiger, noch nicht bekannter Ausstattung kaum zu zweifeln ist, ebenfalls zu den Fürstengräbern gezählt werden muß.　　*F. L.*

Datierung: Mitte 2. Jh. n. Chr.
Verbleib: Lüneburg, Museum f. d.
Fstm. Lüneburg
Literatur: G. Körner, 1965, S. 100.
F. Laux, 1989.

Fürstengrab II

Auch bei dem Grab von Marwedel II ermöglichen die Aussagen der Finder (1944) und die Beobachtungen bei der Nachgrabung (1946) eine Rekonstruktion der Grabkammer und der Aufstellung der Grabbeigaben. Offensichtlich handelte es sich um eine in 1,9 m Tiefe errichtete Bohlenkammer von etwa 3,5 m Länge und 2,0 m Breite in annähernder SO-NW-Ausrichtung. Über der in Block- oder Stabbauweise erbauten Kammer war eine mehrschichtige Steinabdeckung aufgeschüttet, die nach und nach in das Innere der Kammer rutschte.

Auf dem gedielten Boden war der Tote auf einem oder mehreren Fellen gebettet. Er lag – wie geringe Knochenreste und auch die Lage der Beigaben zeigten – in SO-NW-Ausrichtung mit dem Kopf im Südosten. Bei diesem Toten wurden auf der linken Körperseite untereinander liegend fünf kleine Ringschnallen (Ringfibeln) beobachtet, die wohl wiederum als letzte Reste eines ledernen Panzers angesprochen werden können. Darüber trug er einen Mantel, der auf der rechten Schulter von einer bronzenen Kniefibel (Almgren, Gruppe V) mit Silberauflage gehalten wurde. Die Fibel ist ein kleines Meisterstück und ganz auf den farblichen Kontrast zwischen dem goldglänzenden bronzenen Fibelbügel und seiner silbernen Perldrahtauflage abgestellt.

An der rechten Hand trug der Tote einen goldenen Fingerring von etwa 10 Gramm Gewicht.

Auffällig ist, daß der Tote keinen Gürtel trug; es wurden weder eine Gürtelschnalle, noch Gürtelbeschläge oder Riemenzungen gefunden. Ebenso fehlt Toilettengerät in der Grabausstattung.

F. L.

Datierung: Mitte 2. Jh. n. Chr.
Verbleib: Hannover,
Niedersächsisches Landesmuseum,
Urgeschichtsabteilung
Literatur: G. Körner, 1952, S. 34 ff.
G. Körner, 1965, S. 99 ff.
H.-J. Eggers, 1951, S. 119, Nr. 1058.
F. Laux, 1989.

Fürstengrab II

Das metallene Geschirr und Trinkgerät, das dem Toten für die Benutzung im Jenseits mitgegeben wurde, war zu seinen Füßen auf einem Fell abgestellt worden. Dabei bildeten die Kasserolle, die beiden silbernen Becher, zwei silberne Kasserollen sowie Kelle und Sieb eine Gruppe, der Eimer und die Trinkhörner eine zweite Gruppe. Des weiteren fanden sich hier Reste zweier Gläser, Schuhe mit Sporen und eine Tasche.

Bei den Sporen handelt es sich um bronzene Stuhlsporen mit pyramidenförmigem Dorn. Dieser ist auf der Schauseite mit eingelegten silbernen Drähten (Tauschierung) und an der Basis mit umlaufenden silbernen Perldrähten geschmückt. Von dem Schuhwerk haben sich einige Lederreste erhalten. Ebenfalls am Fußende des Toten wurden vier silberne Zierknöpfe gefunden, die vermutlich den Aufschlag einer Tasche geschmückt haben.

Bei dem Eimer handelt es sich um ein in Bronze gegossenes und nachgetriebenes Exemplar vom Østland-Typ (Eggers Typ 40) mit noch vorhandenem Henkel. Der Kessel zeigt außen Schmauchspuren und innen Reste eines Breies, was auf intensive Nutzung vor der Beisetzung hindeutet. In seiner Nachbarschaft lagen zwei Trinkhörner mit Trinkhornendbeschlägen, die in Rinderköpfen auslaufen. Die Beschläge, Riemenverteiler und Hornreste ermöglichen eine Rekonstruktion der ehedem an Riemen getragenen Hörner.

F. L.

Datierung: Mitte 2. Jh. n. Chr.
Verbleib: Hannover,
Niedersächsisches Landesmuseum,
Urgeschichtsabteilung
Literatur: wie 32.

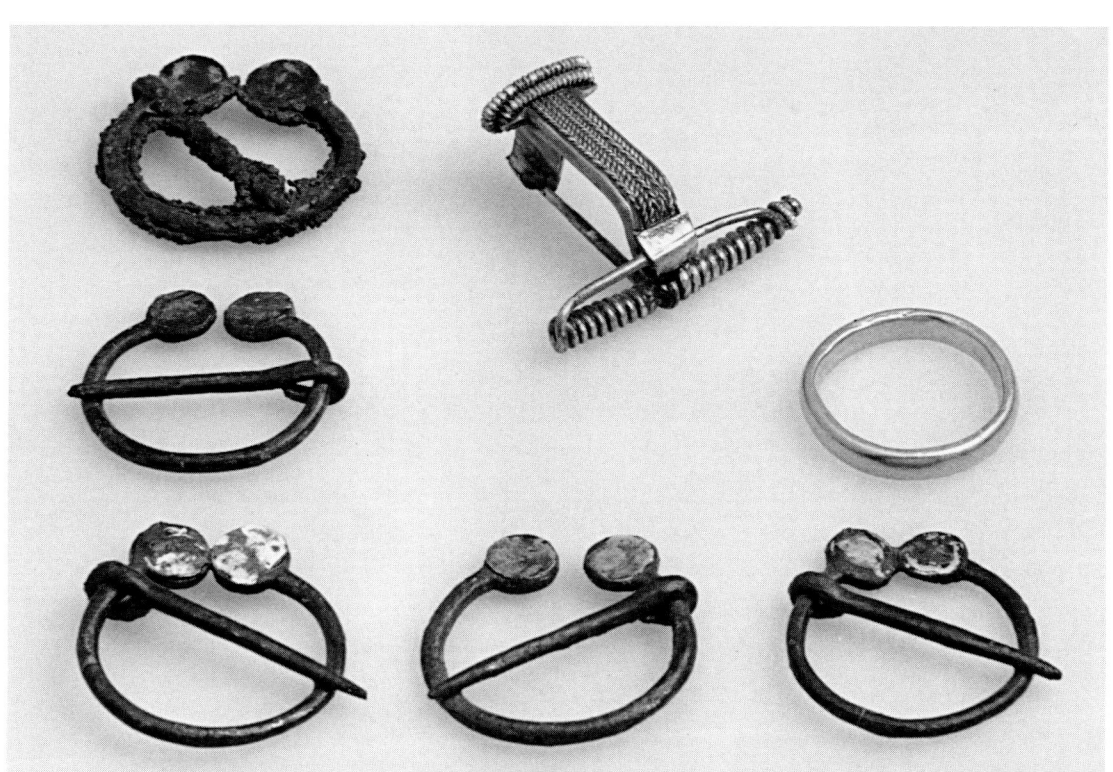

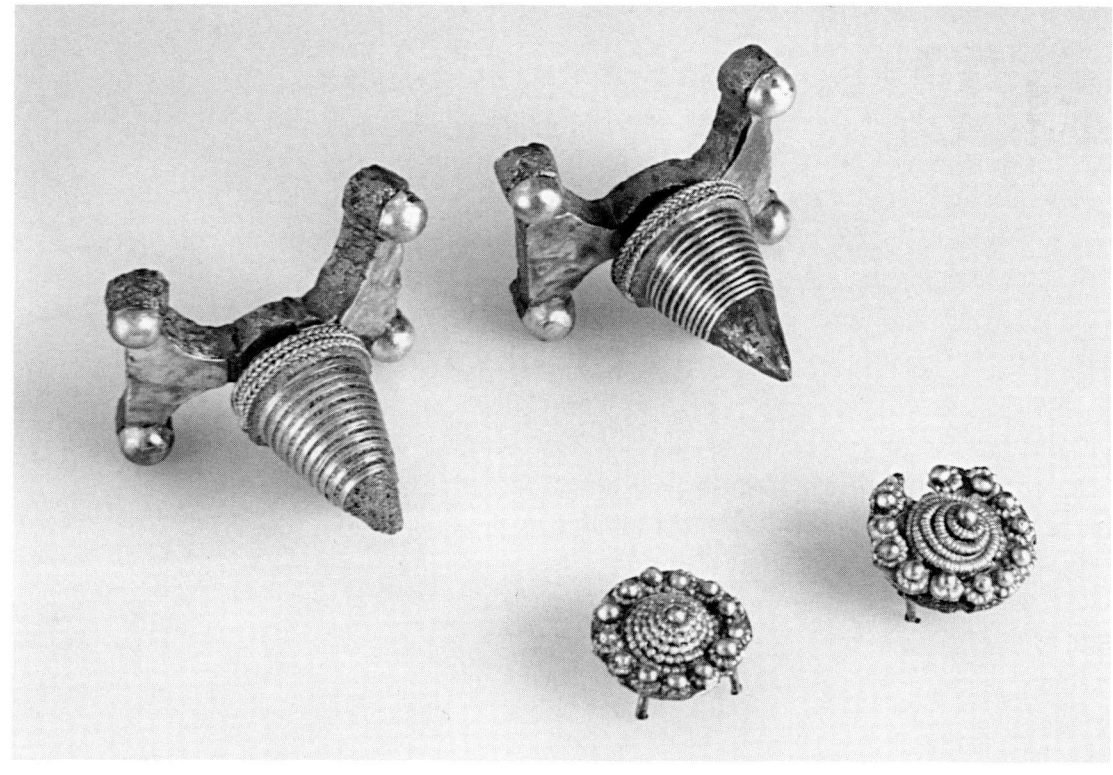

Fürstengrab II

Die große Kasserolle (Eggers Typ 142) war aus Bronze gegossen und dann abgedreht worden. Auf dem Griff, der kreisförmig endet, ist der Name des Herstellers P(UBLIUS) CIPI(US) POLIBII aus Capua (Süditalien) eingeschlagen. Bei diesem Gefäß lagen ein zusammengehörendes Paar von Kelle und Sieb mit ruderförmigem Griff (Eggers Typ 160). Auf einem der Geräte ist der Name des Gießers CAM(BARO) eingeschlagen. Zum Trinkservice gehören ferner zwei kleine silberne Kasserollen. Ihre Griffe sind mit Masken, Vögeln, Ranken und Delphinköpfen verziert. Beide Fundstücke (Eggers Typ 153) sind aufeinander abgestimmt und bilden zusammen ein Paar. Der auf der Unterseite des Griffes eingeritzte Name TI(BERI) CLAUDI VOPISCI kann als der Name eines Vorbesitzers gedeutet werden. Aufeinander abgestimmt sind auch die beiden silbernen Becher (Eggers Typ 174), deren Henkel mit pflanzlichem Zierat geschmückt sind. Die Gefäßkörper der zylindrischen Standfußbecher weisen ein umlaufendes Arkadenmuster auf. Als Trinkgefäße haben offensichtlich auch zwei Gläser aus grünlichem Glas mit abgesetztem Standfuß und Facettenschliff (Eggers Typ 185) gedient.

Alle drei Gräber, von denen zumindest zwei sicher als Körpergräber angesprochen werden können, lagen nur wenige Meter voneinander entfernt und bilden eine kleine Nekropole. So unterschiedlich die Gräber auch in ihrer Anlage sind, Baumsargbestattung und größere Holzkammer, so deutet doch alles darauf hin, in den Toten die Angehörigen einer „fürstlichen" Familie zu sehen, die hier ihren kleinen abgesonderten Friedhof hatte. Das älteste der drei Gräber, Marwedel I, zeigt noch den Aufstieg der „fürstlichen" Familie aus dem waffenführenden Kriegeradel an, dagegen ist mit den Gräbern Marwedel II und III dieser soziale Aufstieg bereits vollzogen.

F. L.

Datierung:
Mitte 2. Jh. n. Chr.
Verbleib: Hannover,
Niedersächsisches Landesmuseum,
Urgeschichtsabteilung
Literatur: wie 32

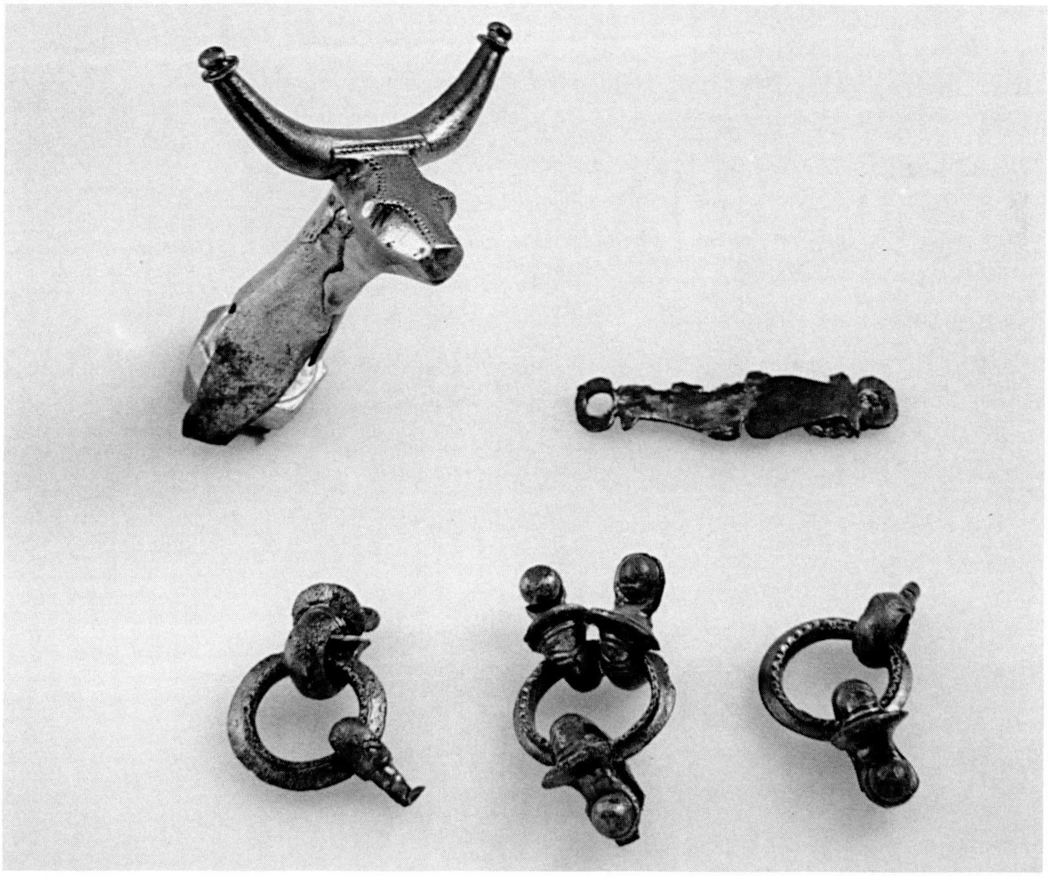

Importierte Gefäße aus Metall und Keramik

Seit der Mitte des 1. Jahrhunderts v. Chr. wurden auf Friedhöfen beiderseits der Niederelbe wie in anderen Teilen des freien Germaniens vornehme Personen nach der Verbrennung in metallenen Urnen begraben. Im langobardischen Gebiet südlich der Elbe kommen mehrere Friedhöfe vor, auf denen bis zu 20, aber auch mehr Metallurnen vergraben wurden, z. B. Harsefeld, Apensen, Putensen und Nienbüttcl. Daneben gibt es einige Friedhöfe, die bis zu fünf Gräber mit bronzenen Gefäßen enthalten, z. B. Ehestorf, Marmstorf oder Sottorf. Manche Metallgefäße dienten auch nur der Grabausstattung.

Die meisten Gefäße wurden durch Abbrechen von Tragringen, Henkeln und Griffen unbrauchbar gemacht oder sind durch Zerschlagen und Zusammenpressen zerstört worden.

Von den älteren Gefäßen stammen die Kessel aus gallischen (westkeltischen) Werkstätten, während die Eimer und dann die Gefäße des 1. und 2. Jahrhunderts n. Chr. aus römischen Werkstätten, insbesondere Capua in Italien, kommen. Stempel der Metallgießer verraten die Herkunft.

Die Metallgefäße sind natürlich nicht zum Zwecke der Verwendung in Gräbern hergestellt worden, sondern als Kochkessel, für Trinkgelage als Mischkessel, Kellen, Siebe, Kannen, Becher und Krüge. Da die germanischen Anführer im römischen Heerdienst oder bei anderen Aufenthalten im Reich römische Sitten kennengelernt hatten, werden sie die Metallgefäße, die sie als Andenken, als Geschenk, als Tribut oder im Handel erworben und mitgebracht hatten, auch an der Elbe funktionsgerecht benutzt haben. Dazu gehörte auch, daß die feinen Herren aus Marwedel auf vollständige Service sahen. Andererseits ist in manchen der Bronzekessel mit Eisenrand, wie die rußgeschwärzten Böden zeigen, bis zur Nutzung als Urne Suppe gekocht worden.

Die Herren von Marwedel hatten sich exzellente Silberbecher geleistet, während die Großbauern aus Harsefeld oder Putensen wohl glücklich über den Erwerb eines geflickten Eimers gewesen waren. Wichtig war das Statussymbol im Leben, doch genauso bedeutsam war es auch im Jenseits. Wesentlich seltener als Metallgefäße gelangten römische Keramiken nach Norddeutschland. Insofern stellt die Terra-Sigillata-Schüssel aus Barskamp, Kreis Lüneburg, eine Besonderheit dar. *W. Th.*

Datierung: 1. Jh. v. Chr. bis 2. Jh. n. Chr.
Verbleib: Hamburg, Hamburger Museum für Archäologie; Lüneburg, Museum für das Fürstentum Lüneburg
Literatur: H. Drescher, 1963.
H. Drescher, 1969.
G. Körner u. F. Laux, 1971, S. 88.
H. Willers, 1907.

Gefäße von einem langobardischen Urnenfriedhof

Mit 718 Gräbern ist dieser Urnenfriedhof der erste vollständig untersuchte im westlichen Mecklenburg. Ursprünglich dürften etwa 800 Gräber hier angelegt worden sein. Die älteste Form der Grabausstattung zeigt Spätlatène-Charakter und gehört damit in langobardische Zeit. Der Ausgräber glaubt, die Anlage des Friedhofes mit der Einwanderung langobardischer Stammesteile um das Jahr 5 n. Chr. verbinden zu können; um die Mitte des 2. Jahrhunderts bricht die Belegung ab. Alle hier vertretenen Urnenformen sind als langobardisch anzusprechen und lassen sich an jene anschließen, die südlich der Elbe im engeren Harburger Raum bekannt sind.   *R. B.*

Datierung: 1. bis Mitte 2. Jh. n. Chr.
Verbleib: Schwerin, Museum für
Ur- und Frühgeschichte
Literatur: H. Keiling, 1984.

Eiserne Kesselkette

Die hier gezeigte Nachbildung der Kesselkette beruht auf dem Fund aus Grab 2 aus Parum, Kreis Hagenow. Ketten dieser Art sind selten gefunden worden und dienten zur Aufhängung von Bronzekesseln über dem Herdfeuer, die in der Form mit eisernem Rand im langobardischen Umfeld bekannt sind. Hier sehen wir, um die Verwendung der Kette zu veranschaulichen, einen zeitgleichen eingehängten Bronzekessel mit eisernem Rand aus Ehestorf-Vahrendorf, Kreis Harburg, Grab 888.   *R. B.*

Datierung:
Kesselkette: 1. Jh. v. Chr.
Kessel: 1. Hälfte 1. Jh. v. Chr.
Verbleib: Hamburg, Hamburger
Museum für Archäologie
Literatur: H. Keiling, 1986.
W. Wegewitz, 1962.

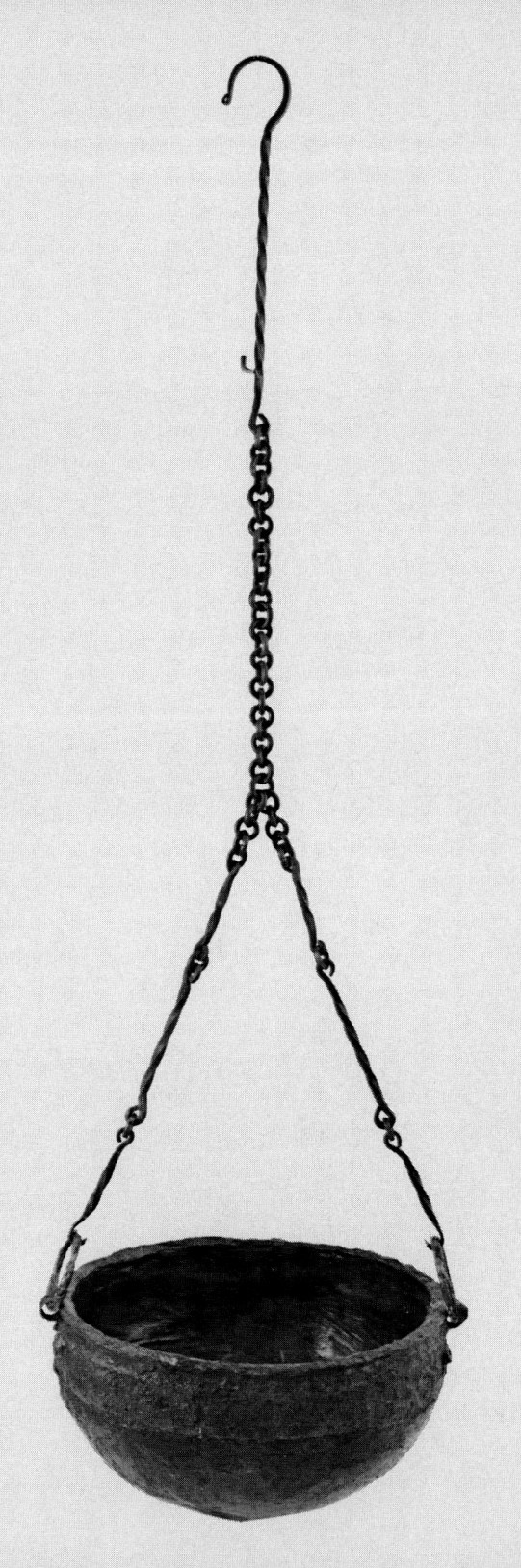

Bronzekanne

Das Grab 252 in Wiebendorf war von einem Steinkranz umgeben. Die Urne ist eine Bronzekanne römischer Herkunft, die als Typ Kelheim bezeichnet wird. Beigaben fanden sich nicht. Der massive Bronzegriff ist gegossen und angelötet worden. Am unteren Ende des Griffs befindet sich eine Silensmaske. Diese wie auch die dekorative Gestaltung des Griffs ist grob gearbeitet. Eine sehr ähnliche Kanne ist in Apensen, Kreis Stade, und eine weitere in Alt-Mölln, Kreis Herzogtum Lauenburg, gefunden worden. *R. B.*

Datierung: 2. Hälfte 1. Jh. v. Chr.
Verbleib: Schwerin, Museum für
Ur- und Frühgeschichte
Literatur: H. Keiling, 1984.

Zwei fremdartige Fibeln

Einzelne Fundstücke belegen thüringische Einflüsse im späten 5. und 6. Jahrhundert an der Niederelbe, auch im langobardischen Bereich.

Die schwarze, doppelkonische Urne mit Umbruchfazetten in Grab 23 des Friedhofs vom Sandberg in Vahrendorf, Kreis Harburg, enthielt außer Schmuck eine kleine Dreiknopffibel. An der halbrunden Kopfplatte, die eine Doppelspirale in Kerbschnitt zeigt, sind drei kurze, gerippte Knöpfe angesetzt. Der flache Bügel setzt sich in einem Fuß aus wenigen Rippen und einer runden Abschlußscheibe fort. Die Fibel besteht von Kopf bis Fuß aus Bronze, allein die Spirale und die Nadel sind aus Eisen hergestellt worden. Von der Größe, mit 2,6 cm Länge, und der Gestaltung ähnelt sie den Kleinfibeln vom Typ Krefeld, die bei den Thüringern zahlreich vertreten sind.

Die beschädigte Bügelfibel wurde in Bardowick als Streufund vom Acker aufgelesen. Erhalten sind die Kopfplatte und der anschließende Bügel. Die fast quadratische Kopfplatte, die mit einem Kreuz versehen ist, zeigt randlich drei Sicheln oder offene Zangen. Bügel und Kopfplatte sind mit Kerbschnittmustern verziert. Die Fibel ist aus Bronze gegossen worden. Das erhaltene Stück mißt 4,1 cm in der Länge. Es gehört zu der Gruppe der Zangenfibeln, die zu den Thüringerfibeln gezählt werden, weil sie die typische Fibelform der Thüringer in der Völkerwanderungszeit darstellen.   *W. Th.*

Datierung: um 500 und 1. Hälfte 6. Jh.
Verbleib: Hamburg, Hamburger
Museum für Archäologie,
und Privatbesitz
Literatur: W. Wegewitz, 1988, S. 139.
B. Schmidt, 1961, S. 128.

Halskette mit Schlangenköpfen

Die goldene Halskette mit Schlangenkopfendstücken von Isenbüttel wurde 1922 gefunden, jedoch ist über die Fundumstände Näheres nicht bekannt. So stellt sie einen Einzelfund dar, dessen kulturelle und zeitliche Einordnung nur aus kunstgeschichtlichen Vergleichen abgeleitet werden kann.

Die Technik der Flechtketten ist zeitlich und räumlich weit verbreitet, wenn auch dieser Fund einmalig dasteht und genaue Parallelen fehlen. Vergleiche weisen nach Südosteuropa, besonders nach Ungarn. Es scheint kaum denkbar, daß ein solches Schmuckstück im heimischen Raum des Fundortes entstanden ist. Da als Datierung das 7. Jh. in Anspruch zu nehmen ist, könnte es hier nur im sächsischen Umfeld eingeordnet werden. Doch dürften auch im ehemaligen Siedlungsgebiet der einstmals nördlich wohnhaften Langobarden eine Restbevölkerung dieses Stammes verblieben sein. Wenn die Kette aber aus dem ungarischen Raum stammen sollte, wäre eine Verbindung zu den Langobarden durchaus denkbar.

Bemerkenswert ist jedoch, daß sich in der zeitgleichen Lebensbeschreibung des heiligen Bischofs Barbatus von Benevent folgender Hinweis findet: „Obwohl die Langobarden damals bereits das Wasserbad der heiligen Taufe empfangen hatten, hielten sie doch noch an dem alten Brauch des Heidentums und beugten sich vor dem Bilde einer Schlange."   *R. B.*

Datierung: 7. Jh.
Verbleib: Hannover, Niedersächsisches Landesmuseum, Urgeschichtsabteilung
Literatur: G. Jacob-Friesen, 1974, S. 645 f.

Gemälde von A. Dietzel

Adelhelm Dietzel, Maler und Grafiker, hat sich als ehrenamtlicher Bodendenkmalpfleger in Dresden bereits seit vielen Jahren mit vorgeschichtlichen Kulturen befaßt. Hieraus erwuchsen seine Illustrationen für das Buch von D. Mania „Begegnungen mit dem Urmenschen. Die Funde von Bilzingsleben", 1980 erschienen. In den letzten Jahren hat er für das Museum für Ur- und Frühgeschichte in Schwerin eine Serie von historischen Darstellungen begonnen, von der die „Völkerwanderungszeit" den Zug von Germanen gen Süden zeigt. Natürlich kann eine solche Darstellung nur Empfindungen darstellen, läßt also historisches Geschehen nur erahnen. Ob die Völkerwanderung derart organisiert verlief, läßt sich erst für spätere Zeit erkennen. Dennoch: Das Geschehen der Völkerwanderungszeit ist in diesem Bild anschaulich eingefangen; im Detail der Darstellung bleibt manches offen, was auch der Künstler so gewollt hat.   *R. B.*

Datierung: Gemälde von 1986
Verbleib: Schwerin, Museum für
Ur- und Frühgeschichte
Literatur: unveröffentlicht.

Brandgrab 188

Bei Kostelec im Hanagebiet, das im fruchtbaren obermährischen Tal liegt, wurden 1924 die ersten Gräber eines Friedhofes der jüngeren römischen Eisenzeit entdeckt. Die Ausgrabungen zogen sich bis 1930 hin. Die 437 erfaßten Brandgräber stellen die Grundlage für die Erforschung der jüngeren römischen Eisenzeit in Nordmähren dar. Im Westteil des Friedhofes befand sich das Grab 188. Es enthielt eine rundbauchige Urne (Abb.) mit Trichterrand, in der sich außer Leichenbrand eine eingliedrige bronzene Fibel mit Ruderblattfuß, ein eisernes Messer und eine Punze befanden. Die Urne trägt auf dem Oberteil ein Zierband aus zwei Gruppen von drei schmalen Riefen beiderseits einer breiten Riefe. Das Band wird durch eine große Rosette unterbrochen, die links und rechts von zwei senkrechten Riefen flankiert wird. Die Urne ist 14 cm hoch, der Mündungsdurchmesser beträgt 19,8 cm. Die Urne gehört zu einer Gruppe „fremdartiger" Keramik, die vorrangig im Westen des Friedhofes und im Mittelteil vertreten ist. In diesen Bereichen sind auch die Exemplare der Fibel mit Ruderblattfuß entdeckt worden.

Direkte Parallelen zu der Urne gibt es in Ostholstein und in der Prignitz, in der auch Fibeln mit Ruderblattfuß zahlreich vorhanden sind. Durch das Grab 188 und benachbarte Bestattungen werden vermutlich Auswanderer aus der Prignitz erfaßt. *W. Th.*

Datierung: Mitte 3. Jh.
Verbleib: Olomouc, Krajské Vlastivedné Múzeum
Literatur: J. Zeman, 1961, S. 85 u. 87, Abb. 40 A, Taf. XI e.

Fibeln der jüngeren Völkerwanderungszeit

Schon im vorigen Jahrhundert wurden in der Lehmgrube der Mailbeckschen Ziegelei in Praha 6 – Podbaba Körpergräber beobachtet. Am 1. September 1890 begannen hier unter Leitung von J. L. Píč Ausgrabungen, bei denen 50 Gräber freigelegt werden konnten. Die Grabbeigaben bildeten Fibeln, insbesondere Zangen-, Vogel- und Bügelfibeln. Besonders die Zangenfibeln dokumentieren Kontakte zwischen Mitteldeutschland (vorwiegend aus dem Gebiet der DDR) und dem Bereich der ehemaligen Provinz Pannonien. Im Inventar der Männergräber fanden sich auch Waffen oder Teile davon. Glasperlen, Spinnwirtel und andere Beigaben gehören zu Frauengräbern. Unter den Funden war auch handgemachte Keramik und nur ausnahmsweise scheibengedrehte.

Fibeln desselben chronologischen Horizonts stammen auch aus den Gräberinventaren des Gräberfeldes in Čelákovice – Záluží, Bez. Praha – východ.   *V. S.*

Datierung: 1. Hälfte 6. Jh.
Verbleib: Prag, Národní muzeum
Fundorte: Praha 6 – Podbaba
(Zwei Zangenfibeln, eine Bügelfibel);
Čelákovice – Záluží (eine Bügelfibel)
Literatur: B. Svoboda, 1965, T. XLIII:
9, LI: 7, XLIX: 6, LXXXVII: 9.

Zangenfibelpaar, silbervergoldet

Die Fibeln stammen aus Grab 95 vom langobardischen Körpergräberfeld in Holubice. Die in gegenseitig miteinander verbundenen Zangen gelappte Kopfplatte ist kerbschnittverziert. In der Mitte befindet sich ein zentrales hakenkreuzartiges Ornament. Auf der ovalen Fußplatte ist ein in Kerbschnittechnik ausgeführtes Winkelmuster angebracht, ferner befindet sich ein Tierkopf am Ende der Fußplatte, und es richtet sich je ein stilisierter Tierkopf gegen den Bügel.　　　　　　　　　　　*J. T.*

Datierung: 2. Viertel 6. Jh.
Verbleib: Brno, Mährisches Museum
Literatur: M. Čižmář, K. Geislerová,
I. Rakovský, 1981, 135 ff.,
Fig. 3, 8—9.

Silberne, feuervergoldete Bügelfibel

Die Fibel stammt aus einem Grab des in den Jahren 1979—1980 erforschten Gräberfeldes von Holubice, Bez. Vyškov. Sie hat eine halbrunde Kopfplatte. Von ursprünglich sieben separat gegossenen, pilzförmig gegliederten Knöpfen sind zwei abgefallen. Das Mittelfeld der Kopfplatte ist mit Spiralhaken im flachen Kerbschnitt verziert, die ovale Fußplatte durch unregelmäßigen Zickzackkerbschnitt ausgefüllt. Der Mittelsteg des längsgerippten Bügels und der Mittelsteg des Tierkopfes tragen Dreiecke mit Niellierung.   *J. T.*

Datierung: 1. Hälfte 6. Jh.
Verbleib: Brno, Mährisches Museum
Literatur: M. Čižmář, K. Geislerová,
I. Rakovský, 1981, 135 ff., Fig. 3, 6.

Ein Paar silberner und vergoldeter Bügelfibeln

Die Fibeln stammen aus einem reichen Frauengrab vom Körpergräberfeld in Lužice und wurden im Jahre 1981 gefunden. Sie besitzen eine rechteckige Kopfplatte und einen ovalen Fuß, die im
Tierstil I verziert sind. Die Kopfplatte ohne Knöpfe ist mit einem
geschlungenen Steg, der Dreiecke und Niello zeigt, eingesäumt.
Die Stege der Fußplatte, des Tierkopffußes sowie des Mittelste-
ges des Bügels sind gleichartig verziert. In den vertieften Partien
des Bügels befindet sich ein Spiralmuster.   *J. T.*

Datierung: Mitte oder 2. Hälfte 6. Jh.
Verbleib: Brno, Archäologisches
Institut der ČSAV
Literatur: Z. Klanica, 1984, 139 ff.,
Abb. 3, 1.

S-Fibeln vom langobardischen Gräberfeld

Die Fibeln stammen aus dem im Jahre 1974 ausgegrabenen Körpergräberfeld von Sakvice, Bez. Břeclav (Südmähren).
Zwei rechtsläufige S-Fibeln aus vergoldetem Silber, die in Vogelköpfen auslaufen. Die Schnäbel sind nicht geteilt. Der durchgehende Körper ist mit Flechtbandmuster im Kerbschnitt verziert, Almandinrundeln treten an die Stelle von Augen.
Linksläufige silberne und vergoldete S-Fibel, kerbschnittverziert, rechteckiges Mittelfeld quergerippt, Hälse mit spitzen Ohren sind im Kerbschnitt ausgeführt, der Kopf ist durch Rundeln mit Niello-Kreisauge angedeutet.   *J. T.*

Datierung: 1. Hälfte und Mitte 6. Jh.
Verbleib: Brno, Archäologisches
Institut der ČSAV
Literatur: J. Tejral, 1975, 433,
Abb. 34, 10.15.

  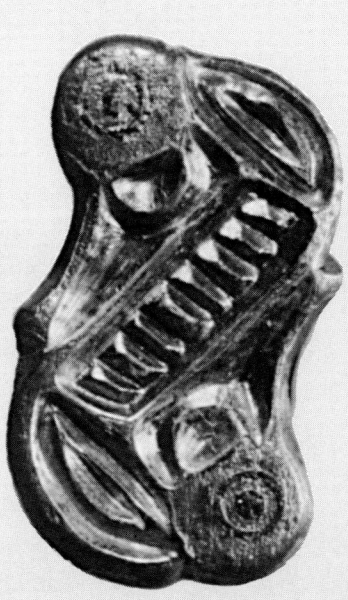

Webschwert aus einem Grabfund

Das Gräberfeld in Mochov wurde im Jahre 1955 bei einer Rettungsgrabung des Archeologický ústav ČSAV. v Praze erforscht. Die 18 Bestattungen dieses Gräberfeldes gehören in denselben chronologischen Horizont wie die Gräberfelder Čelákovice – Záluží, Bez. Praha – východ, und Praha 6 – Podbaba.
Das reich ausgestattete Frauengrab Nr. 3 war ein Kammergrab mit Stein- und Holzkonstruktion. In der Grabkammer (das Grab wurde schon in der Völkerwanderungszeit ausgeraubt) lagen Reste des Skelettes der Bestatteten. Das Inventar des Grabes bestand aus: Rest einer Bügelfibel mit kreisrunder Kopfplatte, Halskette mit Glasperlen und einer Bernsteinperle, Bronzespirale und einem durchbohrten Knöchelchen, ferner silbernen Beschlägen und zwei silbernen Anhängern (einer in Form eines Fisches). Die Grabkammer hatte zwei kleine Nischen – in einer lagen ein handgemachtes Gefäß und ein Webschwert (Abb.), in der anderen ein Spinnwirtel.   *V. S.*

Datierung: 1. Hälfte 6. Jh.
Verbleib: Prag, Národní muzeum
Literatur: J. Zemann, 1958,
S. 428–429, Abb. 5: 22.

Scheibengedrehte Schale aus Grab 40

Die Masse der Keramik aus den Gräbern der jüngeren Völkerwanderungszeit in Böhmen zeigt Verwandtschaft mit der Keramik des elbgermanischen Kulturkreises. Von dieser Keramik unterscheidet sich diese schöne scheibengedrehte Schale mit eingeglättetem Muster auf den Schultern. Sie ähnelt sehr den sogenannten thüringischen Schalen, aber nähere Beobachtungen zeigen, daß sie in Form und Verzierung doch aus einem anderen Milieu stammen muß.

Es handelt sich nämlich um eine Nachwirkung der spätantiken Keramik der ehemaligen römischen Provinzen im Donauraum (besonders Noricum und Raetien). *V. S.*

Datierung: 1. Hälfte 6. Jh.
Verbleib: Prag, Národní muzeum
Literatur: B. Svoboda, 1965, S. 167,
T. XLVII: 10.

Grabkeramik

Die Keramik aus den Gräbern der jüngeren Völkerwanderungszeit in Böhmen trägt viele Merkmale von Einflüssen aus dem elbgermanischen Kulturkreis. Häufig sind diese Gefäße handgemacht. Manchmal handelt es sich sogar um einfache Formen. Der Stil der Verzierung und auch die Formen sind im Inventar den Funden aus den Gräberfeldern in Čelákovice – Záluží, in Praha 6 – Podbaba und in Mochov, Bez. Praha – východ, sehr nahestehend.

Hierzu gehören auch zwei Näpfe, die in Gräbern des Gräberfeldes in Čelákovice – Záluží gefunden wurden. Der erste (Abb. links) ist ein schalenförmiger Napf aus dem Körpergrab 26/XXI. Er ist handgemacht und sehr einfach verziert. Der andere (rechts) ist scheibengedreht und gehört zur Gruppe der sogenannten thüringischen Näpfe. Er stammt aus dem Grab Nr. 1.   *V. S.*

Datierung: 1. Hälfte 6. Jh.
Verbleib: Prag Národní muzeum
Literatur: B. Svoboda, 1965, S. 257,
T. XCIV: 16; S. 166, T. LXXXVII: 11

Elbgermanische Schalenurne

Nach I. L. Červinka stammt das Gefäß vielleicht aus einem Brandgrab. Der Fund wurde unweit von Břeclav, Bez. Břeclav (Südmähren) nicht fachmännisch geborgen. Es handelt sich um eine
weitmündige breite Schüssel aus dunklem feinkörnigen Ton. Die
Außenseite ist geglättet; die schwach ausladende Halspartie
zeigt einen einfachen Rand. Unter dem Rand finden sich vier umlaufende Ritzlinien, am Gefäßoberteil sind Hängedreiecke in Keileinstichen ausgeführt, ausgeprägter Bauchumbruch. Der Gefäß-
unterteil ist plastisch schräg gedellt.   *J. T.*

Datierung: 1. Hälfte des 6. Jh.
Verbleib: Brno, Mährisches Museum
Literatur: I. L. Červinka, 1936,
128, Abb. 6.
J. Tejral, 1976, 108, Taf. XI: 2.

Keramische Beigaben aus einem langobardischen Gräberfeld

Die Keramik stammt aus dem seit den zwanziger Jahren bekannten Gräberfeld am südöstlichen Rand des Ortes Šaratice, Bez. Vyškov (Mittelmähren).
Enghalsiger Topf aus feinkörnigem braungrauem Ton.
Weitmündige Schüssel aus schwarzbraunem körnigem Ton.
Schüsselförmiges Gefäß aus schwarzbraunem körnigem Ton.

J. T.

Datierung: 1. Hälfte 6. Jh.
Verbleib: Brno, Mährisches Museum
Literatur: E. Beninger, H. Freising,
1933, 44.
I. L. Červinka, 1936, 137.
J. Tejral, 1976, 109, Abb. 19, 9,
Taf. X, Taf. XII, 2, 4—5.
J. Werner, 1962, 146.

Gefäß aus einem langobardischen Körpergrab

Das Gefäß wurde in einem Grab auf dem Friedhof von Holubice,
Bez. Vyškov (Mittelmähren) gefunden: doppelkonische handge-
machte Schale aus braunem, mit etwas Sand gemagertem Ton,
Außenseite geglättet. Am Gefäßoberteil eine Reihe von spitzen
Hängedreiecken, die mit gegittertem Ritzmuster ausgefüllt sind.
Am Bauch geritzte Schrägrillen zwischen zwei umlaufenden Ritz-
linien.   *J. T.*

Datierung: 6. Jh.
Verbleib: Brno, Mährisches Museum
Literatur: Katalog: Germanen,
Hunnen und Awaren, 1987, S. 572,
XIV, 36 a.

Zerstörtes Kriegergrab

Das Grab wurde beim Bau einer Wasserleitung im Jahre 1966 in der Ortschaft Oblekovice gestört. Aus dem Inventar sind erhalten: niedriges weitmündiges Rippengefäß aus feinem graubraunem Ton, Außenseite geglättet, gedrungener leicht kegelförmiger Gefäßoberteil, am Bauchumbruch von innen herausgedrückte ausgeprägte Rippen zwischen senkrechten Strichgruppen; lange Lanzenspitze (siehe Nr. 67).   *J. T.*

Datierung: 6. Jh.
Verbleib: Znojmo,
Jihomoravské museum
Literatur: I. Peškař, 1968,
S. 202–208.
J. Tejral, 1976, S. 109, Abb. 31, 1, 4.

Inventar eines langobardischen Frauengrabes

Die Funde stammen aus dem Gräberfeld, das in einem Weingarten unweit des Ortes Rebešovice während einer Rettungsgrabung in den Jahren 1952/1953 untersucht wurde. Unter mehreren Gräbern der Aunjetitzer Kultur und aus der Burgwallzeit konnte auch eine kleine Gruppe von Körperbestattungen des 6. Jahrhunderts geborgen werden. Das Grab Nr. 22 enthielt:
einen langen Hakenschlüssel mit Anhängerring. Die Flächen sind
  mit halbmondförmigen Stempeln verziert;
zwei kleine Bronzeschnallen in ovaler Form;
einen massiven Bronzering;
Spinnwirtel in bikonischer Form aus dunkelgrauem Ton;
eine zylindrische Perle aus Sapropolith und zwölf kleine Glasperlen;
Eisenfragmente.

J. T.

Datierung: 6. Jh.
Verbleib: Brno, Archäologisches
Institut der ČSAV
Literatur: J. Tejral, 1976, S. 109,
Abb. 14.

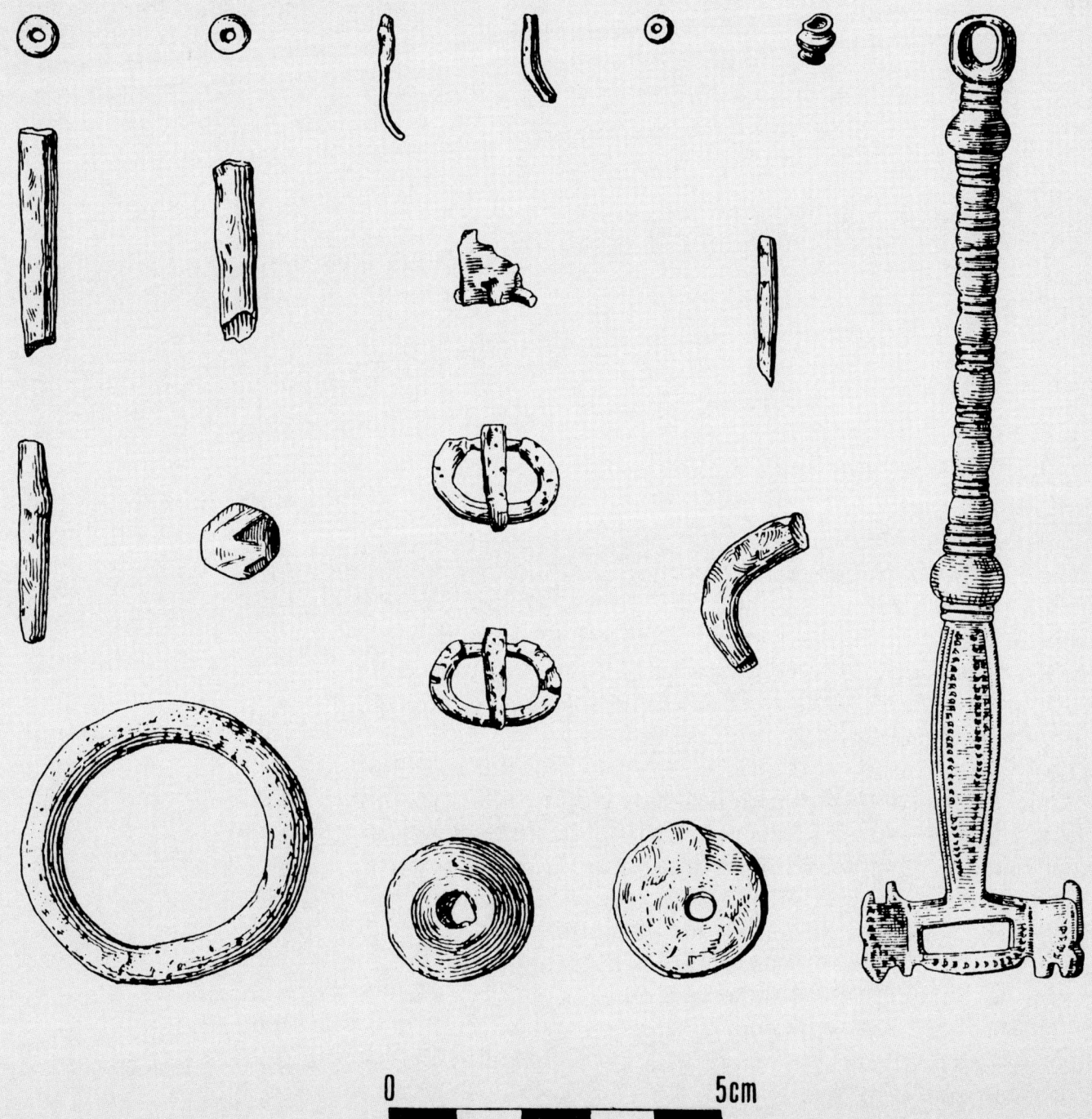

0   5cm

Frauengrab 26/XXI

Im Bereich der Lehmgrube der ehemaligen Límanschen Ziegelei fanden sich eine Anzahl von Körpergräbern. Die Mehrzahl der Funde stammt aus den Ausgrabungen, die das Národní muzeum v Praze in Kooperation mit dem damaligen staatlichen archäologischen Institut (jetzt Archeologický ústav ČSAV. v Praze) durchgeführt hat. Insgesamt wurden 71 Gräber erforscht. Eines von ihnen war ein Reitergrab mit hölzerner Grabkammer.

Grab 26/XXI war ein reich ausgestattetes Frauengrab. In der rechteckigen Grabgrube wurde das stark verwitterte Skelett unter einem Brett erkannt. Hinter dem Kopf der Bestatteten lag ein Tierknochen, rechts des Kopfes eine eiserne Schere und ein Napf. Weitere Teile des Inventars bildeten eine Halskette mit Glasperlen, eine Bernsteinperle und eine Muschel (Cyprea vimea). Ein Aureus des Anthemius (467–472) lag unter dem Unterkiefer der Bestatteten. Im Grabe fand man noch eiserne Gürtelschnallen, ein Stück Harz, Fragmente eines dünnen Blechstreifens aus Bronze und eine S-förmige silberne, vergoldete Fibel sowie einen Spinnwirtel aus Ton. *V. S.*

Datierung: 1. Hälfte 6. Jh.
Verbleib: Prag, Národní muzeum
Literatur: B. Svoboda, 1965, S. 287,
T. XCIV: L–17

Inventar aus einem Frauengrab

Die Beigaben wurden in Grab 6 gefunden, das zu einer kleineren, in Šaratice, Bez. Vyškov (Mittelmähren), gelegenen Körpergräbergruppe gehörte:
Goldbrakteat mit Öse, verziert in degeneriertem Tierstil I;
zwei bandförmige Silberbeschläge des Gürtelgehänges mit zwei
  Nieten. Die obere Seite ist mit winzigen Buckeln verziert;
paarweise zusammengenietete Silberplättchen rechteckiger
  Form, beiderseits Zickzackverzierung und Umfassungslinien in
  feinem Tremolierstich;
Fragment eines Bronzeschlüssels mit Öse. Der Bügel ist mit Quer-
  wülsten verziert;
silberne Riemenzunge, gestempelte Halbkreise längs des Mittel-
  grats;
drei scheibenförmige Perlen aus opakem Glas und zwei polyedri-
  sche Perlen aus dunkelblauem Glas;
Eisenschnalle mit ovalem, verdicktem Bügel.

J. T.

Datierung: Mitte 6. Jh.
Verbleib: Brno,
Archäologisches Institut der ČSAV
Literatur: J. Werner, 1962, S. 145.
J. Tejral, 1976, S. 109, Abb. 18,
Tab. VIII, 4, 6.

Inventar aus einem Frauengrab

Die Fundstücke stammen aus dem ausgeraubten Grab 9 einer Frau vom Körpergräberfeld in Velké Pavlovice, Bez. Břeclav (Südmähren), das im Jahre 1948 freigelegt wurde:

Faßförmige Perle aus dünnem Goldblech, die Öffnungen sind mit Filigrandraht eingefaßt und auf der Oberfläche mit omegaförmigen Filigrandraht-Applikationen verziert;

Riemenende, Silber, zungenförmig, dachartig gekantet;

Beschläge vom Gürtelgehänge aus einem kompletten und vier fragmentierten langrechteckigen Beschlägen aus dünnem Silberblech;

Anhänger in Form eines unregelmäßigen Kugelsegmentes aus grau marmoriertem, glasartigem Material;

zwei scheibenförmige Glasperlen aus rotbrauner Glaspasta;

enghalsiger Topf aus sandigem, braunem Ton, gedrungener Gefäßaufbau mit breitem Boden und leicht ausladendem Rand (siehe Nr. 59);

auf der Drehscheibe gefertigtes Beutelgefäß aus hellgrauem, feingeschlämmtem Ton, doppelkonischer Gefäßaufbau, gedrungener Unterteil, ausladender Rand. Am Hals zieht sich eine umlaufende plastische Rippe entlang, unterhalb der Rippe eine Reihe von gegliederten Rechteckstempeln; die Oberfläche ist mit rhombischen Stempeln verziert (siehe Nr. 59).

J. T.

Datierung: 2.Hälfte 6. Jh.
Verbleib: Brno, Mährisches Museum
Literatur: J. Poulík, 1948–50.
J. Werner, 1962, S. 177.

Gefäße aus Gräbern

Die Gefäße stammen aus den hier beschriebenen Gräbern 9 (oben) und 11 (unten). Die kleinen, annähernd 10 cm hohen Gefäße sind grob und handgemacht, nur das Gefäß rechts oben ist auf der Drehscheibe gefertigt und flächendeckend mit Stempeleindrücken verziert.   *R. B.*

Datierung: 2. Hälfte 6. Jh.
Verbleib: Brno, Mährisches Museum
Literatur: vgl. Nr. 58 und 60.

Langobardisches Frauengrab

Die Gegenstände stammen aus dem Grab Nr. 11 vom Reihengräberfriedhof in Velké Pavlovice. Zum Inventar gehören:
zwei bronzene quadratische Beschläge, auf der Außenseite durch punzierte Halbbögen und konzentrische Kreise verziert;
ein größerer und zwei kleinere Bronzeringe;
ein doppelkonischer Spinnwirtel aus Ton;
16 Glasperlen, darunter auch fragmentierte;
eine Bernsteinperle;
ein geflochtener Drahtring;
ein grober, handgemachter, kleiner Topf von gedrungener Form aus körnigem, graubraunem Ton (siehe Nr. 59).

R. B.

Datierung: 2. Hälfte 6. Jh.
Verbleib: Brno, Mährisches Museum
Literatur: J. Tejral, 1976, Abb. 27.

Frauenbestattung

In einer ost-west-gerichteten Grabgrube (Grab 5/I) lagen Reste eines Skelettes, Spuren eines Sarges waren nicht zu erkennen. Das Grab ist beraubt worden.

In Höhe der rechten Schulter standen drei handgeformte Tongefäße, ein beschädigter Doppelkonus von 12 cm Höhe, ein grober Kumpf von 8,3 cm Höhe und als kleinstes Gefäß eine feiner gearbeitete Schale von 7,5 cm Höhe. Die Schale ist mit waagerechten Rillen und einer Stichreihe sowie mit einem darunter befindlichen Sparrenmuster auf Schulter und Umbruch verziert.

Auf dem rechten Oberschenkel lag eine Siebenknopffibel aus Silber; die Fibel ist vergoldet, und in die Fugen des Kerbschnittmusters hat man mit Niello eingelegt. Die halbrunde Kopfplatte, der breite Bügel und die Fußplatte tragen als Zierat viele kleine Spiralen. Auf der kurzen Fußplatte sitzt außerdem ein rechteckiger Almandin. An der Kopfplatte fehlen zwei Knöpfe. Ein Tierkopf mit großen Augen und breiter, herausragender Zunge betont den Fibelfuß.

Unterhalb des linken Knies befand sich eine kleine gedrungene Schnalle aus Bronze von nur 2,8×1,3 cm Größe. Der kräftige Dorn ist mit einem Schild versehen. Wenig oberhalb der Knöchel lag zwischen den Beinen eine bronzene Schnalle von ungefähr trapezoider Form. Der Bügel ist astragaliert, der Dorn scheint unvollständig zu sein. Ob sich die drei Trachtbestandteile in ihrer ursprünglichen Lage befanden, ist aufgrund der anscheinend unverrückten Beinknochen nicht zu erkennen.   *W. Th.*

Datierung: 6. Jh.
Verbleib: Prag, Nationalmuseum
Literatur: B. Svoboda, 1965,
Taf. 88,1—6.

Großer Zierkamm

Der Kamm stammt aus Grab 46 vom Gräberfeld in Lužice. Er ist dreilagig und mit langgezogenen, mäßig gewölbten Griffplatten und eisernen Nietstiften versehen. Die Griffplatten sind beiderseits mit Rillen und Punktkreisen verziert, ebenso die Seitenplatten der mittleren Lage. Mit einer Länge von 30,5 cm ist er ungewöhnlich groß.   *J. T.*

Datierung: 2. Hälfte 6. Jh.
Verbleib: Brno, Archäologisches Institut der ČSAV
Literatur: unveröffentlicht.

Langobardisches Körpergrab

Im Jahre 1962 wurde am bekannten Fundort südlich von Zohor (Bronzezeit, Latènezeit, Römerzeit, Slawen) ein W-O-gerichtetes, völkerwanderungszeitliches, langobardisches Körpergrab ausgegraben. Die ziemlich großräumige Grabgrube (L. 2,25 m, B. 1,35 m, T. 3 m) war mit einer Holzabdeckung versehen. Rechts des Skelettes in Höhe der Brustpartie lagen die Beigaben:

Der gläserne Rüsselbecher (Abb.) mit Ringstandfuß, aus dünnem gelblichgrünem Glas gearbeitet. Die weit abstehenden, mit aufgelegten Kerbbändern verzierten „Rüssel" sind in zwei Reihen an der Glockenform des Gefäßkörpers angebracht. Am Hals und am unteren Teil der Gefäßwandung sind horizontale Zierfäden aufgelegt;
Doppelkonische handgeformte Schüssel (Abb.). Schwarze, polierte Oberfläche mit drei Umlaufrillen am Umbruch;
Kleine silberne Schuhschnalle mit ovalem Bügel und Dorn mit abwärts gebogenem Ende;
Zwei eiserne Schuhschnallen mit ovalem Bügel und Dorn (stark verrostet).

Unter den Beigaben ist der Rüsselbecher eine Besonderheit, der ein eigenartiges, im Donauraum seltenes Produkt der fränkischen Glasmacherkunst repräsentiert. Diese sind im fränkischen Herstellungsgebiet sowie im Schwarzwald, in Thüringen, Belgien und England verbreitet. Der fränkische Rüsselbecher aus Zohor ist nicht nur ein Beweis der Handelsbeziehungen, sondern darüber hinaus auch ein Zeugnis von bedeutender sozialer Stellung und Wohlstand des Verstorbenen.   *E. St.*

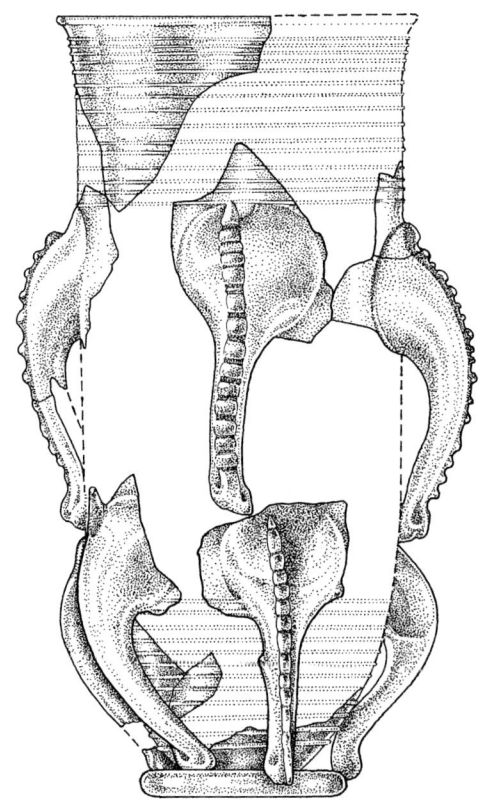

Datierung: vermutlich 1. Hälfte 6. Jh.
Verbleib: Bratislava,
Slovenske Narodne Muzeum
Literatur: L. Kraskovská, 1963,
S. 693–700.

Fundstücke aus einem langobardischen Kriegergrab

Die Funde wurden im Jahre 1980 aus dem Grab 100 vom nordwestlich des Ortes Holubice gelegenen Gräberfeld geborgen:
Zweischneidiges Schwert (Spatha) aus Eisen;
eiserne Lanzenspitze mit rhombischem, mäßig dachartig gekantetem Blatt;
Bronzepinzette mit breiten, mäßig erweiterten Schenkeln, mit Längsrillen verziert;
Dreilagenkamm, aus Geweih geschnitzt, lange mäßig gewölbte Griffplatten, mit Reihen von Punktkreisen verziert; Punktkreise auch auf der Mittelplatte. Die Lagen werden durch acht Eisenniete zusammengehalten.   *J. T.*

Datierung: 6. Jh.
Verbleib: Brno, Mährisches Museum
Literatur: unpubliziert.

Inventar eines langobardischen Kriegergrabes

Während der Rettungsgrabung eines ausgedehnten Gräberfeldes der Aunjetitzer Kultur und aus der Burgwallzeit wurden in den Jahren 1952/1953 unweit des Ortes Rebešovice, Bez. Brno-venkov (Südmähren), elf langobardische Gräber entdeckt. Die Funde stammen aus Grab 178.

Eisernes Langschwert mit zweischneidiger Klinge (Spatha), Spitze und teilweise auch Griffangel abgebrochen. Auf der Klinge Reste der hölzernen Scheide, fragmentiertes U-förmiges Ortband aus Eisen;
eiserne Lanzenspitze mit einem rhombischen dachartig gekantetem Blatt, längere kegelförmige Tülle;
Schildbuckel aus Eisen mit kalottenförmiger Haube. Auf der Buckelkrempe befinden sich fünf eiserne Niete mit flachen Köpfen, Spitzenknopf abgebrochen;
der Griffteil und ein kurzes Stangenfragment mit flachem Nietkopf einer eisernen Schildfessel.   *J. T.*

Datierung: 6. Jh.
Verbleib: Brno,
Archäologisches Institut der ČSAV
Literatur: J. Tejral, 1976, S. 109,
Abb. 14—17.

Funde aus langobardischen Körpergräbern

Im Jahre 1965 wurden in der Nähe des Bahnhofes von Devínske Jazero (heute: Gemeinde Bratislava – Devínska Nová Ves) elf teilweise zerstörte völkerwanderungszeitliche Körpergräber, meistens NO-SW-orientiert, entdeckt. Die Funde (zwei Töpfe, Webschwert, bronzener Schwertknauf, eiserne Schildbuckel, Messer), zusammen mit denen aus den zerstörten Gräbern (die im Jahre 1962 entdeckt wurden) in der Flur Ďalšie Topolite, können zu den Fundstücken aus der Zeit des Aufenthalts der Langobarden im südlichen Marchtal gezählt werden.

Eiserner Schildbuckel mit halbkugeliger Kalotte, konischem Hals, breitem Rand mit bronzeplattierten Nieten (Grab 9 – zusammen mit einer Lanzenspitze gefunden);

zweischneidiges, beidseitig flachgekehltes Webschwert mit abgesetzter Parierstange (Grab 10). *E. St.*

Datierung: 1. Hälfte 6. Jh.
Verbleib: Bratislava,
Slovenske Narodne Muzeum
Literatur: L. Kraskovská, 1968,
S. 209–212.

Zerstörtes Kriegergrab

Das Grab wurde beim Bau einer Wasserleitung im Jahre 1966 in der Ortschaft Oblekovice gestört. Aus dem Inventar ist erhalten:
Niedriges weitmündiges Rippengefäß (siehe Nr. 54);
lange Lanzenspitze mit schmalem dachartig gekantetem Blatt und kegelförmige achtseitig gekantete Schlitztülle mit Nagelloch, ein erhaltener Nagel.

J. T.

Datierung: 6. Jh.
Verbleib:
Znojmo, Jihomoravské museum
Literatur: I. Peškař, S. 202–208;
J. Tejral, 1976, S. 109, Abb. 31, 1, 4.

Kriegergrab mit Pfeilspitzen

Die Waffen wurden im Grab Nr. 199 auf dem Gräberfeld von Rebešovice gefunden. Es handelt sich um acht zum Teil fragmentierte Tüllenpfeilspitzen aus Eisen mit einfachem Blatt.   *J. T.*

Datierung: 6. Jh.
Verbleib: Brno,
Archäologisches Institut der ČSAV
Literatur: J. Tejral, 1976, S. 58,
Abb. 16, 2—9.

Golfschmiedegrab

Das Grab mit dem Skelett in gestreckter Rückenlage wurde im Jahre 1937 beim Bau eines neuen Hauses in Brno-Kotlářská ulice zufällig entdeckt. Bei dem Schädel lag ein großes gewölbtes Bronzeblechfragment (Helm ?). Die Beigaben:

Amboß aus Eisen, pyramidenförmig, mit ausladender Arbeitsfläche;
Schmiedezange aus Eisen, mit flachen Backen, Teil eines Schenkels abgebrochen;
zweiseitiger, leicht geschwungener Eisenhammer mit ovalem Stielloch;
Eisenhammer, zweiseitig, am geschweiften Mittelteil zwei kleine Löcher;
kleines Gefäß aus dünnem Bronzeblech aus zwei Teilen zusammengesetzt, mit kugeligem Unterteil und eingezogenem konischen Oberteil;
Reste der Feinwaage, Bronze, gleicharmig, Arme an den Enden gewülstet, Anhängerösen in prismatischen kurzen Stäbchen, zwei Bronzeschälchen mit je drei Anhängeringen;
schweres prismatisches Gewicht mit eiserner Ringöse;
drei scheibenförmige Steingewichte;
dreiteiliger, einreihiger beinerner Kamm mit langgezogener Griffplatte, durch Längsrillen und ursprünglich acht Bronzenietköpfe verziert. Auf dem Rücken befindet sich eine durch Querrillen gegliederte Zierleiste, mit sechs Bronzenieten befestigt;
axtförmiger, eiserner Gegenstand mit beiderseits erweiterter Klinge und geöffneter Tülle;
stark korrodierter stabförmiger Tremolierstichel aus Eisen, langrechteckiger Querschnitt, zugespitzte Enden;
großes Bruchstück eines gewölbten Bronzeblechs mit angenietetem, dreieckförmigem Blechfragment;
Scheibe aus Eisen, massiv, mit Loch in der Mitte;
Bronzebeschläge und Bronzestücke aus Blech verschiedener Form;
Wetzsteine, prismatisch aus hellem Sandstein, verschiedene Größen.   *J. T.*

Datierung: 6. Jh.
Verbleib: Brno, Mährisches Museum
Literatur:
E. Beninger, H. Freising, 1933, S.45.
I. L. Červinka, 1936, S. 132.
J. Driehaus. 1972.
J. Werner, 1962, S. 147.
J. Tejral, 1976, S. 81 ff., 108,
Abb. 9—11.

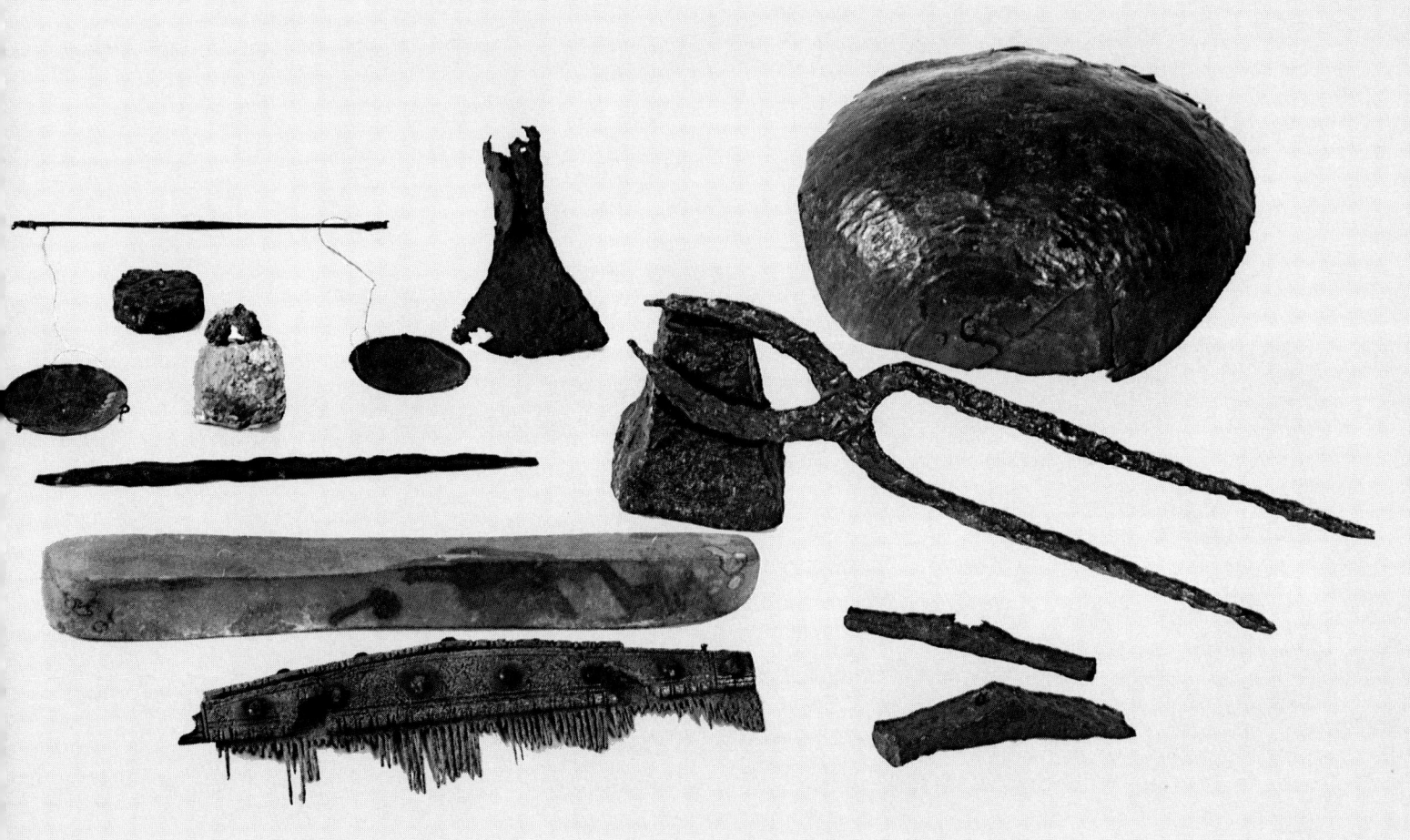

Brandbestattung einer Frau

Der Fund von Wulzeshofen (Gem. Laa a. d. Thaya, BH. Mistelbach, Niederösterreich) besteht aus:

zwei Fragmenten einer Flechtkette mit körbchenförmigem Verschlußteil, Gold; Nadelkopf in Form eines birnenförmigen Berlocks mit aufgranuliertem Kügelchen am oberen Ende; Rest der silbernen Nadel, Gold und Silber; vier Fragmenten eines Goldreifs mit Tierkopfenden; Fragment eines Ohrringes, Gold; Fingerring; glatt, mit Mittelgrat, Gold.

In Wulzeshofen im nördlichen Niederösterreich – in der römischen Kaiserzeit im „Barbaricum" nördlich des Donaulimes gelegen – wurden im Garten des Hauses Nr. 24 zwei germanische Gräber unterschiedlicher Zeitstellung entdeckt, deren Funde nach Wien in das K. k. Münz- und Antikenkabinett (heute: Antikensammlung des Kunsthistorischen Museums Wien) gelangten: 1846 eine Körperbestattung (nach den – heute verschollenen – Beigaben, einem goldenen Halsreif und Fragmenten einer Terra-Sigillata-Schüssel) aus der Zeit um 300 n. Chr.; 1863 das Brandgrab einer Germanin (reich ausgestattet mit den hier ausgestellten Schmuckstücken aus Gold sowie mit Fragmenten von Eisenfibeln und Bruchstücken eines Silbertellers), das aufgrund der Form des Nadelkopfes und des Fibeltypus in die 2. Hälfte des 2. Jahrhunderts n. Chr. datiert wird. Der Goldarmreif mit den Tierkopfenden – nach Analogien zu den Köpfen norisch-pannonischer „Entenbügel" vermutlich norischer Herkunft – ist verwandt mit den Tierkopfarmringen vom Typus Villerup und zeigt, daß Armringe dieses Typus als Vorbilder für die elbgermanischen Tierkopfarmringe und für die Schildkopfarmringe des Weichselmündungsgebietes anzusehen sind.

Funde neuerer Zeit (seit 1975) belegen eine germanische Siedlung im Raum von Wulzeshofen für den Zeitraum von der Mitte des 2. Jahrhunderts n. Chr. bis in das 3. Jahrhundert n. Chr.

A. B.-W.

Datierung: 2. Hälfte 2. Jh.
Verbleib: Wien, Kunsthistorisches Museum, Antikensammlung
Literatur: F. Kenner, 1864, S. 29 f.
E. Sacken, F. Kenner, 1866, S. 348 Nr. 87 a—g.
E. Beninger, 1932, S. 215 ff., Abb. 1—9.
E. Beninger, 1934, S. 56, Nr. 12, 63
O. Voss – M. Ørsnes-Christensen, 1948, S. 269.
B. Beckmann, 1966, 34.81, Nr. 755.
J. Tejral, 1970, S. 198, Abb. 4, 1—7.
Germanen, Awaren, Slawen in Niederösterreich. Ausstellung Wien 1977, S. 39, Nr. 90 f.
J. Werner, 1980, S. 32 f.
M. Pollak, 1980, S. 176 f., 194, Taf. 198, 4—9; 199; 1—2.
H. Windl, 1981, 19 f., S. 29.
B. Pitlik (ungedr. Diss. Wien 1983), S. 25 f., 30 f., 38 f., 71, 78, Taf. 8, 4; 10, 1; 17, 1; 35, 2; 39, 1.

Frauengrab

Bereits im Jahre 1907 war in Mödling, Beethovengasse, das Grab eines langobardischen Kriegers entdeckt worden. Die Funde gingen leider verloren. Im Jahre 1977 wurden weitere 7 Gräber aufgedeckt. Hier sollen die Funde aus dem reichen Frauengrab 2 und dem Kriegergrab 6 vorgestellt werden. Eine Besonderheit dieser Gräbergruppe ist, daß sie allesamt nicht beraubt worden sind, wie dies sonst bei allen anderen langobardischen Gräberfeldern im Karpatenbecken üblich war. Ihre Orientierung war W—O. Grab 2 besaß eine Grabgrube von 270×140 cm mit einer Tiefe von 320 cm. 60 cm über dem Boden war die Grube abgestuft, so daß eine Grabfläche von 205×40 cm gegeben war. Die ca. 30 Jahre alte Tote lag in gestreckter Rückenlage. Im Brustbereich wurden übereinander angeordnet zwei Scheibenfibeln und Perlen gefunden. Auf dem Becken lag die Schnalle mit den Gürtelbeschlägen, entlang des rechten Oberschenkels befanden sich die beiden Bügelfibeln auf einem vergangenen Band, das bis zu den Knien reichte und durch Perlen am unteren Ende verziert war.

Rosettenförmige Scheibenfibel aus Silber, die Schauseite in Zellentechnik mit roten Glaseinlagen, unterlegt mit gitterartig verziertem Goldblech (Abb. oben); Scheibenfibel aus Silber der gleichen Form wie vorher, ohne Mitteleinlage, jedoch mit Feuervergoldung; Perlenkette aus zehn Perlen; zwei genoppte Ringperlen aus braunem, durchscheinendem Glas, zwei undurchsichtige Perlen aus schwarzem Glasfluß mit weißen Fadeneinlagen, zylindrische Perle aus weißem pastosem Material, Bronzedrahtring; Schilddornschnalle aus Silber (Abb. Mitte); drei Gürtelbeschläge aus Silber, spitz schildförmig mit seitlich jeweils zwei Einbuchtungen, auf der Rückseite mitgegossene Öse; zwei Bügelfibeln aus kupferhaltigem Silber mit rechteckiger Kopfplatte und ovalem Fuß sowie acht mitgegossenen flachrunden Knöpfen, Kopfplatte und Fußplatte sind in Tierstilornamentik verziert, feuervergoldet und zusätzlich mit Einschlägen einer Dreieckspunze, die nielliert sind (Abb. unten); Bernsteinperle aus rötlich durchscheinendem Bernstein, Form unregelmäßig.

P. St.

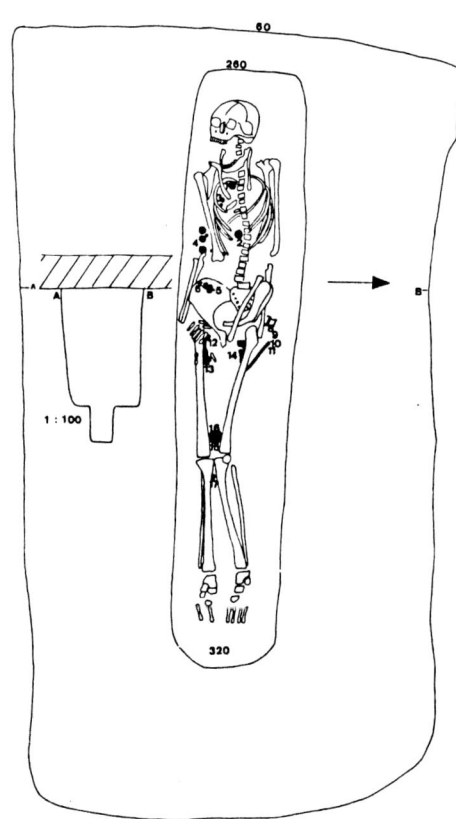

Datierung: 2. Drittel 6. Jh.
Verbleib: Mödling,
Museum der Stadt Mödling
Literatur: P. Stadler, 1979.

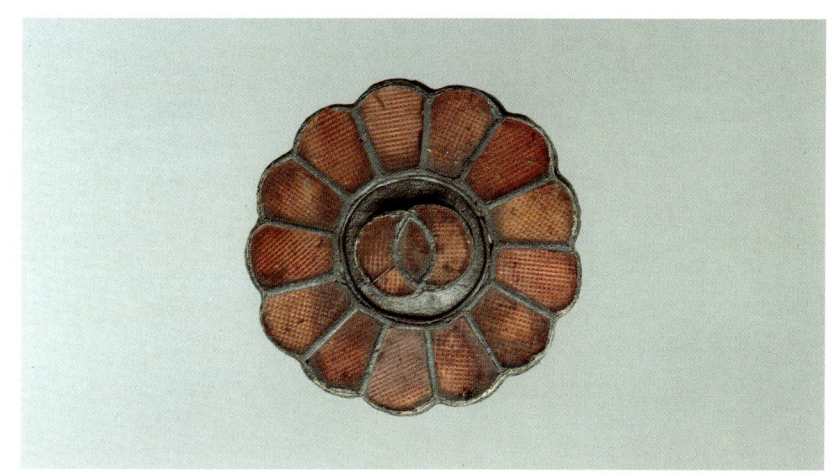

Männergrab

Grab 6. Der ca. 30jährige Tote lag in 260 cm Tiefe in einem 210×60 cm großen Baumsarg in gestreckter Rückenlage. Rechts des Schädels, außerhalb des Sarges, lag die Lanzenspitze, an der linken Seite des Bestatteten, über den Arm gelegt, fand sich eine Spatha.

Tüllenlanzenspitze aus Eisen, Klinge weidenblattförmig mit rhombischem Querschnitt (Abb.);

Spatha aus Eisen mit pyramidenförmigem Bronzeknauf, parallelschneidige Klinge mit breiter Blutrinne (Abb.);

Feuerschlagstein aus graubraunem Silex;

    rechteckiger Eisenbeschlag mit vier Bronzenieten.

P. St.

Datierung: 2. Drittel 6. Jh.
Verbleib: Mödling, Museum der Stadt Mödling
Literatur: P. Stadler, 1979.

Körpergrab 53

Ende der sechziger und Anfang der siebziger Jahre konnten im Tullnerfeld südlich der Donau in einer Schottergrube 95 Körpergräber aus der 1. Hälfte des 6. Jahrhunderts n. Chr. geborgen werden. In Österreich wurde damit zum ersten Mal ein großer langobardischer Friedhof systematisch untersucht, die in den schriftlichen Quellen dargelegte langobardische Landnahme im Donauraum archäologisch verifiziert, und die oft mißgedeuteten, durcheinandergeworfenen Skelettreste in den Gräbern dieser Zeit eindeutig als systematische Plünderungen der Friedhöfe nachgewiesen.

Im Gräberfeld von Maria Ponsee können drei voneinander etwas getrennte Gräbergruppen unterschieden werden. In der Nordgruppe dürften Angehörige einer wahrscheinlich im beginnenden 6. Jahrhundert eingewanderten Sippe bestattet worden sein. Die nur in dieser Gruppe festgestellten thüringischen Altsachen zeigen klar und deutlich die engen Bindungen der Langobarden mit dem Elbe-Saale-Raum, wie sie zumindest seit der 2. Hälfte des 5. Jahrhunderts bestanden haben. Die Südgruppe des Gräberfeldes dürfte die Bestattungen einer etwas später, vielleicht bereits aus dem Gebiet unmittelbar nördlich der Donau, eingewanderten Sippe umfassen. In diesen Gräbern fanden sich keine Beigaben bzw. Trachtbestandteile mehr, die an frühere Siedlungsgebiete der Langobarden im Nordwesten, also in Böhmen bzw. in Mitteldeutschland erinnern. Zu dieser Gruppe gehört auch das ursprünglich reich ausgestattete Männergrab 53. In den Bestatteten der relativ kleinen Westgruppe dürften aufgrund der ärmlichen Ausstattung und der nichtlangobardischen Bestandteilen der Tracht, wie Fingerringe, Armreifen und Haarnadeln, Angehörige der romanischen Restbevölkerung zu sehen sein.

Im Grab 53, einem annähernd 2,70×1,60 m großen und 3,30 m tiefen Schacht war ein 30–40 Jahre alter Mann in W-O-Orientierung bestattet. Das Grab war wie alle anderen (bis auf die unten erwähnte Grabgrube 52) in alter Zeit ausgeplündert worden. Die Skeletteile fanden sich wirr durcheinandergeworfen, Beigaben und Trachtbestandteile lagen bis auf wenige Stücke an der Südseite nicht mehr in situ.

An Gefäßen sind ein Pseudo-Rüsselbecher (Abb.) aus gelbgrünem Glas, Bruchstücke eines zweihenkeligen Bronzebeckens mit Resten von Speisebeigaben (Eierschalen, Tierknochen) und z. T. verzierte Silberblechbeschläge eines Holzgefäßes anzuführen. Von der ehemaligen Existenz einer Spatha, eines zweischneidigen Langschwertes, zeugen zwei Scheidenrandbeschläge aus Bronze, mit Goldblech und Silberdraht belegt (Abb.), sowie eine rechteckige Riemenschlaufe aus vergoldeter Bronze. Andere Waffenbeigaben, z. T. nur sehr bruchstückhaft erhalten, waren eine eiserne Stichlanze, eine eiserne Tüllenlanzenspitze sowie Beschläge eines Holzschildes. An Geräten liegen ein Griffangelmesser und eine Bügelschere aus Eisen sowie ein einreihiger Beinkamm vor. Am Ostende des Grabes lag 0,80 m über der Grabsohle ein noch über 1 m langer, tordierter Eisenstab mit flach ausgehämmerten Enden und einer nicht mehr erhaltenen Ringöse an einem Ende. In der Mitte des Südteils des Grabes wurden Bestandteile eines Pferdezaumzeuges (Abb.) angetroffen: eine nur sehr fragmentarisch erhaltene, zweiteilige Knebeltrense aus Eisen. Die Gebißstangen endeten ursprünglich in jeweils zwei Ringösen. In den Innenösen steckten die Knebelstangen, die mit Silberdraht eingelegt sind und an den Enden je einen polyedrischen Silberaufsatz besitzen. An den Knebeln saß ursprünglich je eine Ringöse, in die Riemenzungen eingehängt waren, von denen sich allerdings bloß noch die Zungenteile mit je zwei vergoldeten Bronzenieten erhalten haben. Sie dienten zur Befestigung der

Backenriemen. Von den Außenösen haben sich nur Ansätze erhalten; in diese waren eiserne Zwischenglieder zur Aufnahme der Zügelriemen eingehängt. Vom Kopfgeschirr sind noch zwei langrechteckige, vergoldete Bronzebeschläge mit Silbernieten vom Nasenriemen erhalten, weitere drei Riemenbeschläge aus Eisen mit Silbernieten, neun halbkugelförmige, vergoldete Bronzebeschläge, drei Bronzeschließen, drei kleine Riemenzungen aus Silber, ein Riemenschieber und ein T-förmiger Bronzebeschlag. Von der Ausrüstung des Reitpferdes haben sich im Ostteil des Grabschachtes, nicht mehr in situ, drei Bronzenägel mit kleinen versilberten Scheibenköpfen sowie ein Knochenbeschlag mit zwei Eisennägeln erhalten, wohl Beschläge eines hölzernen Reitsattels.

Unmittelbar östlich des Grabes 53 fand sich ein 1,70 m tiefer Grabschacht (Grab Nr. 52) mit halbkreisförmigem Ostabschluß. In ihm lagen, vollkommen ungestört, ein Pferde- und ein Hundeskelett. Zwischen den Hinterbeinen des Pferdes lag das Hundeskelett. Beigaben konnten keine nachgewiesen werden. Die Zusammengehörigkeit der Gräber 53 und 52 ist offensichtlich. Wurden Reitpferd und Jagdhund gesondert beigesetzt, so deponierte man Zaumzeug und Sattel zusammen mit dem Herrn.

Bei dem in Grab 53 von Maria Ponsee bestatteten Mann muß es sich um den Anführer einer nicht unbedeutenden langobardischen Sippe gehandelt haben. Waffenbeigaben, Zaumzeug, Sattel und eigene Pferde- und Hundebeisetzung bezeugen dies. Der Glasbecher und das Bronzebecken weisen außerdem auf weitreichende Beziehungen bis in das Rheinland. Der etwa im 2. Viertel des 6. Jahrhunderts Verstorbene war zusammen mit seinen Angehörigen einer jener elbgermanischen Langobarden, wie sie uns in den schriftlichen Quellen als landnehmend im mittleren Donauraum begegnen. *H. A.*

Datierung: 1. Hälfte 6. Jh.
Verbleib: Wien, Naturhistorisches Museum, Prähistorische Abteilung
Literatur: unpubliziert; erwähnt:
H. Adler, 1966/70, S. 29.
H. Adler, 1970, S. 138—147.
H. Adler, 1976, S. 256—262.
H. Adler, 1977, S. 73—87.

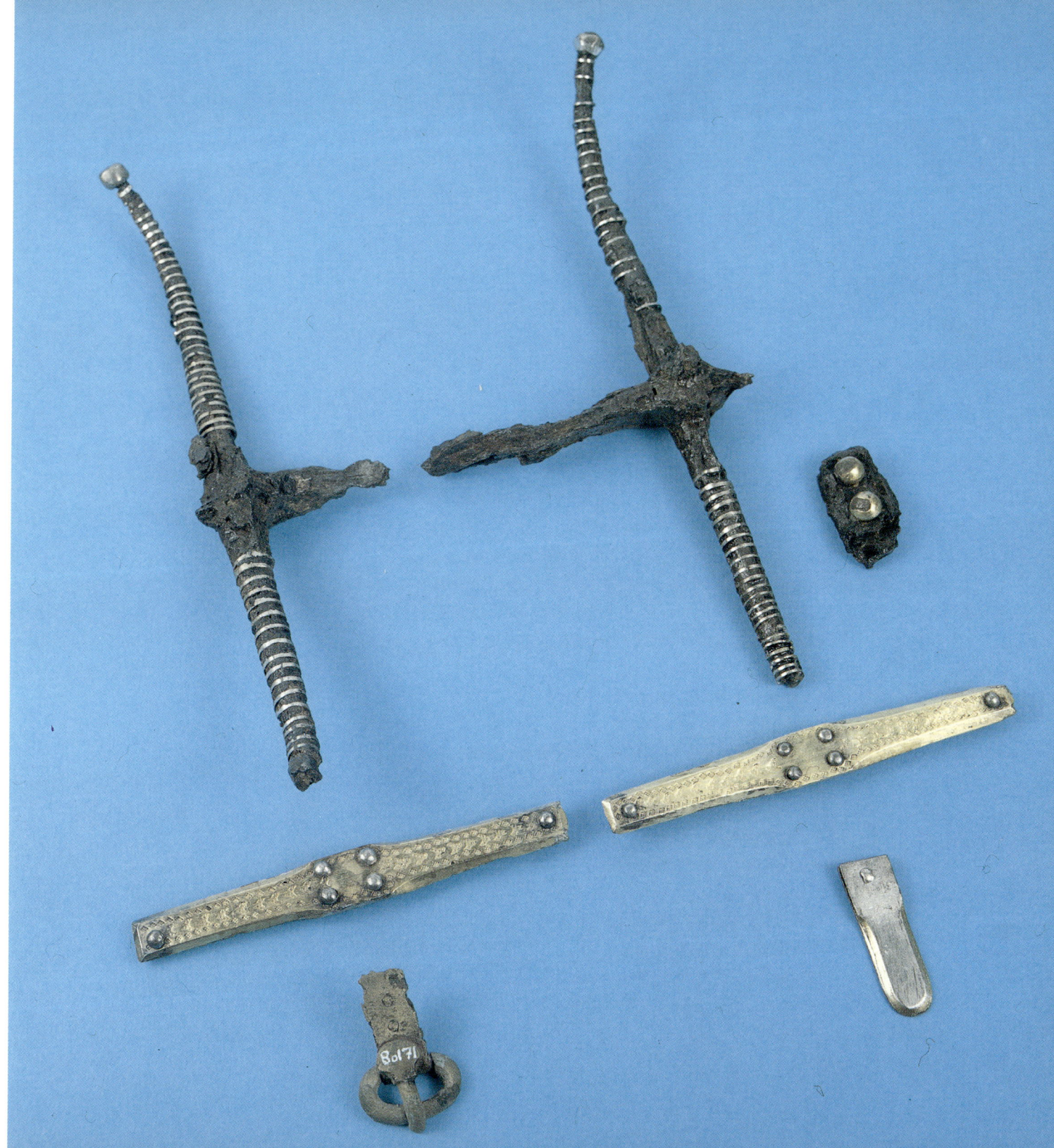

Körperbestattung einer reichen Frau

Zwischen 1931 und 1933 wurden in einer Sandgrube im WSW von Poysdorf acht in alter Zeit bereits ausgeplünderte langobardische Gräber aus der ersten Hälfte des 6. Jahrhunderts entdeckt. Im Jahre 1976 kam bei der Einebnung der damals schon lange aufgelassenen Sandgrube ein neuntes, jedoch bereits zerstörtes Grab hinzu.

Es handelt sich um eine der zumindest nach heutigem Wissensstand typischen kleinen langobardischen Gräbergruppen dieser Zeit im östlichen Weinviertel Niederösterreichs, die nach dem Sieg über die Heruler im Jahre 508 angelegt wurden und Einzelgehöften zugeordnet werden können.

Das 2,05 m tiefe Grab 4 barg die Skelettreste einer west-ost-ausgerichteten Frauenbestattung. Bei der 1976 vom österreichischen Bundesdenkmalamt durchgeführten Nachuntersuchung konnten noch zwei 1932 nicht erkannte Pfostengruben an der Grabsohle festgestellt werden, wie sie aus vielen langobardischen Gräbern dieser Zeit im Donauraum bekannt sind und für einen hölzernen Grabeinbau mit stufenförmigem Absatz oberhalb der Grabsohle sprechen.

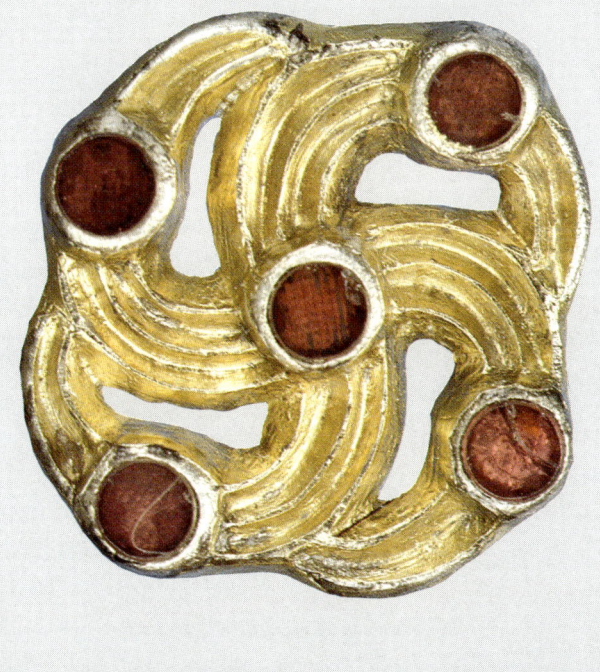

Die neben der linken Schulter gefundene, scheibengedrehte Tonschüssel weist auf den Einfluß romanischer Töpfertradition im Donauraum. Die an der rechten Schläfe entdeckte Haarnadel aus Bronze gehört nicht zur langobardischen Frauentracht, so daß die Überlegung berechtigt erscheint, in der Bestatteten möglicherweise eine durch Heirat in einen langobardischen Sippenverband Aufgenommene zu sehen. Um den Hals wurden Glasperlen sowie zwei Goldbrakteaten mit der Darstellung eines hirschartigen Tieres gefunden. Das röhrenförmige Kettenglied aus Goldblech könnte der Rest eines dritten, ähnlichen Anhängers sein. Im Schulterbereich lag eine Vierwirbelfibel aus Bronze mit Glaseinlagen. Derartige Kleinfibeln (vor allem S-Fibeln, aber auch Scheibenfibeln) gehörten zur normalen langobardischen Frauentracht und dienten zum Zusammenhalten des Untergewandes.

Von den Grabräubern übersehen wurde ein durchbohrter polyedrischer Anhänger aus Weißbronze. Solche Anhänger dienten, auch aus anderem Material, als Enden der von den Bügelfibeln ausgehenden Zierbänder. Weitere Funde waren eine Eisenschnalle vom Gürtel, ein eisernes Griffangelmesser und Fragmente eines einreihigen Beinkammes.   H. A.

Das Poysdorfer Frauengrab Nr. 4 bei der Ausgrabung (n. E. Beninger, Die Langobarden an der March und Donau. In: H. Reinerth, Vorgeschichte der deutschen Stämme 2. Leipzig/Berlin 1940, Taf. 360).

Datierung: 1. Hälfte 6. Jh.
Verbleib: Wien, Naturhistorisches Museum, Prähistorische Abteilung
Literatur: E. Beninger, H. Mitscha-Märheim (Hrsg.), 1966, S. 167–187. J.-W. Neugebauer, 1976, S. 133–139.

Schmiedegrab

Das 1,95 m tiefe Grab 6 barg die Skelettreste einer west-ost-aus-gerichteten Männerbestattung. Bei der 1976 erfolgten Nachun-tersuchung konnten vier Pfostengruben in den Ecken des Schachtes festgestellt werden. Sie gehörten wie bei Grab 4 zu einem Holzeinbau. Irotz des vollständig gestörten Skelettes la-gen in situ: links des Beckens die Eisenteile (Handschutz in Form eines Buckels und die Fessel als Griffteil) eines Holzschildes, ne-ben den rechten Beinknochen die Werkzeuge eines Schmiedes: ein Amboß, ein leichter und ein schwererer Eisenhammer, eine eiserne Schmiedezange, eine vierkantige Eisenfeile, ein Schleif-stein, zwei Eisenmesser sowie die Bronzemodelle einer damals üblichen Bügelfibel mit rechteckiger Kopfplatte mit sieben Knöp-fen und einer rechtsläufigen S-Fibel mit quadratischem Mittelfeld. Im Brustbereich wurden ein Eisenmesser, eine Eisenschnalle, eine Bronzepinzette und eine Feilkluppe aus Eisen gefunden, wohl Bestandteile des Leibgürtels bzw. der Inhalt einer daran befestigten Tasche aus organischem Material. Ein einreihiger Beinkamm, zwei Feuersteine und Hühnerknochen ergänzen das Fundmaterial. In dem in Grab 6 von Poysdorf Bestatteten können wir einen jener Männer fassen, die uns in den schriftlichen Quellen und Überlieferungen als herumziehende Feinschmiede und Schmiedehandwerker entgegentreten, überall willkommen, und die als Waffenträger auch freie Männer waren. Die Zugehörigkeit zu einer bestimmten Gens ist nicht zu klären. Jedenfalls hat der Mann aus Grab 6 nach damals üblichem langobardischen Ge-schmack gearbeitet, wie uns die beiden Fibelmodelle lehren, und wurde auch nach gängigem Ritus bestattet. Von derartigen Schmiedegräbern sind aus der späten Völkerwanderungszeit ei-nige bekannt. Das topographisch zu Poysdorf nächste stammt aus Brno (vgl. Nr. 69).   *H. A.*

Datierung: 1. Hälfte 6. Jh.
Verbleib: Wien, Naturhistorisches
Museum, Prähistorische Abteilung
Literatur: s. Nr. 74 sowie
J. Driehaus, 1972.

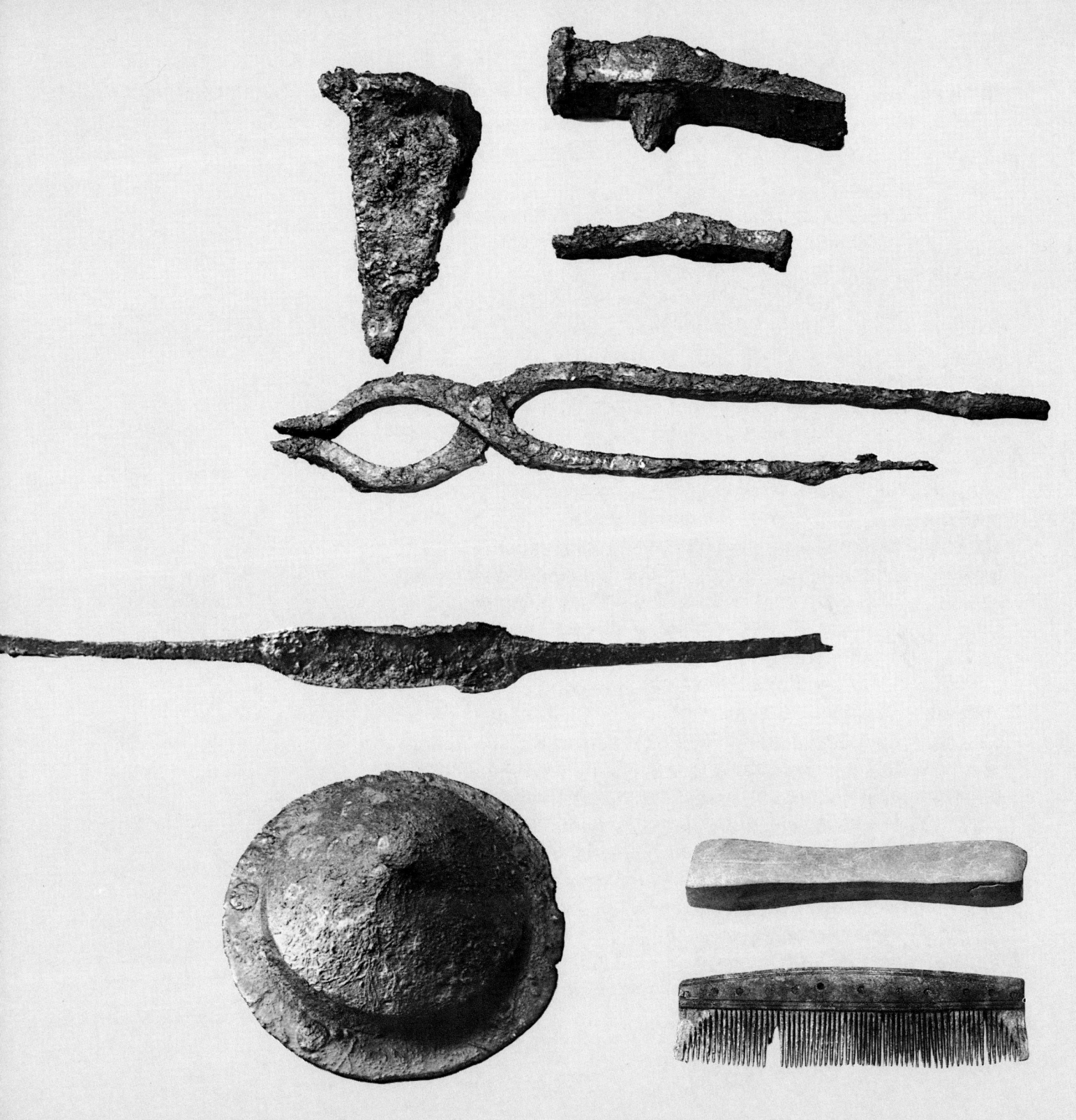

Schloß, Federzange, Gußmodelle

Das eng beieinanderliegende Schmiedewerkzeug im Grab des Poysdorfer Schmiedes neben dem rechten Bein des Toten deutet darauf hin, daß das Handwerkszeug dem Toten in seiner Werkzeugkiste mit in das Grab gegeben worden ist. Auf eine solche, jetzt vergangene Werkzeugkiste deutet auch ein dem Grabinventar zugeschriebenes, 8,8 cm langes eisernes Vorhängeschloß hin (oben), das allerdings in den Aufzeichnungen des Ausgräbers keine Erwähnung findet. Das zylindrische Vorhängeschloß besitzt einen besonderen Verschlußteil, der sich durch Niederdrücken des Bügels selbsttätig schließt, aber nur durch einen Schlüssel wieder gelöst werden kann. Parallelen zu einem solchen Schloß liegen aus einem etwa zeitgleichen Grab aus Wörmlitz, Saalkreis, und aus einem ostpreußischen Fund von Laptau, Kr. Fischhausen, vor.

Zu den Seltenheiten im archäologischen Fundbestand gehört die unten abgebildete, 12 cm lange Federzange, eine sogenannte Feilkluppe. Die schmale, in der Länge gespaltene Eisenzwinge war in den Hohlraum eines kleinen Holzklotzes eingetrieben. Erhaltene Holzreste zeugen davon. Der aufgeschobene Bronzerahmen konnte verstellt werden, um die beiden Flügel der Federzange zusammenzupressen. In dieser Feilkluppe konnten z. B. Fibeln für die Feinbearbeitung nach dem Guß festgeklemmt werden, ohne daß diese durch die Eindrücke einer großen Zange Schaden nahmen.

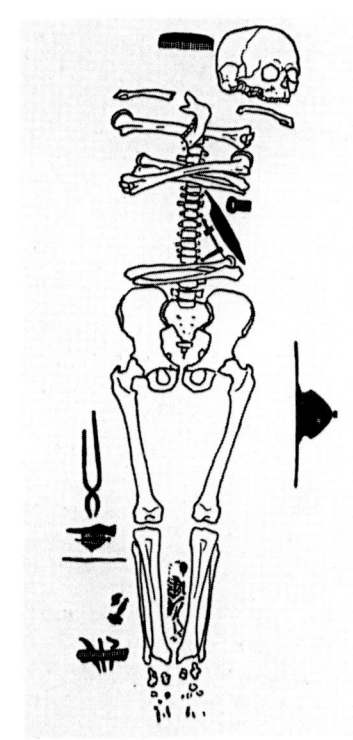

Abb.: Das Schmiedegrab von Poysdorf mit den Beigaben. N. E. Beninger

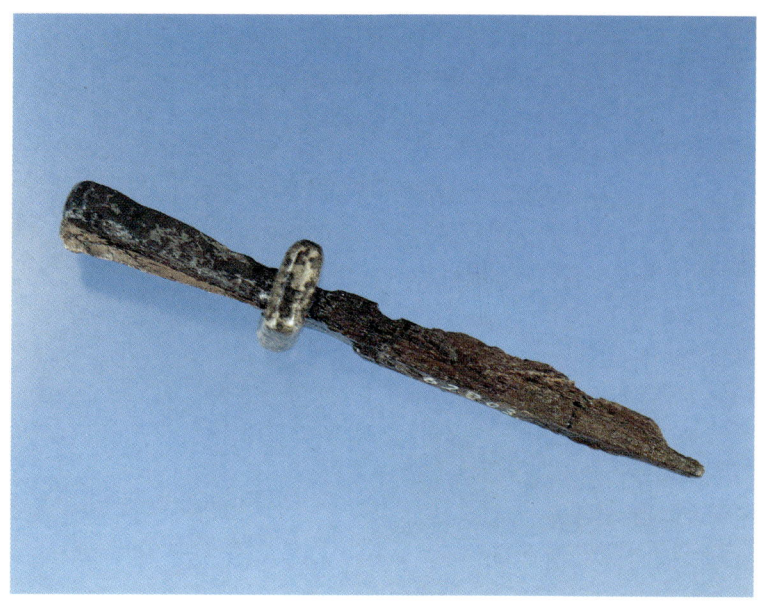

Im Werkzeugkoffer lagen auch zwei der seinerzeit gebräuchlichen Fibeln, eine Bügelfibel und eine S-Fibel. Da bei ihnen noch die Durchbohrungen für die Aufnahme der Spiralen und auch diese selbst fehlen, könnten sie vielleicht als Rohlinge angesprochen werden. Auf Halbfabrikate deutet auch hin, daß die Ausarbeitung der mit Kerbschnittverzierung versehenen Schauseite recht grob und von minderer Qualität ist. Allgemein ist man jedoch der Überzeugung, daß es sich bei den Fibeln um Modelle für Gußformen handelt. Zur Herstellung der Gußformen drückte man das Fibelmodell in eine mit sandigem Lehm gefüllte Kastenform. Nach Auftragen einer Trennschicht wurde die zweite Hälfte der Kastenform mit Lehm aufgefüllt, so daß das Modell vollends eingeschlossen war. Nach dem Auseinandernehmen der beiden Hälften, der Herausnahme des Modells und nach Zusammenfügen der zwei hart gebrannten Schalen, konnte die so entstandene Form mit flüssigem Buntmetall oder Silber ausgegossen werden. Anschließend wurde das fertige Gußstück z. B. in einer Feilkluppe überarbeitet.

Die im Grab entdeckten Werkzeuge und Fibelmodelle deuten darauf hin, daß der langobardische Schmied Silber- und Buntmetallguß mit anschließender Feinbearbeitung der Produkte durchgeführt hat. Auf einen Goldschmied, wie er in der älteren Literatur gerne angenommen wurde, deutet allerdings nichts hin. Die in langobardischen Gräbern vorkommenden Goldobjekte sind anscheinend sämtlich Importe. *R. A.*

Datierung: 1. Hälfte 6. Jh.
Verbleib: Wien, Naturhistorisches
Museum, Prähistorische Abteilung
Literatur: s. Nr. 75 sowie
J. Driehaus, 1972.
M. Ebert (Hrsg.), 1927, Bd. 9, S. 313,
Taf. 238 d, e.
F. Moosleitner, 1988, S. 210 f.,
Abb. 135–139; 394 f.
H. Ohlhaver, 1939, S. 67, 123 f.;
Taf. 13,1.
K. Ziegel, 1939, Taf. XIV, Abb. 2.

Sechsteiliger Spangenhelm aus Grab 24

1965 wurde bei Fundamentierungsarbeiten das Grab eines langobardischen Kriegers freigelegt, in dem außer einer eisernen Spatha noch ein Spangenhelm erhalten blieb. Von dem sechsteiligen Spangenhelm sind nur geringe Reste der Kalottenteile aus Eisen vorhanden. Es fehlen der Stirnreif, die Wangenklappen und der Nackenschutz. Auf den Spangen aus vergoldeter Bronze befinden sich verschiedene gepunzte Symbole mit christlicher Bedeutung, vor der Stirn und im Nacken je ein Kreuz, die den Schluß nahelegen, daß es sich bei dem Träger um einen Christen handelte. Nur sozial höchstrangige Personen, Fürsten oder militärische Führer, kommen als Besitzer eines solchen Prunkhelmes in Frage, der bei den germanischen Staaten die Funktion der spätrömischen Prunkhelme übernahm, die nicht so sehr die Aufgabe eines Schutzes als die eines Abzeichens erfüllten. Obwohl Bodenfunde nur einen Teil der ursprünglich vorhandenen Exemplare darstellen, bilden die Spangenhelme mit 27 Objekten die größte Helmgruppe des gesamten Mittelalters. Ihr Verbreitungsgebiet reicht von Gotland bis Libyen und umfaßt vor allem die Gebiete der Bündnispartner der Ostgoten. Aufgrund dieser Tatsache, ferner der pontisch-sarmatischen Herkunft dieses Helmtypus sowie der Abhängigkeit der Schmuckmotive von der ravennatischen Kunst nimmt man an, daß es sich bei den Spangenhelmen um diplomatische Geschenke des ostgotischen Hofes an die Nachbarn gehandelt hat. Die stilistische Analyse der über halb Europa verstreuten Helme zeigt, daß sie Arbeiten einer einzigen oberitalienischen Werkstatt sind, die in der Regierungszeit Theoderichs des Großen, also in der ersten Hälfte des 6. Jahrhunderts, produziert hat. *C. B.*

Datierung: 1. Hälfte 6. Jh. n. Chr.
Verbleib: Wien, Kunsthistorisches
Museum, Waffensammlung,
Inv. Nr. A 2348
Literatur: L. V. Borelli, 1970,
S. 211–212.
O. Gamber, 1982, S. 85–86.
D. Hejdova, 1967, S. 34–35.
G. Moßler, 1970, S. 207–210.
B. Thomas und O. Gamber, 1976.
B. Thomas, 1981, S. 85–86.

Weitmündiges Schalengefäß aus dem Grab eines Kriegers

Im Verlauf der Ausgrabungen in der Károlyi Mihily-utca kam im Jahre 1958 diese Schüssel zum Vorschein: dünnwandig, schwach gebrannt, nur an der Oberfläche geglättet und von graubrauner Farbe. Offensichtlich haben die Langobarden diese Form und Technik aus ihrer Heimat in der Elbgegend mitgebracht. Mit der Rácalmáser Schüssel (auf dem Schulterteil mit einem dreireihigen eingestempelten Musterstreifen, auf dem Bauch mit schrägen Kanneluren verziert) vergleichbare Gefäße sind – wenn auch ohne Stempelmuster – in Langobardengräbern der Budapester Straße Szépvölgyi út und in Pomáz zum Vorschein gekommen. Sie sind charakteristisch für die in der weiteren Umgebung von Budapest siedelnden Langobarden. Schräg kannelierte Schüsseln kommen auch in langobardischen Gräbern in Mähren und Böhmen vor. Dorthin gelangten sie aus dem Bereich der mittleren und unteren Elbe, wo sich die Einzelheiten ihrer Form und Verzierung in der Vahrendorf-Stufe des 4.– 5. Jahrhunderts ausbildeten. In Rácalmás war die Schüssel auf das Fußende des Sarges eines breitschultrigen, hochgewachsenen Kriegers gestellt. Sie war angefüllt mit Schweine- und Geflügelknochen, die auf die Reste einer reichlichen Fleischmahlzeit deuten. Im Sarg wurde neben den linken Arm des Kriegers sein 95 cm langes zweischneidiges Schwert gelegt. In einem hinten an seinem Gürtel befestigten Beutel trug er sein Messer und Feuerzeug. An das Kopfende des sich stufenartig verengenden Etagengrabes lehnten der auf den Sarg gelegte Schild mit Schildbuckel und Schildfessel.
Von dem Friedhof, der wahrscheinlich größer war und längere Zeit benutzt wurde, konnten nur 20 Gräber untersucht werden. Grab 15 kann man aufgrund des Gefäßes und des Ringschwertes als die früheste Bestattung betrachten.   *I. B.*

Datierung: zwischen 510 und 550
Verbleib: Székesfehérvár, István
Király Muzeum
Literatur: I. Bóna, 1971, S. 6–20, 49,
Abb. 10.
Ders., 1976, S. 123, Taf. 69.
Zur Vahrendorf-Stufe:
G. Körner, 1938.

Tongefäß

Das Gefäß wurde zufällig gefunden, und man schenkte es im Jahre 1949 dem Xántus János Muzeum, Győr. Es stammt vermutlich aus einem gestörten Grab. Das schalenförmige Gefäß mit breiter Öffnung ist handgemacht, aus gut geschlämmtem Ton gefertigt, hellrosa gebrannt (unten mit grauen Flecken). Am Umbruch finden sich breite Schrägriefen. Der etwas einschwingende obere Teil trägt unregelmäßige geometrische Ritzzier, bestehend aus eierstabartigen Halbovalen, Tannenzweig- oder Fischgrätmustern, eingestempelten Kreisen und mit Keilstichen ausgefüllten Rhomboiden. Das Zierfeld ist unten mit einer einfachen, oben mit einer doppelt umlaufenden Linie abgegrenzt. Form, Herstellungsart und Muster erinnern sehr an elbgermanische Vorbilder. *P. T.*

Datierung: 1. Hälfte 6. Jh.
Verbleib: Győr, Xántus János Muzeum
Literatur: I. Bóna, 1956, S. 194, 202; Taf. XLII,3; Abb. 15.

Rippengefäß aus dem Grab einer reichen Frau

Im ersten ungestörten Grab (Nr. 29) des 91 Gräber zählenden Friedhofs fand man die Überreste einer 20–30 Jahre alten Frau, die in einem 285 cm eingetieften Baumsarg ruhte. Außer der pannonisch-langobardischen Frauentracht besaß die Tote noch anderes Zubehör: eine Haarnadel und eine Perlenhalskette; ein Rosettenfibelpaar, welches das Oberkleid am Hals und an der Brust schmückt und zusammenhält; große farbige Perlen, die den Beutel zieren, eine Gürtelschnalle, sowie das zwischen den Schenkeln gefundene – ursprünglich auf dem Rock befestigt getragene – silberne Bügelfibelpaar vom „Typ Sveteč-Lucca", von dem dereinst zwei verschiedene Gehängegarnituren herabhingen; ferner einen auf den Sarg gelegten einseitigen Kamm mit Futteral und ein Gefäß.

Ein Keilstichornament schmückt den Hals und die Felder zwischen den acht Rippen des Gefäßes, die Zwischenfelder sind mit senkrecht eingeritzten Linien umrahmt. Es ist handgefertigt mit geglätteter Oberfläche und von brauner Farbe. Diese Rippenschalen sind selten in Pannonien (Vörs, Grab 5, und Várpalota, Grab 5); auch im einstigen Rugiland bilden sie nur am Unterlauf der Thaya (Lužice, Neuruppersdorf, Hauskirchen) eine Gruppe. Mit einer noch kleineren Gruppe im Böhmischen Becken (Záluži, Ruodnice) gelangen wir zurück in das Ursprungsland der Form sowie der Verzierungsart von Rippen und Keilstich, in den Unterelberaum, in den Kreis der Rippen- und Buckelgefäße der spätlangobardischen Vahrendorf-Stufe (vom Ende des 4. bis zum Ende des 5. Jahrhunderts). Das mit Motiven des I. Tierstils geschmückte Bügelfibelpaar datiert die Bestattung. *I. B.*

Datierung: zwischen 536 und 568
Verbleib: Budapest, Magyar Nemzeti Múzeum (Nationalmuseum)
Literatur: I. Bóna, 1970/71, Abb. 14 (Grabplan).
Ders., 1974, Taf. VII (Auswahl aus den Funden des Grabs).
Ders., 1976, S. 122, Taf. 66 (das Gefäß).

Funde aus einem Frauengrab (Grab 23)

In der 240 cm tiefen Grabgrube ruhte in einem schön geschnitzten und schmalwandigen Baumsarg, der offensichtlich ursprünglich für einen großen Mann ausgemessen worden war, eine kleinwüchsige (155 cm große) Frau. Nicht eine einzige ihrer Beigaben ist langobardischer Herkunft. Schon die beiden Gefäße, die über das Kopfende des Sarges gestellt wurden, sind fremd. Sie haben eine rauhe Oberfläche, sind aus körnigem Ton und auf der Drehscheibe hergestellt. Die kleine „Etagen"-tasse ist thüringischen Typs, und auch die größere doppelkonische Schüssel spricht nicht dagegen. Thüringischen Typs sind auch die zwei aus Silber gefertigten, schwach vergoldeten S-Fibeln; das in der Beckengegend gefundene kleine Bügelfibelpaar aus Silber gehört dem Typ nach zu den „Thüringischen Zangenkopffibeln".
Nach Pannonien gelangten selten Fibeln thüringischen Typs (so ein kleines Exemplar von einem anderen Typ in Várpalota und die Varianten aus Mohács, die größer sind als der vorliegende Typ); desto häufiger sind sie in Rugiland, auch Mähren mit eingerechnet, und im Böhmischen Becken. Da auch noch die Perlen der Tamáser Frau fremd in Pannonien sind, kann in diesem seltenen Fall wahrscheinlich gemacht werden, daß im Grab eine thüringische Frau ruht, die sich den Langobarden angeschlossen hatte. Ihr Schmuck zeugt von längerem Gebrauch.   *I. B.*

Datierung: zwischen 536 und 550
Verbleib: Szekszárd,
Wosinsky-Museum
Literatur: unveröffentlicht, die Gefäße
und die eine Bügelfibel bildet
I. Bóna, 1980, S. 396,
Taf. I.2, II.1—2, ab.

Beutelgefäß mit Stempelverzierung

Das Gefäß kam in einem ungestörten, in 240 cm Tiefe befindlichen Baumsarg (Grab 43) eines 13 Jahre alten Mädchens zum Vorschein. Die Tracht des reichen Mädchens: bronzene Haarnadel, S-Fibeln, Perlenhalskette etc. stimmt mit derjenigen freier Frauen überein, abgesehen von den fehlenden Bügelfibeln. Auch kam unter ihren Beigaben das in Pannonien seltene Urnenharz zum Vorschein. Auf ihren Sarg wurde ein größeres Gefäß gestellt. In Ungarn waren bis zum Jahre 1958 insgesamt vier langobardische Stempelgefäße bekannt, darunter eines mit Ausgußtülle. Heute sind aus dem langobardischen Pannonien, das sich bis zur Save erstreckt, bereits etwa 30 Exemplare bekannt. Alle sind auf der fußgetriebenen Drehscheibe hergestellt, aus feinem Ton, gutgebrannt und von hellgrauer bis fast schwarzer Farbe. Das hier vorgestellte Exemplar (am Hals mit senkrechter Einglättung, am Körper mit zweierlei Stempelmuster verziert, dunkelgrau) gehört mit 11,9 cm unter die mittleren Größen. Mit Ausnahme eines Paares, das in Gyönk in einem Grab gefunden wurde, unterscheiden sie sich alle nach Material, Farbe und Größe; auch die Stempelmuster sind unterschiedlich. Sie sind damit Erzeugnisse verschiedener Töpfer. Der überwiegende Teil der Beutelgefäße mit Stempelmuster wurde in jenem Teil Pannoniens gefunden, der südöstlich des Plattensees liegt; im nordwestlichen Pannonien sind sie ebenso selten wie in Rugiland. Schwerpunkt und Häufigkeit ihrer Verbreitung (in den kleinen Friedhöfen Südostpannoniens kommen nicht selten drei bis vier Exemplare vor) bindet sie an die gepidischen Töpfereien Syrmiens und des Theißgebietes; im Kreis der Gepiden ist die Stempelkeramik noch häufiger und variantenreicher. *I. B.*

Datierung: zwischen 548 und 568
Verbleib: Budapest, Magyar Nemzeti Múzeum (Nationalmuseum)
Literatur: I. Bóna, 1974, S. 241, Taf. III, 1.

Goldene Adlerfibel aus Frauengrab 17

Die insgesamt 3,6 cm lange Goldfibel wird von einer in Zellen gefaßten roten Steineinlage geschmückt; die gepunzten Goldfolienplättchen (an der Unterseite der Zellen) beleben den Glanz der Steine. Außer der im Leben meist paarweise getragenen Fibel erwähnt die Grabbeschreibung von 1885 nur noch 18 Glasperlen. Heute ist erkennbar, daß es sich um ein ausgeplündertes Grab handelt, in dem die Räuber zufällig – zum Glück ist dieser Zufall gar nicht so selten – den kleinen Goldschmuck übersahen. Die Grabschändung und -plünderung konnten die Amateurarchäologen des letzten Jahrhunderts noch nicht wahrnehmen, da es für sie unvorstellbar war, daß die Gräber der Völkerwanderungszeit systematisch noch während dieser Zeitphase beraubt wurden. In Bezenye z. B. waren von den im Jahre 1964 untersuchten letzten elf Gräbern des Friedhofs (Gräber Nr. 68–78) neun verwüstet und ausgeraubt.

Die zellengeschmückte, aus dickem Goldblech gefertigte Fibel ist ein Unikum unter den pannonisch-langobardischen Funden; unser Exemplar hat keine unmittelbaren Vergleichsstücke unter den merowingischen Vogelfibeln, die auch bis zu den pannonischen Langobarden gelangten, auch nicht unter ihren cloissonierten Varianten. Ähnliche Adlerfibeln kommen jedoch im 5. Jahrhundert bei den Gepiden und im Italien der Odoakerzeit vor; auch die von Bezenye ist mit dem Zellenstil von Domagnano-Apahida verknüpft. Sie ist ein lange Zeit gebrauchtes, auf der Rückseite mit einer Goldplatte ausgebessertes Schmuckstück, welches zur Zeit der Eroberung Pannoniens von der schon hier lebenden Bevölkerung zu seiner neuen, langobardischen Besitzerin gelangt sein mag.

I. B.

Datierung: Die Fibel wurde zwischen 480 und 500 hergestellt und gelangte nach 510 in das Grab
Verbleib: Mosonmagyaróvár, Hanságy-Museum
Literatur: Á. Sőtér, 1893, S. 215–217.
I. Bóna, 1956, S. 192, Taf. 43, 12.
Ders., 1976, S. 121, Taf. 44.

Schmuck aus einem Frauengrab

Die 50–60 Jahre alte große Frau gehörte nicht zu den Reichen, obwohl sie 260 cm tief in einem Baumsarg (Grab 85) ruhte. Ihr durchschnittlicher Silberschmuck, so scheint es, war nicht der auf den Raub zu verwendenden Mühe wert. In der Tat ist ihr ganzer Besitz einfach: der auf ihrem Sarg niedergelegte Kamm, das auf der Scheibe gedrehte Töpfchen mit eingeglätteter Verzierung oder innerhalb des Sarges die aus 43 Glasperlen bestehende Halskette, das Messer, die Spinnwirtel, die eisernen Gürtel- und Schuhschnallen. Die am Hals und auf der Brustmitte getragenen S-Fibeln (längsgerippt, mit fünf lila Glassteinen geschmückt, schwach vergoldet) sind der häufigste pannonisch-langobardische Schmuck. Allein das zwischen den Schenkeln aufgefundene Bügelfibelpaar verdient Aufmerksamkeit. Diese Fibeln sind aus Silber gegossen, mit halbkreisförmigen spiralverzierten Kopfplatten, die mit fünf Knöpfen geschmückt sind, und mit rhombischen Fußplatten versehen; die letzteren enden in Eberköpfen. Die Fibeln sind keine langobardischen Typen oder Erzeugnisse; sie übten auch später keinen Einfluß auf die pannonisch-langobardische Goldschmiedekunst aus. Ein werkstattgleiches Stück ist aus Oberwerschen (Bezirk Halle) bekannt. Die alte Frau von Szentendre mag sie in jugendlichem Alter zur Zeit der Wanderung der Langobarden nach Süden erhalten haben, zusammen mit dem von den Fibeln herabhängenden abgeschabten Chalzedonanhänger. Der Schmuck ist abgenutzt, unvollständig und folgte seiner Besitzerin nach langem Gebrauch ins Grab.   *I. B.*

Datierung: zwischen 510 und 550
Verbleib: Budapest, Magyar Nemzeti
Múzeum (Nationalmuseum)
Literatur: unveröffentlicht. Zu seiner
Parallele: B. Schmidt, 1961, Taf. 77.

Funde aus dem Grab einer reichen Frau

Der im Jahre 1933 von einem anerkannten Amateurarchäologen erschlossene Friedhofsrest ist im Kreis der Fachleute gut bekannt. Er ist berühmt, weil schon vor seiner Veröffentlichung zahlreiche ungarische und deutsche Forscher ethnische, chronologische und historische Theorien auf ihm aufbauten (Várpalota-Kultur usw.). Weniger bekannt sind jedoch die Ergebnisse der späteren Ausgrabungen (1952 und 1963) sowie die Tatsache, daß im Jahre 1963 die ursprüngliche Dokumentation zum Vorschein kam, aufgrund derer der nachträglich gefertigte Gräberfeldplan größerer Korrekturen bedarf. Es stellte sich heraus, daß in Várpalota insgesamt 25 sehr tief eingegrabene langobardische Gräber aus den Jahrzehnten vor 568 untersucht wurden, und daß sich über den – nicht mehr sichtbaren – Friedhof später (auch stratigraphisch!) die randlichen Bereiche eines um 590 bis 600 angelegten, aus flachen Gräbern bestehenden awarischen Friedhofs erstreckten. Eine Besonderheit des langobardischen Friedhofs von Várpalota ist, daß die Gräber nicht ausgeraubt sind, was – mit Ausnahme einiger Familiengräberfelder – auch heute einzigartig in Pannonien ist. Eine wahrscheinliche Erklärung dafür kann sein, daß die hiesigen Langobarden den Friedhof und die Siedlung schon vor dem Exodus von 568 unerwartet verlassen mußten.

Im Grab 5 ruhte in einer für die Langobarden charakteristischen großen Grube (280×125 cm) in mittlerer Tiefe (200 cm) eine 170 cm große nordische Frau, aller Wahrscheinlichkeit nach in

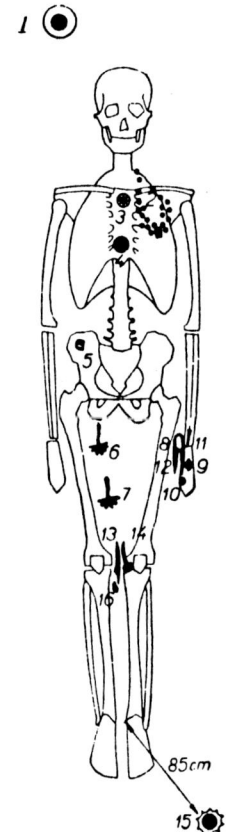

einem Sarg. Der Grabritus und ihre Tracht sind typisch langobardisch, während alles, was sie als Schmuck trug, es dagegen nicht ist. Ihren Hals schmückte eine Halskette aus großen farbigen Perlen, wie sie für die pannonischen prälangobardischen germanischen Frauen kennzeichnend sind. Zwischen den Perlen befand sich auch die Öse eines verlorengegangenen Goldbrakteaten. Am Hals und auf der Brustmitte kam ein fränkisch-alamannisches, mit roten Glaseinlagen verziertes Rosettenfibelpaar zum Vorschein, im unteren Teil der Zellen glitzern gitterartig gerasterte Silberbleche. Die Schmuckstücke sind funkelnagelneu und offensichtlich pannonische Erwerbungen. Den Gürtel verschloß eine Bronzeschnalle; der zu ihrer linken Hand gelegte Beutel barg Schere, Nadel, Spindel, Schleifglas und römische Münzen. Die beiden Bügelfibeln fanden auf langobardische Art zwischen den Knien Platz. Aber auch sie sind keine heimischen Erzeugnisse.

Was in dem Grab wirklich langobardisch ist, ist der am Kopfende des Sargs aufgestellte Topf (doppelkonisch und handgeformt), an seiner Oberfläche mit Keilstichverzierung in X-förmigen Feldern geschmückt. Die Verzierungsart ist ebenso charakteristisch für die Elbgegend wie die Topfform, welche mit den Langobarden nach Rugiland gelangte (Aspersdorf); ihr Weg kann durch das Böhmische Becken (Záluži, Klučov, Prag-Podbaba) verfolgt werden. Das am Fußende des Sargs aufgestellte Rippengefäß ist ebenfalls charakteristisch langobardisch, wie jenes im Zusammenhang mit Grab 29 von Szentendre erwähnte.

Das stark abgenutzte Bügelfibelpaar ist ebenfalls ein mitteleuropäischer Typ der Merowingerzeit; es gibt keine andere Fibelart, welche so eindeutig den verhältnismäßig schnellen Zug der Langobarden markieren könnte: von Dresden-Nickern über Záluži/Böhmen, Várpalota, Udine nach Belluno. *I. B.*

Datierung: zwischen 536 und 550–560
Verbleib: Veszprém, Bakony-Museum
Literatur: I. Bóna, 1956, S. 187, 201–207, Abb. 4, Taf. 27 und Taf. 41, 1–2.
P. Németh, 1969, S. 217–218, Taf. 20, 11 und 13, Taf. 21, 4, 8–12.

Goldene Brakteaten aus dem Grab 21
in der Unio-Sandgrube

Die in 170 cm Tiefe in einem Grab (Nr. 21) von großen Ausmaßen ruhende Frau war, abgesehen von den Brakteaten, nicht reich ausgestattet; sie trug eine einfache Halskette aus 27 Glasperlen, besaß nur eine eiserne Gürtelschnalle und einen Spinnwirtel. Um so aufregender sind die an der Halskette getragenen vier Brakteaten, welche in ihrer Art bis heute ohne Gegenstücke blieben. Das Hauptstück (Durchmesser: 2 cm) zeigt (auf einem bequemen Thron, der an einen Schaukelstuhl erinnert, sitzend) den sich nach rechts wendenden Odin/Wotan mit seinem Begleiter, dem Vogel, hinter seinem Kopf. Vor und hinter seinem Thron sehen wir seine Feinde, ein Meeresungeheuer und den Wolf. Alle diese Tiere werden zum größten Teil nur durch Kopf und Hals angedeutet. Wotan ist noch bartlos, der stabartige Fortsatz in seinem Mund symbolisiert vermutlich seinen Atem. Die Oberfläche der anderen drei Brakteaten, die um 1 mm kleiner sind und aus Gold von geringerer Qualität gefertigt wurden, füllt eine Tierfigur mit bandartig zerlegtem Körper aus, ein geschnäbeltes vogelköpfiges Wesen mit Schlangenkörper. Die Brakteaten sind zweifellos „nordisch", der erstere ist vom sogenannten B-Typ, die letzteren vom Typ D. Genaue Parallelen zu ihnen kennt man bislang nicht.

Die Brakteaten von Várpalota sind Beweise des Wotankults der pannonischen Langobarden und nicht einmal einzigartig auf dem Friedhof; auch die Frau aus Grab 5 trug einen Brakteaten. In Pannonien waren außer diesen Brakteaten nur brakteatartige Goldgehänge mit geometrischer Verzierung bekannt (Schwechat), in Rugiland jedoch kommen wirkliche Brakteaten vor, Wotans heiliger Hirsch (Poysdorf) und eine Tierfigur mit Bandkörper (Šaratice).

                                             I. B.

Datierung: zwischen 536 und 550
Verbleib: Veszprém, Bakony-Museum
Literatur: I. Bóna, 1956, S. 190,
212–213, Taf. 33,6–9,
Abb. 18 und 20.
Ders., 1976, S. 64, 95, 124, Abb. 25,
Taf. 80.
K. Hauck, 1976, S. 583, Taf. 63 a.

Schmuck aus einem Frauengrab

Aus dem Friedhof, der seit dem Jahre 1884 durch Sandabbau vernichtet wurde, gelang es, noch 67 Gräber zu untersuchen; dies war der am frühesten entdeckte pannonisch-langobardische Friedhof. Unter den Beigaben der Frau aus Grab 8, die in einem damals als ungewohnt tief geltenden Grab (230 cm) ruhte, wurde nur die Lage des Bügelfibelpaares beschrieben: Sie lagen untereinander von den Knien abwärts zwischen den Unterschenkeln in einer Reihe; unter ihnen und um sie herum bemerkte man einen breiten, schwarzen Lederrest. Die übrigen Funde des Grabes: eine Halskette aus 66 bunten Glasperlen – darunter vielfarbige „millefiori"-Prismen –, ein Scheibenfibelpaar aus vergoldetem Silber, mit stark lückenhafter roter und grüner Glaseinlage sowie drei bis vier große und vielfarbige Perlen als Schmuck für den Beutel, der am Gürtel hing.

Die Scheibenfibeln in Form von Blütenblättern sind ein eigentümlicher Schmuck der Grenzgegend Südwest-Pannonien/Noricum/Italien, wo es zellengeschmückte oder gegossene Varianten gibt. Dieses bis heute einzige Paar könte nach der langobardischen Besetzung (547/48) des oben genannten Bereiches nach Nordpannonien gelangt sein. Der wohl bekannteste Fund des Grabes ist ein achtknöpfiges Bügelfibelpaar, geschmückt mit doppeltem Knopfkranz, herausragende Stücke der charakteristischen pannonisch-langobardischen Fibeln mit ovaler Fußplatte. Sie waren aus Silber gegossen, ihre vergoldete Oberfläche ist abgenutzt, und von den Schmuckknöpfen fehlen mehrere. Die ganze Oberfläche ist mit symmetrischen Ornamenten des I. Tierstils verziert. Auf die Rückseiten beider Fibeln ist eine Runeninschrift eingeritzt, jede beginnt mit einem Frauennamen: Arsipoda und Godahi(l)d.

I. B.

Datierung: zwischen 550 und 568
Verbleib: Mosonmagyaróvár,
Hansági-Museum
Literatur: Á. Sőtér, 1893,
S. 211–216.
I. Bóna, 1956, S. 102, 210, Taf. 44
und Taf. 56,4.
W. Krause, H. Jankuhn, 1965,
S. 308–310, Taf. 70.
H. Roth, 1973, S. 21, Taf. 3,2.
G. Haseloff, 1981, Bd. II, S. 685–689,
Abb. 497–502.

Fibeln aus dem Grab einer wohlhabenden Frau

Das große Grab (Nr. 2), mehr als 3 m tief und am äußersten Rand des Friedhofs gefunden, den man im Jahre 1965 zu untersuchen begann, ist das einzige bedeutende, nicht ausgeraubte Frauengrab; zur Zeit des Exodus im Jahre 568 war es vermutlich gerade angelegt worden. Die dicke Silberguß-Paragraphenfibel mit roter Steineinlage und mit vergoldeten Motiven des I. Tierstils ist einzigartig in Pannonien (nur in Vörs gibt es Verwandtes); ein werkstattgleiches Stück ist aus dem italienischen Cividale bekannt (St.-Giovanni-Friedhof). Auch die auf der Brust gefundene Rosettenfibel, mit zwölf Blütenkelchen und filigrangeschmückt, ist unter vergleichbaren pannonischen Schmuckstücken die jüngste. Das zwischen den Schenkel untereinander getragene, gegossene silberne Bügelfibelpaar ist in seiner Verzierung und seiner Vergoldung herausragend. Die halbkreisförmige Kopfplatte schmücken sieben Eberköpfe, die auf einem dazwischenliegenden halbkreisbogenförmigem Plattenglied montiert sind; ähnliche sind in Pannonien nur aus Tamási und Vörs bekannt. Die ganze Oberfläche der Fibeln wird symmetrisch von der klassischen Ornamentik des I. Tierstils bedeckt; auch dazu gibt es in Italien, im Grab K des Friedhofs von Castel Trosino, ein identisches Gegenstück; letzteres wurde offensichtlich noch in einer pannonischen Werkstatt hergestellt. Der vollkommen entwickelte I. Stil ist jedoch keineswegs selten auf pannonischen Fibeln; ähnliche Fibeln (kleiner als die aus Kajdacs) sind auch aus Gyönk und Tamási bekannt.
Das bei der Bestattung gefundene, 45,7 cm lange, eiserne Webeschwert ist in Pannonien eine charakteristische Beigabe der reichsten langobardischen Frauengräber; weitere Fundstücke: bronzene Haarnadel, Perlen, Spinnwirtel. Die Fibeln sind unversehrt, kaum verschlissen; ihre Besitzerin trug sie nur kurze Zeit.

I. B.

Datierung: zwischen 560 und 568
Verbleib: Szekszárd,
Wosinsky-Museum
Literatur: Der komplette Grabfund ist noch unveröffentlicht. Angaben und gute Fotografien der Fibeln:
I. Bóna, 1976, S. 121—122,
Taf. 47, 51, 54—55, 61.
Germanen, Hunnen und Awaren, 1987, Katalog, Teil XIV, 75 a—c,
Taf. 93—94.
G. Haseloff, 1981, Bd. II, S. 677—681, Abb. 487—491.

Langobardische Lanzenspitze aus der Zeit der pannonischen Eroberung

In dem räumlich mittleren Abschnitt des Friedhofs, den man im Jahre 1961 auszugraben begann, war die erste ungestörte Bestattung das 230 cm tiefe Grab 14, in welchem in einem Baumsarg ein 176 cm großer, breitschultriger, etwa 50 Jahre alter Mann ruhte. Ganz sicher ließen die gut informierten Grabräuber ihn wegen seiner puritanischen Ausrüstung in Ruhe: das in den Sarg gelegte schmalklingige, zweischneidige Schwert aus schlechtem Material, das in einem Beutel getragene Messer und die außerhalb des Sarges niedergelegte Lanze. Völlig verwüsteten sie jedoch die adligen „Gründergräber" und in deren Nähe auch das Grab eines jungen Kriegers (Grab 15), über dessen Baumsarg nach langobardischer Sitte auf vier Pfählen eine Bedachung in der Art eines Totenhauses errichtet worden war. Der Zerstörung entging außer dem Totenhaus nur die eiserne Spitze der Lanze (Abb.), die von oben in das Fußende des Grabes gestoßen worden war, und ein handgefertigter kleiner Topf.

Die ursprüngliche Länge der Lanzen konnte man in beiden Gräbern messen, sie betrug einheitlich 225 cm. Lanzenspitzen mit weidenblattförmigem Blatt und Mittelrippe (Länge 34 cm) kommen südlich der Donau kaum mehr vor; außer den hier gezeigten kam nur in Vörs, in Újbarok und in Maria Ponsee je ein Exemplar zum Vorschein. Auch in Rugiland (der Streifen Niederösterreichs oberhalb der Donau, Südmähren) und in Böhmen sind sie selten, da hier von Waffen die Rede ist, die im 4.– 5. Jahrhundert aus der Mode kamen und sich im 6. Jahrhundert nur noch gelegentlich finden. Der doppelkonische kleine Topf aus Grab 15 weist zusammen mit seinem größeren Vergleichsstück aus Grab 5 von Várpalota ebenfalls zurück in die Elbgegend.   *I. B.*

Datierung: zwischen 510 und 535
Verbleib: Budapest, Magyar Nemzeti
Múzeum (Nationalmuseum)
Literatur: der Friedhof ist
unveröffentlicht. Eine kurze
Charakteristik mit Fotografien
der hier vorgestellten Lanzenspitze:
I. Bóna, 1986, S. 281–282,
Taf. 36,2–3.

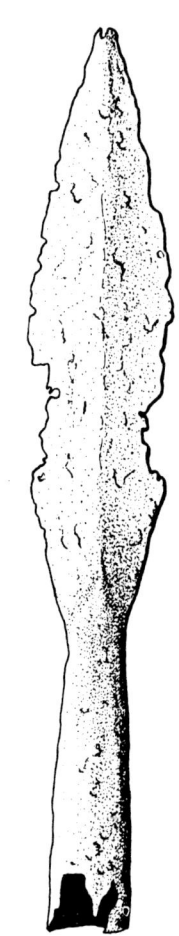

Funde aus einem Männergrab

Beim Schotterabbau stieß man im Jahre 1961 auf diesen Friedhof, dessen 80×80 m großes Areal in den folgenden zwei Jahren
vollständig erforscht werden konnte. In Zweiergruppen bzw. vereinzelt kamen insgesamt sieben Gräber zum Vorschein. Der
Friedhof wurde, nach seinen Ausmaßen zu schließen, planmäßig
angelegt, aber bereits nach einigen Jahren der Belegung wieder
aufgelassen. In den Gräbern finden sich Krieger, eine Frau und
ein Kind. Die Gräber wurden von den Davonziehenden ausgeplündert.
Das zuerst entdeckte Grab (Nr. 1) enthielt eine jener in der pannonischen Periode allgemein üblichen Lanzenspitzen mit weidenblattförmigem Blatt und eine handgeformte Schüssel von graubrauner Farbe, geglätteter Oberfläche und eiförmiger Öffnung.
Die Verzierung besteht aus einer Reihe von Keilstichen und senkrecht eingeritzten Linien, deren Zwischenräume sich ein wenig
wölben. Das Gefäß gehört der Form nach zu den Töpfen der Elbgegend im 4.– 5. Jahrhundert, ebenso seine Verzierung, die den
Rippengefäßen verwandt ist. Ein genaues Pendant gibt es nicht,
da sie alle individuell geschaffen wurden. Eine in Baumgarten
(Niederösterreich) gefundene Schüssel aus dem Siedlungsbe-
reich der Rugiländer Langobarden am Nordufer der Donau steht
ihr nahe.   *I. B.*

Datierung: nach 546
Verbleib: Veszprém, Bakony-Museum
Literatur: unveröffentlicht. Über das
Grab und die Lanzenspitze:
P. Németh, 1961,
S. 112, Taf. 21,17.

Funde aus dem Grab eines Kriegers (Grab 25)

Es war ein 20–25 Jahre alter Mann von riesiger Statur, der, entsprechend seinem großen Wuchs, in einem sehr langen und breiten Etagengrab 2 m tief begraben wurde. Ganz sicher ruhte er in einem Sarg, auf dessen Spuren achtete man jedoch im Jahre 1933 noch nicht. Der Krieger ist ein Vertreter der vollständig bewaffneten pannonischen *arimanni* ("Heermänner"). Das Grab enthielt eine zweischneidige Spatha mit damaszierter Klinge, getragen in einer Holzscheide und war von der linken Schulter bis neben die linke Hand gelegt; ein Schild, dessen Griffteil an der linken Seite des Sarges gefunden wurde und auf dem vorne der Schildbuckel Platz fand, in der Mitte versehen mit fünf versilberten Eisennieten (groß und rundköpfig); eine Lanze, die auf der rechten Seite des Sarges mit der Spitze in Richtung der Füße plaziert war. Im übrigen ist es ein puritanisches Begräbnis, an der Taille trug er das Feuerzeug in einem Beutel an einem Gürtel, der mit einer Eisenschnalle verschlossen war; auf das Fußende des Sarges wurden ursprünglich in einem großen Gefäß Speisen gestellt; das Gefäß ist jedoch während der Beisetzung umgekippt und die Totenspeise ausgeschüttet worden, die aus Ei, Geflügel, Schweine- und Rindfleisch bestand.

Der gewölbte Schildbuckel, der mit versilberten Knöpfen verziert ist, zählt auch heute noch zu den Seltenheiten in Pannonien; insgesamt sind 4–5 Exemplare bekannt. Wahrscheinlich wurde er in einer merowingischen Waffenschmiede gefertigt, zusammen mit dem in Pannonien ebenfalls seltenen Schwert von guter Qualität.

I. B.

Datierung: zwischen 536 und 550/560
Verbleib: Veszprém, Bakony-Museum
Literatur: I. Bóna, 1956, S. 190, 200–206, Abb. 12, Taf. 39, 1–2, 4 (die Nr. 3 ist falsch!), Taf. 41,7 und Taf. 44,2 (die Lanzenspitze des Grabes)

Funde aus dem Grab eines Kriegers von Rang

In der Sandgrube von Cscikólegelő lag in einem 3 m tiefen Etagengrab (Grab 42), in einem sorgfältig verzapften, vom Kopf in Richtung Füße sich verengendem Brettersarg (Länge: 193 cm, Breite: 40–27 cm), ein 180 cm großer, hagerer Mann. Im Sarg wurde auf dem Oberkörper eine Spatha angetroffen (mit bronzenem Griffknauf und damaszierter Klinge, die in einer Holzscheide mit Bronzebeschlag steckte). Auf dem Brustkorb lag ein Lederbeutel mit allen notwendigen Habseligkeiten (Messer, Wetzstein, Feuerzeuge, römische Münzen). Zwischen Beutel und Schwert wurden noch ein großes Messer und ein langer Dolch niedergelegt. Der Sarg wurde mit einem glatten Bretterdeckel zugedeckt, der ein ganzes Stück zu groß war. Darauf stand der handgefertigte Kumpf, und hier lag auch der Schild, dessen Buckel mit fünf versilberten, runden Eisennieten versehen war. An das Fußende des Bretterdeckels legte man den Kamm des Verstorbenen. In die rechte obere Ecke des Grabes wurde von oben her die Lanze gestoßen, deren Schaft länger als gewöhnlich war.

Unter den Beigaben, die die vollständige Ausrüstung eines pannonisch-langobardischen Kriegers darstellen, verdient der 20 cm lange einseitige Kamm Aufmerksamkeit. Er ist an den zwei Rändern des Oberteils mit geometrischen Vogelköpfen verziert. Derartige Kämme kommen in der pannonischen Donaugegend kaum vor (Hauskirchen, Jutas), während sie in Italien schon zu den häufigen Schmuckkämmen gehören. Der Kamm zeigt an, daß es sich um eine der spätesten Bestattungen des Friedhofs handeln muß.

I. B.

Datierung: zwischen 550 und 568
Verbleib: Szekszárd,
Wosinsky-Museum
Literatur: unveröffentlicht.
Den Grabplan zeigt I. Bóna, 1976,
S. 35, Abb. 5.
Das Foto des Grabes:
ders., 1978, S. 112, Abb. 3.

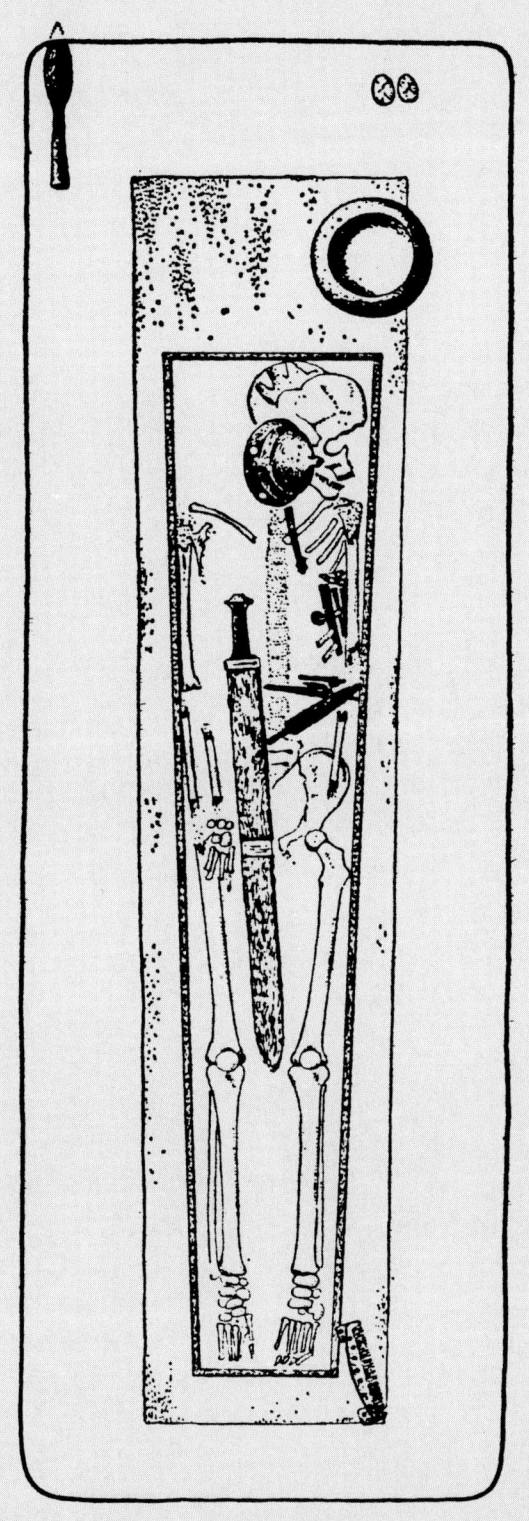

Kurze Beschreibung der germanischen Gräber

Im Abbaugebiet einer Kiesgrube, am westlichen Rand des ausgedehnten und mit zahlreichen Bestattungen belegten, awarischen Friedhofs kamen in den Jahren 1965 und 1967 drei germanische Gräber zum Vorschein (aus dem 6. Jahrhundert, in die Herrschaftszeit der Langobarden fallend), welche in der Reihenfolge ihres Auftauchens unter den übrigen (awarischen) Gräbern mit den Nummern 12, 13 und 14 versehen wurden. Grab 13 war teilweise beraubt.

R. P.

Abb. rechts: die Gefäßbeigaben aus Grab 13.

Kriegergrab 13

35 m von Grab 12 entfernt lag Grab 13 in westöstlicher Ausrichtung. Seine Länge betrug 390 cm, seine Breite 200 cm, die Tiefe 350 cm. Obwohl weitgehend zerstört, gelang die Beobachtung, daß die Art der Bestattung der des Grabes 12 ähnlich war. Der verstorbene vornehme (adlige) Krieger wurde in einer aus Holz gebauten, hausförmigen Grabkammer bestattet. Glücklicherweise ist noch an mehreren Stellen der Bretterboden erhalten geblieben, der die Diele der Kammer bildet. Neben der Südwand stellte man den großen grauen Tüllenkrug auf; und weiter zur Ecke hin standen zwei Tonnäpfe mit Netzmuster, dazwischen , mit der Öffnung nach unten, ein aus der Rheingegend stammendes, mit Girlanden bemaltes Trinkglas. Vor den Gefäßen fanden sich Knochen von Geflügel und einem kleinen Säugetier. Nicht viel weiter, schon neben der Südwand, stand völlig unversehrt ein mit gestanzten dreieckigen Bronzescheiben geschmückter fränkischer Holzeimer, an der Unterseite mit einer dünnen vergoldeten, in Kreuzform angeordneten Silberplatte, welche mit gestanzter Streifenflechtwerkornamentik geschmückt ist. Ursprünglich mag sie auf dem Deckel des Holzeimers befestigt gewesen sein. Zum Teil darauf, mit ihrer Spitze in Richtung auf die Eckenstütze, lag eine große Eisenlanze, schon nicht mehr in ihrer ursprünglichen Position. Im mittleren Teil des Grabes wurde eine Schere geborgen. In 60 cm Entfernung von der SW-Ecke der Grabkammer in Richtung auf die Wand hin lag, auf die Seite gestürzt, eine große Bronzeschüssel mit zwei Henkeln und eine Eisenschnalle. Der mit vergoldeten Knöpfen verzierte Schild mag an der Nordwand der Kammer, neben dem linken Bein gelegen haben. Ebenfalls deutet auf den Rang des vornehmen reich ausgestatteten Kriegers, daß in 2 m Entfernung von der Grabkammer ein Pferd und darüber ein aufgezäumter Hirsch als Opfertiere begraben wurden. *R. P.*

Datierung: 2. Hälfte 6. Jh.
Verbleib: Mosonmagyaróvár, Hansági Múzeum
Literatur: I. Bóna, 1976.
R. Puszlai, 1968, S. 134.
W. Menghin, 1985, S. 66 f.

Kriegergrab

1955 wurde das langobardische Gräberfeld an der Mező-Straße entdeckt und in den Jahren 1959 bis 1962 vollständig ausgegraben. Von den insgesamt 81 Bestattungen waren nur drei gestört. Bei Grab 34 handelt es sich um ein alt-beraubtes Männergrab. Es enthielt:

Streitaxt aus Eisen;

bronzene Münzwaage mit zwei zirkelschlagverzierten Schalen;

zweireihiger Dreilagenkamm mit Futteral und Zirkelschlagverzierung;

Bronzebecken mit Perlrand, gerippter Wandung und Standring.

I. G.

Datierung: 6. Jh.
Verbleib: Sopron,
Liszt-Ferenc-Museum
Literatur: I. Bóna, 1961, X, S. 135 ff.,
Abb. 3—4.
I. Bóna, 1976, S. 48 f., Abb. 10.
W. Menghin, 1985, S. 70, Abb. 56.
Katalog: Germanen, Hunnen und
Awaren, Nürnberg 1988,
S. 578, XIV,54.

Pferdegeschirrteile

Lesefunde aus den Jahren 1902 bis 1904 aus dem sogenannten „Großen Hügel". An der Fundstelle stand bis in die 60er Jahre des 19. Jahrhunderts noch ein etwa 7 m hoher Hügel. Hier wurde seit jeher Sand abgebaut. Um den Hügel herum „lagen eine größere Menge römischer Ziegelsteine und Baumaterial". Laut Aussage des Finders hat man 1904 etwa in der Mitte des Hügels „zwei menschliche Skelette gefunden, neben ihnen lagen Pferdeknochen und goldene Schnallen".

Pferdegeschirrbeschläge, Bronze, vergoldet, kerbschnittverziert:
Vier halbkugelförmige Riemenverteiler mit je zwei kreuzförmig aufgelegten Rippen, die in Tierköpfen enden; die dazwischenliegenden Felder tragen Tierornamentik (Vögel?) und anthropomorphe Darstellungen, die als Vogelmenschen angesprochen wurden;

drei kreuzförmige Riemenverteiler; in der Mitte konzentrische Kreise; Flechtbandverzierung;

ovaler Pferde-Stirnanhänger, Verzierung mit Vogel-, Mensch- und Tierköpfen;

vier streifentauschierte Trensenringe aus Eisen und Silber, mit tierstilverzierten Riemenklemmen, zu zwei verschiedenen Pferdegeschirren gehörig; Gebißstangen nicht mehr erhalten.

I. G.

Datierung: 1. Hälfte 6. Jh.
Verbleib: Sopron, Liszt-Ferenc-Museum
Szombathely, Savaria-Museum,
Budapest, Magyar Nemzeti Múzeum
Literatur: A. Riegel,
Pferdeschmuck aus Westungarn,
1903, S. 273–278, Taf. 8,1–4.
J. Hampel, II, 1905, S. 938; III,
Taf. 539,1.3–5.
A. Kugler, 1906, S. 27–30,
Abb. 1–4.
I. Bóna, 1976, S. 56, 79, 123,
Abb. 76–79 u. 81.
W. Menghin, 1985, S. 64 f., Abb. 46,
Taf. 23.
J. Gömöri, 1987, S. 105–119.

Kriegergrab 12

Über die Fundumstände ist schon unter Nr. 93 berichtet worden. Der Bagger hat auch das Grab 12 stark beschädigt. Die Grube des Grabes war auf 4 m Tiefe, nahe dem Grundwasserniveau, hinabgesenkt. Die Länge betrug 340 cm, die Breite 170 cm und die Ausrichtung war NW-SO. An den Schmalseiten fanden sich Stützen. Die darin stehenden gegabelten Hölzer könnten die Dachkonstruktion einer Grabkammer getragen haben (ähnlich den zeitgenössischen Wohngebäuden), welche mit einem Erdhügel bedeckt war. Auch diese Grabkammer wurde noch von der langobardischen Bevölkerung ausgeraubt, so daß nur ein sehr lückenhaftes Material zurückblieb. Doch konnte festgestellt werden, daß im Grab ein sehr großer (größer als 180 cm) Mann von starkem Körperbau bestattet worden war, der wohl zur vornehmen adligen Führungsschicht gehörte. Seine aus Knochenscheiben bestehende Spielsteine-Garnitur (Abb.) wird ursprünglich in einem Behälter gelegen haben. Von der großen Bronzeschüssel und dem fränkischen Holzeimer (geschmückt mit Beschlägen, die einen bärtigen Männerkopf zeigen) blieben nur Reste zurück. Nahe dem Becken lagen, auf einen Waffengürtel hinweisend, Riementeiler und vergoldete Riemenenden sowie, ursprünglich in einem Beutel befindlich, Wetzstein und Gerät zum Feuerschlagen. Die Grabräuber interessierten sich offensichtlich für die Brustpartie und den Kopfbereich der Leiche, da sie diesen Teil des Grabes völlig durchwühlten. Von geringem Interesse war für sie der Bereich der Beine, wo der Ausgräber die für die Tracht der Langobarden charakteristischen vergoldeten Silberschnallen der Beinbinden bergen konnte.   *R. P.*

Datierung: 2. Hälfte 6. Jh.
Verbleib: Mosonmagyaróvár,
Hansági, Múzeum
Literatur: I. Bóna, 1976, S. 54 f.,
(Abb.), Taf. 73.
R. Puszlai, 1968.
W. Menghin, 1985, S. 66, Abb. 48.

Fundort und Fundgeschichte

Stabio ist nach den bisherigen Funden mindestens seit der späten Eisenzeit, vor allem in römischer und frühmittelalterlicher Epoche, eine nicht unbedeutende Siedlung gewesen. Drei 1833 und 1837 aufgedeckte Bestattungen mit kostbaren Beigaben verraten Grablegen von Personen der langobardischen Führungsschicht. Das 1833 entdeckte gemauerte Grab mit Ost-West-Ausrichtung enthielt neben Waffen noch ein Bronzegefäß und Reste einer Brünne. 1837 kamen an derselben Stelle zwei weitere Gräber zum Vorschein; eines enthielt eine Lanze. Die überlieferten Angaben der Grabinventare sind vage und unvollständig. Von allen drei Bestatteten aber wird ausdrücklich vermerkt, daß sie im Brustbereich goldene Kreuze trugen. Vom Fundgut erwarb das Schweizerische Landesmuseum 1929 ein Goldblattkreuz und einen goldenen Ohrring (Körbchenohrring). Der Verbleib der übrigen Grabfunde ist unbekannt mit Ausnahme eines Prunkschildes, dessen vergoldete Bronzebeschläge (Lanzenreiter, Hund, Baum, Henkelgefäß, lanzenförmige Zierate, Zierscheiben und Zierknöpfe) in das Museo Nazionale del Bargello (Florenz) und in das Bernische Historische Museum (Bern) gelangt sind.
In der Kirche dei SS. Pietro e Lucia von Stabio konnte vor kurzem ein frühester Sakralbau mit Gräbern aus dem 7. Jahrhundert nachgewiesen werden.   *R. D.*

Goldblattkreuz Stabio (Kanton Tessin)

Das Goldblattkreuz von Stabio gehört zu den Funeralkreuzen, wie sie im Totenbrauchtum des 6. bis 8. Jahrhunderts insbesondere nördlich der Alpen im alamannisch-bajuwarischen Gebiet und südlich der Alpen im oberitalienischen Langobardenraum zum Vorschein gekommen sind. Die Mehrzahl der mit Preßmodeln verzierten Kreuze aus dünnem Goldblech weist vorwiegend Flechtbänder, oft in Kombination mit Tierelementen und menschlichen Masken auf.

Das Kreuz von Stabio gehört zu einer kleinen Gruppe, deren Motivschatz offensichtlich Formentradition der spätantik-mediterranen („byzantinischen") Kunst verrät. Das von der Rückseite her eingepreßte Ornament stammt von zwei verschiedenen Modeln. Auf den vier Kreuzarmen erscheint jeweils ein identischer Modelabdruck mit Elementen von Ranken und Palmetten sowie einem rückwärtsblickenden Tier in mandelförmigem Medaillon. Das Tier darf als Vogel (Adler?, Taube?) bezeichnet werden wegen der vorhandenen Flügel, Schwanzfedern und zwei etwas verkümmerten Füßen. Mit einem zweiten Modelabdruck ist die Kreuzmitte gestaltet worden. Die Grundform ist dreieckig. Die Kanten werden außen von „Augenpaaren" begleitet. Im zentralen Rundmedaillon beißt sich ein rückwärtsblickender Vierfüßler (wohl Löwe) in seinen eigenen Schwanz, ein bekanntes Motiv, das aber erst auf ganz wenigen Goldblattkreuzen nachgewiesen ist. Das zentrale Model überschneidet die Abdrücke auf den Kreuzarmen, ist also als letzte Dekoration eingepreßt worden. Dabei sind die Motive der Kreuzarme jeweils an ihren Enden gegen die Mitte hin überdeckt und zum Teil gelöscht worden. Die Bedeutung des Kreuzes als christliches Heilszeichen ist unbestritten. Es ist in der christlichen Kunst das Zeichen des Sieges und verkündet den Triumph des Gottessohnes und seiner Herrschaft. *R. D.*

Umzeichnung des Goldblattkreuzes von Stabio (n. H. Vierck, Folienkreuze als Votivgaben. In: W. Hübener [Hrsg.], Die Goldblattkreuze des frühen Mittelalters. Bühl 1975, S. 136, Abb. 5, 2).

Datierung: 7. Jh.
Verbleib: Zürich, Schweizerisches Landesmuseum
Literatur:
P. A. Donati, 1978, S. 161 ff.
S. Fuchs, 1938, S. 78, Nr. 72.
G. Haseloff, 1956, S. 143 ff.
Ders., 1984, S. 195 ff.
O. v. Hessen, 1964, S. 199 ff.
Ders., 1975, S. 283 ff.
W. Hübener, 1975.
H. Lehmann, 1929 (1930), S. 50 ff.
M. Menke, 1987, S. 125 ff.
H. Roth, 1973, S. 212 ff.
Ders., 1986, S. 273, Nr. 42 d.
L. Brecciaroli Taborelli, 1982, S. 103 ff., Tav. LII.
O. Tschumi, 1945, S. 200 ff.
J. Werner, 1935, S. 42–43, 77–78.
Ders., 1950, S. 33 ff., 75 ff.
H. Zeiss, 1938, S. 61 ff.

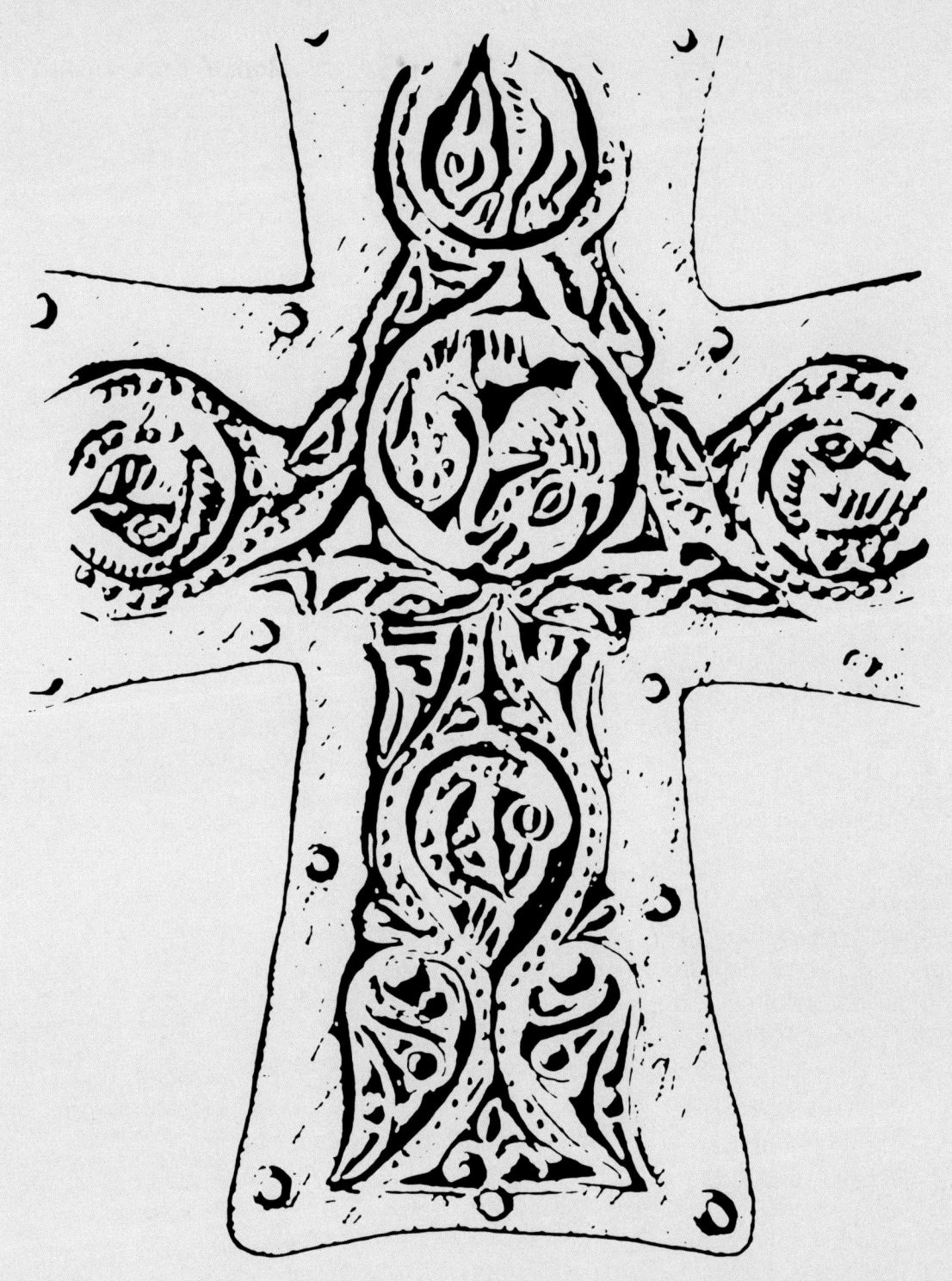

Goldblattkreuze

1899 wurden vom Germanischen Nationalmuseum diese drei Goldblattkreuze ersteigert.

Goldblattkreuze halten meist die Symmetrie des griechischen Kreuzes ein und zeigen Flechtbandabdrücke von wenig sorgfältig angepaßten Preßplatten. Die zwei Kreuze aus Monza, Italien, mit schlanker lateinischer Form und anhängendem A und W, sind einzigartig. Bei dem einen Kreuz ist im zentralen Medaillon ASRX eingeprägt, beim anderen ERA.

Das Exemplar aus Novara, Italien, ist mit Münzabdrucken einer Prägung nach einem Triens des oströmischen Kaisers Justinus II. (reg. 565–578) verziert.   *T. S.*

Datierung: 7. Jh.
Verbleib: Nürnberg, Germanisches Nationalmuseum
Literatur: W. Menghin, 1983, S. 42–60.
Ders., 1985, S. 175 ff. und Taf. 38.

Ohrringe

Aus einer Privatsammlung wurde 1906 u. a. der angeblich aus Florenz, Italien, stammende goldene Körbchenohrring erworben. Filigrangearbeitete Ohrringe dieser Art sind, nach byzantinischer Mode, typische Beigaben in reichen langobardischen Frauengräbern. Sie kommen aber auch nördlich der Alpen und in awarischen Gräbern Ungarns vor.

Angeblich aus der Romagna, Italien, stammen die beiden silbernen, drahtförmigen Ohrringe mit polyedrischem Schlußknopf. Ob der Fund wirklich langobardisch ist, ist zu bezweifeln. Vergleichbare Ohrringe sind bisher nicht aus Italien, sondern nur aus Gebieten nördlich der Alpen bekannt.   *T. S.*

Datierung: spätes 7. Jh.
Verbleib: Nürnberg, Germanisches Nationalmuseum
Literatur: W. Menghin, 1983, S. 74–75.
Datierung: spätes 7. Jh.
Verbleib: Nürnberg, Germanisches Nationalmuseum
Literatur: W. Menghin, 1983, S. 64–65.

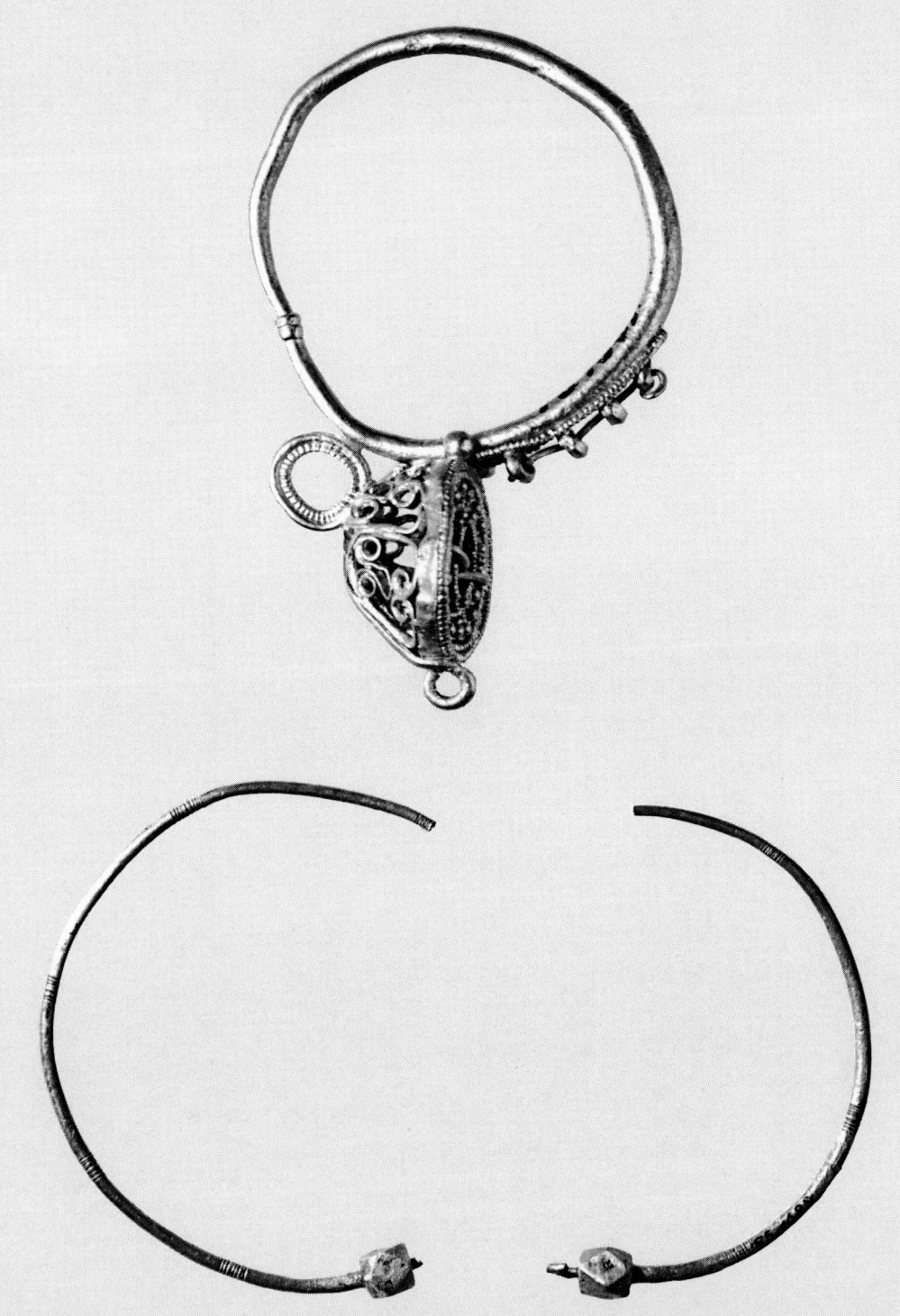

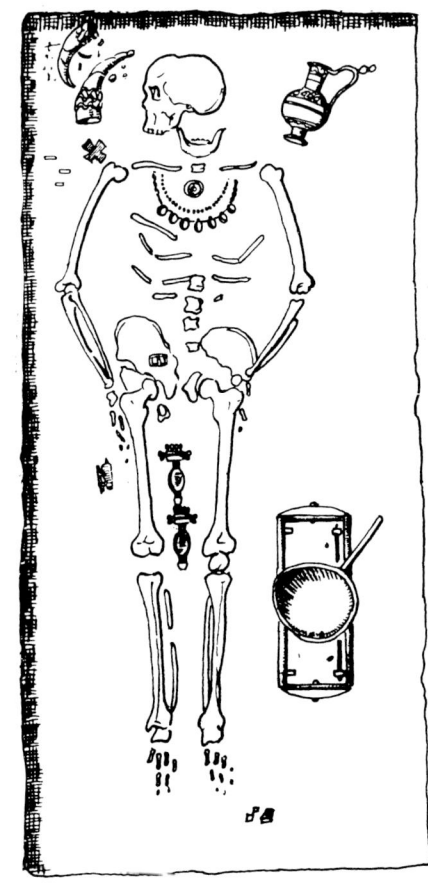

Frauengrab 17

Etwa 600 m entfernt von einer Bergfeste, von der aus die wichtige Straße von Ravenna nach Rom kontrolliert werden konnte, entdeckte man 1897 das bedeutende Gräberfeld mit 165 Gräbern. Angelegt ist es in der Zeit der Einwanderung und wohl über vier Generationen gewachsen; vermutlich spiegeln die Gräber fünf Familien wider, die sozial hervorgehoben sind. Die Männergräber sind durch Waffenbeigaben für Reiterkrieger gekennzeichnet, die noch das aus Pannonien bekannte Fundspektrum beibehalten, wogegen die Frauen schon Anpassungen an die neue Umwelt zu erkennen geben. Christliche Einflüsse sind deutlich belegt.

Das Frauengrab 17 ist in seiner Ausstattung besonders repräsentativ für eine sozial hochgestellte Schicht. Die Bestattung erfolgte in einem Holzsarg, die Grabgrube war mit einem Trockenmauerwerk ausgekleidet. Die Abbildung zeigt nur eine Auswahl der Schmuckbeigaben:
Zwei von drei Kolliers, das Paar der silbernen Bügelfibeln, die vergoldet sind, eine bronzene Gürtelschnalle und eine Scheibenfibel mit Almandineneinlagen. Das schlichte Goldblattkreuz war auf einem nur noch in Spuren erhaltenen Brokatschleier appliziert.

R. B.

Datierung: um 600
Verbleib: Rom, Museo dell'Alto
Medioevo
Literatur: N.   Aberg,   1923,
S. 67–68. S. Fuchs, 1938, S. 49, 53,
89 u. Taf. 33.
S. Fuchs und J. Werner, 1950,
S. 17, 34, 57, 62 u. Taf. 8, 36.
W. Menghin, 1985, S. 165–167.
A. Pasqui und R. Paribeni, 1918,
S. 194–199 u. Taf. II.

Frauengrab 17

Auf einem eisernen Klappstuhl mit Silbertauschierung lag eine
Bronzepfanne (Abb.) und in Kopfnähe ein reich dekorativ verzier-
ter bronzener einhenkeliger Krug (Abb.). Im Zusammenhang mit
den Gefäßbeigaben im Grab sind bei der Ausgrabung auch Spei-
segaben erwähnenswert, die durch Eierschalen und Hühnerknochen belegt sind. Diese deuten wohl an, daß trotz des christlichen Einflusses, der sich in dem Goldblattkreuz manifestiert,
auch traditionelle Grabbeigaben, wie Speisen, noch lange verwendet wurden.   *R. B.*

Datierung: um 600
Verbleib: Rom, Museo dell'Alto
Medioevo
Literatur: wie Nr. 101.

Frauengrab 17

Im Kopfbereich dieser jung verstorbenen Frau lagen auch zwei Trinkhörner aus grünem Glas mit weißer Fadenauflage. Diese belegen Trinksitten, an denen sichtbar auch Frauen teilhatten, was auch die Bronzekanne in diesem Grab verdeutlicht. Einige kleinere Beigaben, sind hier nicht dargestellt, ein Eisenmesser, eine Tigermuschel und ein Knochenkamm.

Diese jung verstorbene Frau ist mit allen Objekten in ihrem Grab sozial hervorgehoben. Ohne Zweifel gehörte sie dem Adelsstand an.   *R. B.*

Datierung: um 600
Verbleib: Rom, Museo dell'Alto Medioevo
Literatur: wie Nr. 101.

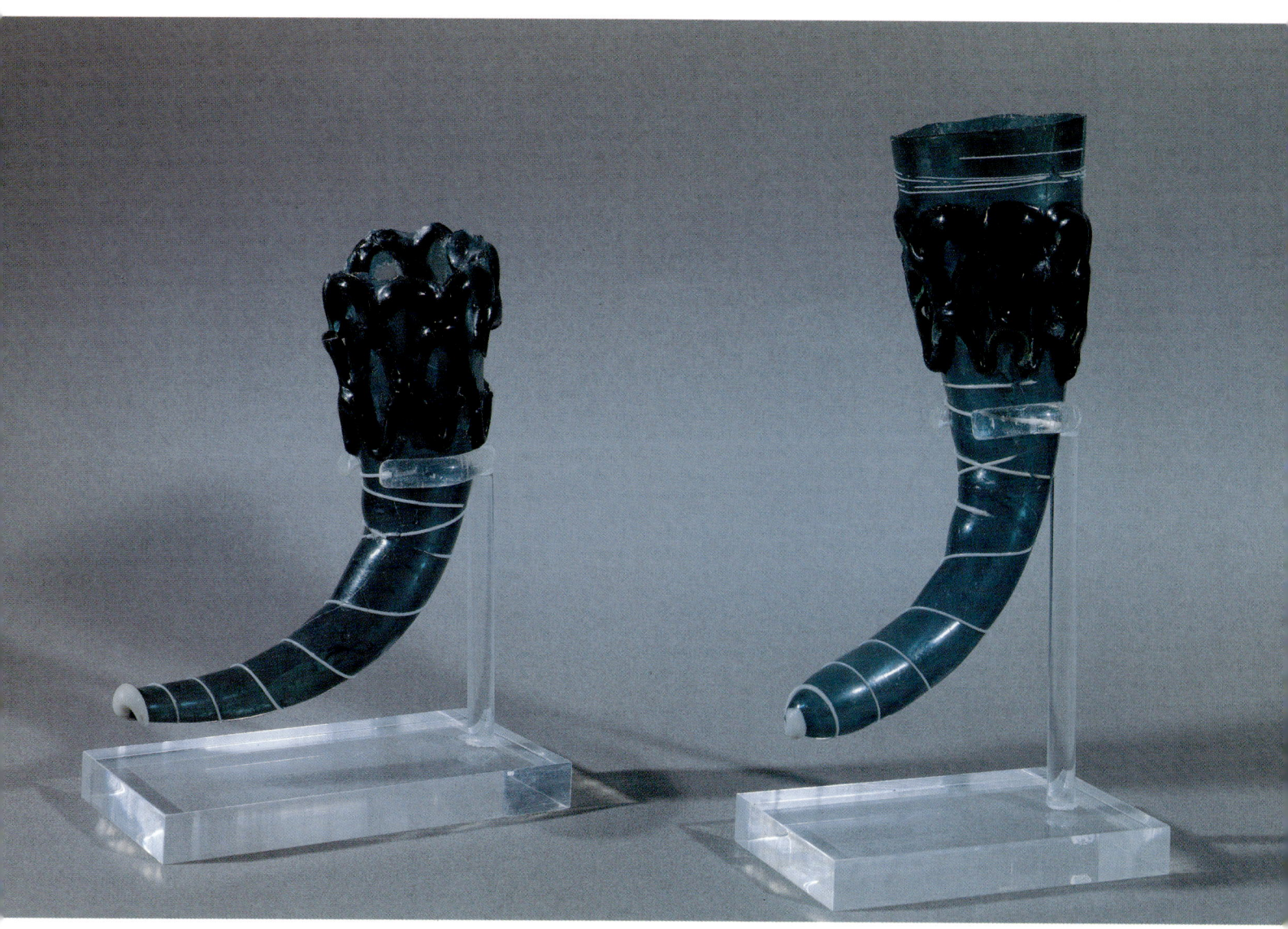

Bügelfibel aus Grab 162

Die Fibel aus Silber mit Vergoldung gehört zu den formvollendet-
sten Exemplaren, die aus Italien bekannt geworden sind. Die
halbrunde Kopfplatte wird von 13 Tierköpfen umkränzt. Die Innen-
flächen zeigen Schlangentiere im Tierstil II. Die Hakenplatte wird
von zwei Raubvögelköpfen begleitet, am unteren Ende erkennen
wir zwei Eberköpfe. Der Fibelfuß ist wieder als Schlangenkopf
ausgebildet. Die Tierornamentik ist bei diesem Stück besonders
vielseitig ausgebildet. *R. B.*

Datierung: 1. Hälfte 7. Jh.
Verbleib: Rom, Museo dell'Alto
Medioevo
Literatur: S. Fuchs u. J. Werner, 1950,
20 u. 58;
H. Roth, 1973, 84.

Kriegergrab

Die Fundumstände der vor 1884 ausgegrabenen Bestattung sind unbekannt.

Das Grab enthielt eine Waffenausrüstung mit Schwert, Lanze, Schild, Messer und Gürtel sowie ein Goldblattkreuz.

Die Spatha (ein zweischneidiges Langschwert) ist 92,7 cm lang und 4,5 cm breit. Sie zeigt eine gekehlte Klinge und Rosettendamast.

Eine typisch langobardische Waffe ist die lorbeerblattförmige Lanzenspitze mit 20,1 cm Länge. Ihre Mittelrippe ist scharf abgesetzt und geht in eine Ganztülle mit achteckigem Querschnitt über.

Von dem Schild (Rekonstruktion aus Plexiglas) sind der Schildbuckel (20,8 cm ∅) mit einem Dreierwirbel, der in Tierköpfen endet (eine typisch italisch-langobardische Schildzierweise) auf der 9 cm hohen Kalotte und die 53 cm lange Schildfessel mit vergoldeten Ziernieten aus Kupfer erhalten.

Das ca. 15 cm lange eiserne Messer wird in den Inventarbüchern des Germanischen Nationalmuseums genannt, ging aber im Krieg verloren, ebenso die bronzene Gürtelschnalle „byzantinischer" Art, mit Eisendorn. Auf ihrer Rückseite waren zwei Ansätze zur Befestigung auf dem Leder vorhanden. Das 5,5 cm lange, gleichschenklige Goldblattkreuz ist mit geflochtenem Tierornament verziert und zeigt an den Enden der Arme mehrere Löcher, durch die es, vermutlich ausschließlich für die Verwendung im Grab, auf ein Tuch aufgenäht war. *T. S.*

Datierung: Mitte 7. Jh.
Verbleib: Nürnberg, Germanisches Nationalmuseum
Literatur: W. Menghin, 1974, S. 251 ff.
Ders., 1983, S. 33—42.
Ders., 1985, S. 175, 177—178.
Ders., 1988, S. 87 ff., 403—404.

Gürtelteile

Wie die Ohrringe stammen auch diese Gegenstände aus dem Besitz von Reiling und wurden im Juli 1899 gekauft. Sie finden jedoch in Italien gute Entsprechungen. Gürtel mit solchen Beschlägen werden in Männergräbern der ersten Hälfte des 7. Jahrhunderts gefunden.

Bronzeschnalle mit triangulärem Beschlag und flachem ovalem Bügel mit Schilddorn.

Der Beschlag hat im eingetieften Mittelfeld winklig angeordnete Strichgruppen in Treppenbandfassung. Es war einst mit drei – zwei sind noch erhalten – halbkugeligen Nieten befestigt. Der Schild des Dornes ist mit kleinen Kreisen punziert. Die Schauseite ist versilbert oder verzinnt. Der Beschlag ist alt zerbrochen und wurde damals mit einer Eisenplatte unterlegt, deren eiserne Befestigungsnieten auf der Schauseite sichtbar sind. L. 9,5 cm.

Der Gegenbeschlag ist sehr ähnlich geformt und verziert, aber nicht ursprünglich zur Schnalle gehörig. Er kam vielleicht bei einer Reparatur an den Gürtel. Auf seiner Rückseite sind drei mitgegossene Nietlaschen vorhanden. Die halbkugeligen Niete der Schauseite sind ohne Funktion. L. 6,4 cm.

Der bronzene Rechteckbeschlag hat vier Kugelkopfnieten. Er ist umlaufend mit Schnur und Treppenbändern verziert, im schmalrechteckigen Mittelfeld mit silbertauschierten Punkten. L. 4,5 cm.

T. S.

Datierung: 1. Hälfte 7. Jh.
Verbleib: Nürnberg, Germanisches Nationalmuseum
Literatur: W. Menghin, 1983, S. 78–79.

Beschläge von einem Prunkschild

Aus einem langobardischen Grab nahe der Kirche S. Romano stammen die Beschläge eines seltenen Prunkschildes. Zweifelsohne ist dieser der vollständigste und eindrucksvollste dieser kleinen Gruppe. Um den (hier nicht abgebildeten) Schildbuckel, dessen Kuppe mit einem sechsstrahligen Stern aus vergoldeten Bronzeblechen beschlagen war, ordnen sich radial fünf Pferdeprotomen. Darum ordnen sich in einem äußeren Kreis zwei Pfauen und eine Kelchdarstellung sowie zwei Löwen und ein mit Schild und Schwert bewaffneter Krieger, der ein Feldzeichen mit Kreuz und darauf sitzendem Vogel hält. Auch diese Beschläge sind aus vergoldetem Bronzeblech gefertigt. Die Rekonstruktion des Schildes verdanken wir S. Fuchs. Während die Pferdeköpfe in heidnischer Tradition stehen, sind der Kelch, die Pfauen und das Feldzeichen christlich motiviert.

Das Grab enthielt darüber hinaus Spatha, Scramasax, zwei Sporen, Schnallen und Riemenzungen.   *R. B.*

Datierung: 7. Jh.
Verbleib: Lucca, Museo Nazionale di Villa Guinigi
Literatur: S. Fuchs, 1940, S. 100—113.
H. Roth, 1979, Nr. 99.

Silberschale aus dem Schatzfund

Die Silberschale gehört zu einem Schatzfund, den 1872 ein Bauer in Isola Rizza, Provinz Verona, entdeckte. Er enthielt noch kleinere Gegenstände: eine goldene Schnalle, drei goldene Schildchen, eine Scheibenfibel und sechs Löffel aus Silber. Das Ensemble läßt erkennen, daß es sich um einen Schatzfund und nicht um eine Grabausstattung handelt. Bedeutend aber ist die Schale, auf deren Boden der Innenseite wir eine Darstellung finden. Ein gepanzerter Reiter, mit Lamellenhelm und Federbusch geziert, schlägt mit seiner Lanze zwei Krieger nieder. Diese sind mit Schild und Schwert bewaffnet. Einer ist bereits zu Boden gefallen, der andere wehrt sich vergeblich. Zwei gravierte Lilien neben dem gefallenen Krieger sind symbolisch gemeint. Die unterlegenen Krieger sind offensichtlich Langobarden, doch bleibt der historische Hintergrund dieser Darstellung offen.

L. F.

Datierung: um 600
Verbleib: Verona, Museo di Castelvecchio
Literatur: O v. Hessen, 1968, S. 43–53 u. Taf. 41–53.
C. la Rocca, in Druckvorbereitung.

Silberlöffel aus dem Schatzfund

Der Schatzfund enthielt sechs Silberlöffel, je drei von gleicher Form. Die eine Serie ist besonders auffällig gestaltet:
Zwischen den profilierten Stielen und der Laffe ist der Kopf eines Weißkopfgeiers gestaltet. Die Inschrift VTERE + FELIX auf der Laffe ist in Versalien geschrieben. Wegen ihrer Inschrift werden Löffel dieser Art als Tauflöffel bezeichnet (Abb. oben und unten). Die andere Serie ist ähnlich, der Stil jedoch in seiner ganzen Länge verziert, hier fehlt eine Inschrift.   *L. F.*

Datierung: 5. bis 7. Jh.
Verbleib: Verona, Museo di Castelvecchio
Literatur: O v. Hessen, 1968, S. 43–53 u. Taf. 45 u. 46.
C. la Rocca, in Druckvorbereitung.

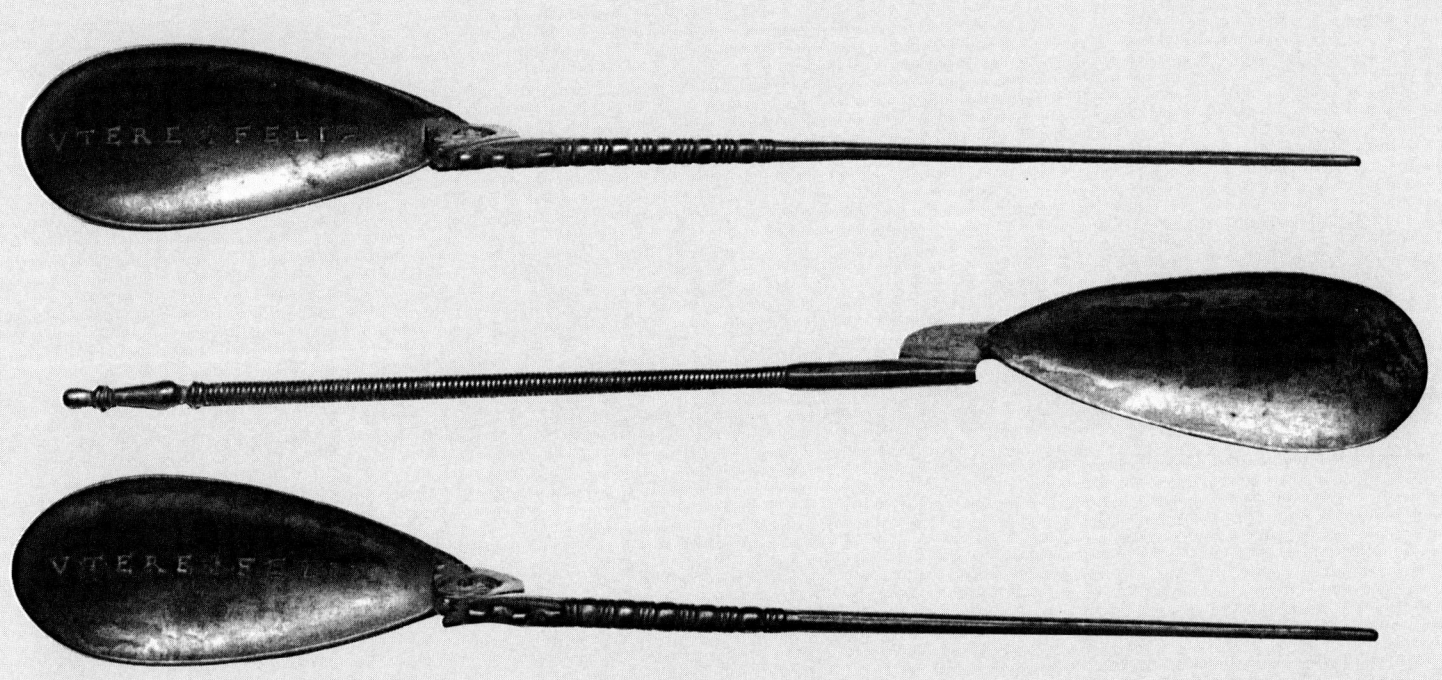

Kunstschätze aus dem Dom

Zu den herausragenden Hinterlassenschaften langobardischer Vergangenheit in Italien gehört ein Teil der Kunstschätze im Dom zu Monza bei Mailand, die aus dem persönlichen Besitz der langobardischen Königin Theodolinde stammen. Sie wurde in Regensburg als Tochter des Bajuwarenherzogs Garibald I. und der langobardischen Prinzessin Waltrada geboren. Ihr erster Gatte war der langobardische König Authari, der sie 589 heiratete und dem sie in dessen Heimat folgte. Nach dem Tode Autharis im Jahre 590 wählte sie sich selbst als zweiten Ehemann Agilulf, Herzog von Turin. Die Hochzeit fand im November 590, zwei Monate nach Autharis Tod, statt. An der Seite Agilulfs und nach dessen Tod dann allein regierte sie ungefähr 35 Jahre über das langobardische Volk. Aus der Chronik des in Cividale geborenen langobardischen Geschichtsschreibers Warnefried (Paulus Diaconus) sind uns die Gestalt der Königin und deren Wirken wohlbekannt. Die Bekehrung ihres zweiten Gatten und des langobardischen Volkes vom arianischen zum katholischen Glauben ist im wesentlichen ihr zu verdanken. Mit Theodolindes Namen ist auch die Gründung der Kirche in Monza verbunden. „Sie schmückte die Kirche mit vielen wunderbaren Gold- und Silbergegenständen". Bei den in Monza aufbewahrten Gegenständen aus Theodolindes Besitz handelt es sich um Beigaben aus ihrem Grab im Dom zu Monza, um Geschenke Papst Gregors an Theodolinde und um Objekte, die der Überlieferung nach mit der langobardischen Königin in Verbindung stehen. Es sind dies die Krone der Königin, das Gregoriuskreuz, der Deckel des Evangeliars der Königin und ein Tafelaufsatz in Form einer Henne mit sieben Küken. Zu dem persönlichen Besitz der Königin Theodolinde gehörten weiterhin ein Saphirbecher, Zinn- und Bleiampullen für Öl, ein Kamm, ein in einem hölzernen Behälter verwahrter Fächer und Kleiderverzierungen. *R. A.*

Tympanonrelief des Hauptportals des Domes zu Monza mit Darstellung eines Teiles des langobardischen Königsschatzes, um 1320.

Literatur: M. von Bárány-Oberschall, 1966.
P. Bolognesi, 1987, S. 41 ff.
R. Cassanelli, 1987, S. 17 ff.
R. Conti, 1983².
H. Dannheimer, 1988.
M. L. Nussio, 1987, S. 25 ff.

Tafelaufsatz in Form einer Henne mit sieben Küken

Als Theodolinde im Jahre 626 verstarb, wurde sie vermutlich zuerst in einem Grab unter dem Boden des Doms in Monza beigesetzt. 1308 wurde das Grab geöffnet und die Gebeine Theodolindes wurden zu den irdischen Überresten ihres Gatten Agilulf in einen Steinsargkophag gelegt. Zur Grabausstattung gehörte aller Wahrscheinlichkeit nach neben einem Gold-Elfenbein-Kamm und den erst 1941 bei einer nochmaligen Öffnung des Sarkophages entdeckten Kleiderverzierungen und Goldbeschlägen eine Kleinplastikgruppe in Form einer Henne mit sieben Küken. Die auf einer runden glatten Scheibe mit einem Durchmesser von 46 cm stehende Gruppe ist aus vergoldetem Silber hergestellt worden. Die Augen der Tiere werden durch Granateinlagen und Saphire gebildet. Die Henne ist 26,5 cm hoch. Die Herkunft dieser einzigartigen Goldschmiedearbeit wird im mediterranen Raum zu suchen sein. Das Huhn in der Mitte der Scheibe wird in das 4. Jahrhundert n. Chr. und die offensichtlich später hinzugefügten Küken werden in das 7. Jahrhundert datiert. Über den Sinngehalt dieser Arbeit herrschen unterschiedliche Ansichten. Während einige Forscher annehmen, daß die Henne die langobardische Königin und die Küken die langobardischen Provinzen versinnbildlichen sollten, glauben andere, daß es sich um ein Symbol der Fruchtbarkeit handelt. Die wahrscheinlichste Deutung ist jedoch, daß die Hennengruppe als Sinnbild der Kirche zu verstehen ist: Die Kirche, die ihren Gläubigen (den Küken) geistige Nahrung bietet, gleicht der Henne, die ihre Küken mit Körnern versorgt.

R. A.

Datierung: 4. und 7. Jh.
Verbleib: Monza, Domschatz. Kopie:
Torhallemuseum, Frauenchiemsee.
Literatur: M. v. Bárány-Oberschall,
1966, S. 74 ff., Abb. 19, 20.
R. Conti, 1983², S. 46 ff.,
Abb. S. 46, 47.
H. Dannheimer, 1988, S. 346,
Abb. 236, 418.

Gregoriuskreuz

Ein bedeutendes historisches Zeugnis im Domschatz zu Monza ist das sogenannte Gregoriuskreuz, das in einigen deutschsprachigen Arbeiten irreführend als Theodolinden-Kreuz bezeichnet wird (das echte Theodolinden-Kreuz wurde 1804 in Paris gestohlen und ist seitdem verschollen).

Als Anerkennung für die eifrige Missionstätigkeit Theodolindes unter den Langobarden und dafür, daß unter Theodolindes Einfluß ihr Gatte Agilulf seine papstfeindliche Politik aufgab, schenkte Papst Gregor der Große bei der Taufe ihres Sohnes Adaloald unter anderem dieses goldene Pektoralkreuz. Der Begleitbrief Papst Gregors zu dieser Schenkung ist wie das Kreuz selbst in der Schatzkammer des Doms noch erhalten. In der Begleitschrift zu der Schenkung heißt es: „Wir haben dafür gesorgt, daß unserem Sohn, dem König Adaloald, dieses Phylacterium, nämlich das Kreuz mit dem Holz vom heiligen Kreuz übergeben wird."

Das goldene Brustkreuz ist 7,5 cm hoch und 6,5 cm breit. Es handelt sich dabei um eine sogenannte Staurothek, ein heiliges Kreuzreliquiar, das in einem zweiten Kreuz eingefaßt ist. Auf der Schauseite befindet sich eine dicke Schutzplatte aus Bergkristall. Die mit einer griechischen Inschrift versehene Darstellung auf dem eingefaßten flachen Goldkreuz zeigt Christus und daneben wesentlich kleiner Maria und Johannes. Die Art der Christusdarstellung läßt darauf schließen, daß das Gregoriuskreuz am Ende des 6. Jahrhunderts im Orient, möglicherweise in Syrien hergestellt worden ist. Das einfassende Schutzkreuz und der Bergkristall dürften kurz vor der Schenkung, also vor 603 in Rom hinzugefügt worden sein. Die Fassung ist auf der Rückseite stark abgenutzt, was ein Zeichen dafür ist, daß das Pektoralkreuz lange Zeit getragen worden ist.   *R. A.*

Aufsicht des Kreuzes (n. Mannus 7, 1915, S. 301, Abb. 45).

Datierung: Ende 6. und Anfang 7. Jh.
Verbleib: Monza, Domschatz.
Kopie: Frauenchiemsee,
Torhallemuseum
Literatur: M. von Bárány-Oberschall, 1966, S. 67 ff., Abb. 25.
R. Conti, 1983, S. 36 ff., Abb. S. 37.
H. Dannheimer, 1988, S. 342, Abb. 233; S. 344 f., 418.
K. Wessel, 1960, S. 98, Abb. 2.

Deckel vom Evangeliar der Königin Theodolinde

Zusammen mit dem Gregoriuskreuz schenkte Papst Gregor der Große der Königin Theodolinde anläßlich der Taufe ihres Sohnes Adaloald im Jahre 603 ein Evangeliar, von dem es im erhaltenen Schenkungsbrief heißt: „Wir haben dafür gesorgt, daß ein Evangeliar, in persischem (hier: kostbarem) Einband eingeschlossen, übergeben wird." Während die Handschrift selbst verloren gegangen ist, sind die beiden gleich gestalteten Goldtafeln des Evangeliareinbandes erhalten geblieben. Die 34,1×26,5 cm großen Tafeln sind reich mit Smaragden, Rubinen, Granaten und Perlen geschmückt. Die auf beiden Deckeln befindlichen antiken, ovalen Kameen stellen weibliche und männliche Profilköpfe dar. Die beiden schwarzen Kameen unten mit den Profilen von Christus und Maria sind Renaissancekameen. Sie wurden offensichtlich bei einer 1773 erfolgten Restaurierung des Einbandes an Stelle der verlorenen antiken Stücke eingesetzt.

Der Evangeliareinband ist um 600 in einer römischen Werkstatt, vielleicht sogar in Rom selbst, entstanden. Bemerkenswert ist die nachträglich angebrachte Widmungsinschrift, die als einzige unter den Schätzen im Dom zu Monza den Namen der Theodolinde nennt. Daraus geht hervor, daß Theodolinde schon zu Lebzeiten das Evangeliar ihrer Kirche in Monza übergeben hat:

„Von Gottes Gaben widmet es die glorreiche Königin Theodolinde dem heiligen Johannes dem Täufer in der Kirche, die sie selbst in Monza in der Nähe ihres Palastes gegründet hat." *R. A.*

Datierung: Um 600
Verbleib: Monza, Domschatz
Kopie: Frauenchiemsee,
Torhallemuseum
Literatur: M. von Bárány-Oberschall,
1966, S. 70 ff., Abb. 21.
R. Conti, 1983, S. 38 f.,
Abb. S. 40, 41.
H. Dannheimer, 1988, S. 343,
Abb. 234; S. 344, 418.

Krone der Königin Theodolinde

Im Domschatz in Monza befindet sich eine aus reinem Gold gefertigte, mit ehemals 180 Edelsteinen besetzte Krone, die der Überlieferung nach die der Königin Theodolinde ist. Wenn auch hierfür kein sicherer Beleg vorhanden ist, so gibt es doch gute Gründe, sie der langobardischen Königin zuzuschreiben.

Während die 4,8 cm hohe und im Durchmesser 17,5 cm messende Krone von einigen Forschern als eine spätrömische Arbeit angesehen wird, die in Rom in der Umgebung von Papst Gregor dem Großen und damit vor dessen Tod im Jahre 604 entstanden sein müßte, glauben andere, daß die Krone als langobardische Arbeit in Norditalien in Verwandtschaft zu den westgotischen Kronen entstanden ist. Möglicherweise vermischen sich hier stilistisch auch spätrömische Traditionen mit dem barbarischen Formenschatz. Von allen Forschern aber wird eine Datierung in die Zeit um 600 erwogen. Die Zuschreibung der Krone an die Königin Theodolinde stützt sich vor allem auf zwölf kleine Löcher am unteren Rand der Krone. In einem dieser Löcher war noch bis zum Ende des 18. Jahrhunderts ein Kreuz befestigt, wie es eine seinerzeit publizierte Darstellung zeigt. 1804 wurde dieses Theodolinden-Kreuz in Paris gestohlen. In den anderen elf Löchern waren nach allgemeiner Auffassung die elf Buchstaben im Namen der Königin THEODOLINDA an kleinen Kettchen befestigt, wie es auch bei der Krone des Westgotenkönigs Recceswinthus der Fall ist.

Es gibt wenig Gründe, einen Zusammenhang der Krone mit der langobardischen Königin anzuzweifeln. Die Krone der Theodolinde steht der um 200 Jahre jüngeren als lombardische Königskrone vermuteten und im Dom zu Monza als Reliquie verehrten Eisernen Krone der Lombardei an Bedeutung nicht nach.   *R. A.*

Datierung: Um 600
Verbleib: Monza, Domschatz;
Kopien: Frauenchiemsee, Torhallemuseum, und Mainz, Römisch-Germanisches-Zentralmuseum
Literatur: M. von Bárány-Oberschall, 1966, S. 57 ff., Abb. 26.
R. Conti, 1983, S. 39, 42 Abb., S. 42.
H. Dannheimer, 1988, S. 145, Abb. 93; S. 345, 419.

Fotos Katalogteil

R. Articus, Hamburg, Kat.-Nrn. 35, 112
V. Bittner, Olomouc, Kat.-Nr. 42
A. Bötefür, Schwerin, Kat.-Nrn. 36, 38
D. v. Brandt, Aachen, Kat.-Nr. 19b
J. Cjgánek, Brno, Kat.-Nr. 62
A. Dabasi, Budapest, Kat.-Nrn.80, 82, 84, 90
H. Drescher, Hamburg, Kat.-Nrn. 20, 27
V. Dvoráková, Prag, Kat.-Nrn. 43, 48, 49, 56
B. Gjörgy, Györ, Kat.-Nrn. 83, 88
H. Großkopf, Wien, Kat.-Nrn. 71, 72, 74, 75, 76
M. Haller, Perchtoldsdorf, Kat.-Nr. 77
M. Havelka, Brno, Kat.-Nr. 59
J. Karáth, Budapest, Kat.-Nr. 78
I. Kovacovská, Bratislava, Kat.-Nrn. 63, 66
F. Lüth, Hamburg, Kat.-Nr. 19a
R. Minsen, Hamburg, Kat.-Nrn. 1, 2, 3, 4, 9, 11, 14, 17, 29, 30, 31, 39
B. Morawietz, Hamburg, Kat.-Nr. 27
I. Nagyvák, L. Róka, Budapest, Kat.-Nrn. 86, 87, 91, 92
J. Peters, Hamburg, Kat.-Nrn. 32, 33, 34
R. Pusztai, Mosonmagyaróvár, Kat.-Nrn. 95, 96, 99
S. Saccomani, Verona, Kat.-Nrn. 110, 111
W. Thieme, Hamburg, Kat.-Nrn. 13, 15
Z. Torlop, Hamburg, Kat.-Nrn. 5, 6, 7, 10, 12, 16, 18, 21, 22, 23, 25, 26, 28, 35, 37
H. Tscherni, Wien, Kat.-Nrn. 70
W. Wegewitz, Hamburg, Kat.-Nrn. 8, 18, 21, 28

Brno, Archäologisches Institut der Tschechoslowakischen Akademie der Wissenschaften, Kat.-Nrn. 44, 45, 47, 51, 52, 54, 57, 58, 59, 60, 64, 65, 67, 68, 69
Hannover, Niedersächsisches Landesmuseum, Urgeschichts-Abteilung, Kat.-Nr. 40
Mainz, Römisch-Germanisches Zentralmuseum, Kat.-Nr. 116
Monza, Museo del Duomo di Monza, Kat.-Nrn. 113, 114, 115
Pisa, Soprintendenza, Kat.-Nr. 109

Autoren der Katalogbeiträge

H. A.   Horst Adler, Wien
R. A.   Rüdiger Articus, Hamburg
A. B. W.   Alfred Bernhard-Walcher, Wien
C. B.   Christian Beaufort, Wien
I. B.   István Bóna, Budapest
R. B.   Ralf Busch, Hamburg
R. D.   Rudolf Degen, Zürich
L. F.   Lanfranco Franzoni, Verona
J. G.   Janós Gömöri, Sopron
F. L.   Friedrich Laux, Hamburg
F. Lü.   Friedrich Lüth, Hamburg
R. P.   Rezsö Pusztai, Mosonmagyaróvár
V. S.   Vladimir Sakar, Prag
T. S.   Tobias Springer, Nürnberg
P. St.   Peter Stadler, Wien
E. St.   Etela Studeniková, Bratislava
J. T.   Jarosláv Tejral, Brno
W. Th.   Wulf Thieme, Hamburg
P. T.   Peter Tomka, Györ

Literaturverzeichnis zum Katalogteil

N. Åberg,	Die Goten und Langobarden in Italien. Uppsala **1923**.
H. Adler,	Maria Ponsee. Fundberichte aus Österreich, Bd. 9, **1966—1970,** S. 26—30.
H. Adler,	Zur Ausplünderung langobardischer Gräberfelder in Österreich. Mitteilungen der Anthropologischen Gesellschaft in Wien 100, **1970,** S. 138—147.
H. Adler,	Das „feld" bei Paulus Diaconus. In: Festschrift für Richard Pittioni zum 70. Geburtstag. Archaeologia Austriaca Beiheft 14 II, **1976,** S. 256—262.
H. Adler,	Die Langobarden in Niederösterreich. In: Germanen, Awaren, Slawen in Niederösterreich. Das erste Jahrtausend nach Christus. Ausstellungskatalog des Niederösterreichischen Landesmuseums N. F. 75, Wien **1977,** S. 73—87.
O. Almgren,	Studien über Nordeuropäische Fibelformen der ersten nachchristlichen Jahrhunderte mit Berücksichtigung der provinzialrömischen und südrussischen Formen. Leipzig **1923**^{2}.
M. von Barany-Oberschall,	Die eiserne Krone der Lombardei und der lombardische Königsschatz. Wien und München **1966**.
B. Beckmann,	Studien über die Metallnadeln der römischen Kaiserzeit im freien Germanien. Saalburg-Jahrbuch 23, **1966,** S. 5—100.
E. Beninger,	Zwei germanische Funde von Wulzeshofen in Niederösterreich. Wiener Prähistorische Zeitschrift 19, **1932,** S. 215—238.
E. Beninger,	Die Germanenzeit in Niederösterreich. Von Marbod bis zu den Babenbergern. Wien **1934**.
E. Beninger und H. Freising,	Die germanischen Bodenfunde in Mähren. Reichenberg **1933**.
E. Beninger und H. Mitscha-Mährheim,	Der Langobardenfriedhof von Poysdorf, NÖ. Archaeologia Austriaca 40, **1966,** S. 167—187.
P. Bolognesi,	Restauro della custodia del flabello di Teodelinda. Studi Monzesi 2, **1987,** S. 41—43.
I. Bóna,	Die Langobarden in Ungarn. Die Gräberfelder von Várpalota und Bezenye. Acta Archaeologica Academiae Scientiarum Hungaricae 7, **1956,** S. 183—244.
I. Bóna,	VI. századi germán temetö Hegykön II. (Das germanische Gräberfeld aus dem 6. Jh. in Hegykö). Soproni Szemle 15, **1961,** S. 131—140.
I. Bóna,	Langobarden in Ungarn. Aus den Ergebnissen von 12 Forschungsjahren. Arheolŏski Vestnik 21—23, **1970/71,** S. 45—74.
I. Bóna,	A népvándorlás kora Fejér megyében. Fejér megye története az öskortól a honfoglalásig. (Die Völkerwanderungszeit im Komitat Fejér. Die Geschichte der Komitats Fejér von der Urzeit bis zur Landnahme). 5. Székesfehérvár **1971**.
I. Bóna,	I longobardi e la Pannonia. In: La civiltà dei longobardi in Europa. Accademia Nazionale dei Lincei, Roma **1974**. S. 241—255.
I. Bóna,	Der Anbruch des Mittelalters. Gepiden und Langobarden im Karpatenbecken. Budapest **1976**.
I. Bóna,	Neue Langobardenfunde in Ungarn. In: Problemi seobe naroda u Karpatskoj kotlini. Novi Sad **1978**.

I. Bóna,	Die langobardische Besetzung Südpannoniens und die archäologischen Probleme der langobardisch-slawischen Beziehungen. In: G. Mildenberger (Hrsg.), Studien zur Völkerwanderungszeit im östlichen Mitteleuropa. Marburg **1980**, S. 393–404.
I. Bóna,	28. Szentendre, Budai és Szentebdrei járás. XIII/1. (Die archäologische Topografie des Komitats Pest. Die archäologischen Fundorte in den Kreisen Buda und Szentendre). In: I. Torma (Red.), Pest Megye. Magyarországrégészeti topográfiája. Bd. 7. Budapest **1986**, S. 247–293.
L. V. Borelli,	Bericht über die Restaurierung des Helmes von Steinbrunn. Mitteilungen der Anthropologischen Gesellschaft in Wien 100, **1970,** S. 211 f.
G. Bott (Hrsg.),	**Germanen, Hunnen und Awaren.** Schätze der Völkerwanderungszeit. Ausstellungskatalog des Germanischen Nationalmuseums Nürnberg, **1987.**
L. Brecciaroli Taborelli,	Tomba longobarda da Borgo d'Ale. Quaderni della Soprintendenza Archeologica del Piemonte I, 1982, S. 101 ff.
R. Cassanelli,	Il flabello „di Teodelinda" nel Tesoro del Duomo di Monza. Studi Monzesi 2, **1987,** S. 17–24.
J. L. Červinka,	Germáni na Moravě (Die Germanen in Mähren). Anthropologie 14, **1936,** S. 107–146.
M. Čižmář, K. Geislerová und J. Rakovský,	The contribution of Salvage Excavations to the Evidence of the Migration Period in Moravia. Nouvelles archéologiques dans la République Socialiste Tchéque, Prague-Brno **1981.**
R. Conti,	Il Tesoro. Guida alla conoscenza del Tesoro del Duomo di Monza. Monza **1983**[2].
H. Dannheimer,	Goldschmiedearbeiten aus dem Besitz der Königin Theodelinde. In: H. Dannheimer und H. Dopsch (Hrsg.), Die Bajuwaren. Von Severin bis Tassilo 488–788. Ausstellungskatalog der gemeinsamen Landesausstellung Bayern und Land Salzburg. München und Salzburg **1988,** S. 342–347.
P. A. Donati,	Ritrovamenti dell'Alto Medio Evo nelle attuali terre del Canton Ticino. In: I Longobardi e la Lombardia. Ausstellungskatalog des Palazzoreale Milano **1978,** Bd. 1, S. 161–171.
H. Drescher,	Die Nachbildung eines germanischen Trinkhorns aus Harsefeld, Kreis Stade. Stader Jahrbuch **1952,** S. 124–128.
H. Drescher,	Die Herstellung von Fibelspiralen. Germania 33, 1955, S. 340–349 **(= 1955 a).**
H. Drescher,	Die Nachbildung der Scheibenfibel aus Tangendorf, Kreis Harburg. Die Kunde N. F. 6, 1955, S. 25–33 **(= 1955 b).**
H. Drescher,	Nachbesserungen und Reparaturen an keltischem und römischem Metallgeschirr. Ein Beitrag zur Frage der kurzen oder langen Umlaufzeit. Nachrichten aus Niedersachsens Urgeschichte 32, **1963,** S. 41–53.
H. Drescher,	Untersuchungen über zwei römische Bronzegefäße aus Nienbüttel und Westerwanna im Niedersächsischen Landesmuseum, Hannover. Die Kunde N. F. 20, **1969,** S. 17–47.
J. Driehaus,	Zum Problem merowingerzeitlicher Goldschmiede. Nachrichten der Akademie der Wissenschaften in Göttingen. I. Philologisch-historische Klasse 7, **1972,** S. 389–404.
M. Ebert,	Reallexikon der Vorgeschichte, Bd. 9, Berlin **1927.**
H.-J. Eggers,	Der römische Import im freien Germanien. Hamburg **1951.**
U. Fischer,	Zu den Fibeln Almgren 101. Jahresschrift für mitteldeutsche Vorgeschichte 50, **1966,** S. 229–262.
S. Fuchs,	Die langobardischen Goldblattkreuze aus der Zone südwärts der Alpen. Berlin **1938.**

S. Fuchs,	Figürliche Bronzebeschläge der Langobardenzeit aus Italien. Römische Mitteilungen 55, **1940,** S. 100—113.
S. Fuchs und J. Werner,	Die langobardischen Fibeln aus Italien. Berlin **1950.**
O. Gamber,	Die frühmittelalterlichen Spangenhelme. Zeitschrift für Waffen und Kostümkunde **1982,** S. 85 f.
J. Garbsch,	Die norisch-pannonische Frauentracht im 1. und 2. Jahrhundert. München **1965.**
W. Gebers,	Grabungen im Bereich einer Siedlung der jüngeren römischen Kaiserzeit und der Völkerwanderungszeit in Rullstorf, Landkreis Lüneburg. In: K. Wilhelmi (Hrsg.), Berichte zur Denkmalpflege in Niedersachsen. Ausgrabungen 1979—1984. Stuttgart **1985,** S. 191—196.
W. Gebers und F. Lüth,	Siedlung und Gräberfelder auf dem Kronsberg bei Rullstorf im Kreise Lüneburg. Ein Vorbericht. Hammaburg N. F. 6, **1984,** S. 99—114.
	Germanen, Awaren, Slawen in Niederösterreich. Das erste Jahrtausend nach Christus. Ausstellungskatalog des Niederösterreichischen Landesmuseums N. F. 75, Wien **1977.**
M. Gebühr,	Der Trachtenschmuck der älteren römischen Kaiserzeit im Gebiet zwischen unterer Elbe und Oder und auf den westlichen dänischen Inseln (Brandenburg, Mecklenburg, Fünen, Langeland, Lolland). Neumünster **1976.**
J. Gömöri,	Langobardisches Fürstengrab aus Veskény. Anzeiger Germanisches Nationalmuseum Nürnberg 1987, S. **105—119.**
H. Gummel,	Christian Hostmann. In: Niedersächsische Lebensbilder, Bd. 2, **1954,** S. 120—134.
J. Hampel,	Alterthümer des frühen Mittelalters in Ungarn, Bd. II. Braunschweig **1905.**
G. Haseloff,	Die langobardischen Goldblattkreuze. Ein Beitrag zur Frage nach dem Ursprung von Stil II. Jahrbuch des Römisch-Germanischen Zentralmuseums Mainz 3. Jahrgang **1956,** S. 143—163.
G. Haseloff,	Die germanische Tierornamentik der Völkerwanderungszeit, Bd. II, Vorgeschichtliche Forschungen Bd. 17 II, Berlin und New York **1981.**
G. Haseloff,	Das Warnebertus-Reliquiar im Stiftsschatz von Beromünster. Helvetia Archaeologica 15, **1984,** S. 195—218.
K. Hauck,	Bilddenkmäler. In: H. Beck, H. Jankuhn u. a. (Hrsg.), Hoops, Reallexikon der Germanischen Altertumskunde 2, Berlin und New York **1976,** S. 541—598.
D. Hejdova,	Spangenhelme. Zeitschrift für Waffen und Kostümkunde 9, **1967,** S. 34 f.
O. von Hessen,	Die Goldblattkreuze aus der Zone nordwärts der Alpen. In: Problemi della civiltà e dell'economia longobarda. Scritti in Memoria di Gian Piero Bognetti. Milano **1964,** S. 199—226.
O. von Hessen,	I ritrovamenti barbarici nelle collezioni civiche Veronesi del Museo di Castelvecchio. Verona **1968.**
O. von Hessen,	Ancora sulle crocette in lamina d'oro. Quaderni Ticinesi. Numismatica e Antichitá Classiche 4, **1975,** S. 283 ff.
C. Hostmann,	Der Urnenfriedhof bei Darzau in der Provinz Hannover. Braunschweig **1874.**
W. Hübener (Hrsg.),	Die Goldblattkreuze des frühen Mittelalters. Veröffentlichungen des Alemannischen Instituts Freiburg i. Br. Nr. 37, Baden **1975.**
G. Jacob-Friesen,	Einführung in Niedersachsens Urgeschichte. III. Teil Eisenzeit. Hildesheim **1974.**
W. Keetz,	Auf dem Urnenfriedhof von Darzau. Hannoverland **1907.**

H. Keiling,	Wiebendorf. Ein Urnenfriedhof der frührömischen Kaiserzeit im Kreis Hagenow. Beiträge zur Ur- und Frühgeschichte der Bezirke Rostock, Schwerin und Neubrandenburg, Bd. 17, Berlin **1984.**
H. Keiling,	Parum, Kreis Hagenow. Ein Langobardenfriedhof des 1. Jahrhunderts. Materialhefte zur Ur- und Frühgeschichte Mecklenburgs, Bd. 1, Schwerin **1986.**
F. Kenner,	Beiträge zu einer Chronik der archäologischen Funde in der österreichischen Monarchie (1862—1863) VIII. Fortsetzung. Archiv für Kunde österreichischer Geschichtsquellen 33, **1864.**
Z. Klanica,	Die südmährischen Slawen und andere Ethnika im archäologischen Material des 6.—8. Jahrhunderts. In: Interaktionen der mitteleuropäischen Slawen und anderen Ethnika im 6.—10. Jahrhundert, Nitra **1984.**
G. Körner,	Die südelbischen Langobarden zur Völkerwanderungszeit. Veröffentlichungen der Urgeschichtlichen Sammlung des Landesmuseums zu Hannover, Bd. 4, Hildesheim und Leipzig **1938.**
G. Körner,	Marwedel II. Ein Fürstengrab der älteren römischen Kaiserzeit. Lüneburger Blätter 3, **1952,** S. 34—64.
G. Körner,	Nachgrabung in Quarstedt. Lüneburger Blätter 9, **1958,** S. 139—148.
G. Körner,	Die Vervollständigung des Fürstengrabes Marwedel II. Die Kunde N. F. 16, **1965,** S. 99—106.
G. Körner und F. Laux,	Vorgeschichte im Landkreis Lüneburg. Lüneburg **1971.**
W. Krause und H. Jankuhn,	Die Runeninschriften im älteren Futhark. Göttingen **1965.**
L. Kraskovská,	Nálezy z doby sžahovania národov na západnom Slovensku (Völkerwanderungszeitliche Funde aus der Westslowakei). Archeologické Rozhledy 15, **1963,** S. 693—700.
L. Kraskovská,	Hroby z doby sžahovania národov pri Devínskom Jazere (Gräber aus der Völkerwanderungszeit bei Devínske Jazero). Archeologické Rozhledy 20, **1968,** S. 209—212.
F. Krüger,	Das Reitergrab von Marwedel. Festblätter des Museumsvereins für das Fürstentum Lüneburg 1, **1928,** S. 5—43.
D. Kucan,	Alteisenzeitliche Kulturpflanzenreste aus der Siedlung Hamburg-Langenbek. Probleme der Küstenforschung im südlichen Nordseegebiet 16, **1986,** S. 87—97.
A. Kugler,	A veszkényi avarkori lelet (Ein awarisches Grab aus Veskény). Archaeologiai Értesitö 26, **1906,** S. 27—30.
C. La Rocca,	Museo di Castelvecchio. Reperti di epoca longobarda. Verona, in corso di pubblicatzione (im Druck).
F. Laux,	Überlegungen zum Kopfputz der germanischen Damen im Niederelbegebiet und im übrigen freien Germanien. Studien zur Sachsenforschung 4, **1983,** S. 213—221.
F. Laux,	Überlegungen zu den Fürstengräbern bei Marwedel, Gem. Hitzacker, Kr. Lüchow-Dannenberg. Lüneburger Blätter 29/30, 1989 (im Druck).
H. Lehmann,	Frühmittelalterlicher Goldschmuck. Jahresbericht des Schweizerischen Landesmuseums 1929/30, S. 50—60.
W. Menghin,	Ein langobardisches Kriegergrab im germanischen Nationalmuseum Nürnberg. Archeologisches Korrespondenzblatt 4, **1975,** S. 251—256.

W. Menghin,	Gotische und langobardische Funde aus Italien im Germanischen Nationalmuseum Nürnberg. Die vor- und frühgeschichtlichen Altertümer im Germanischen Nationalmuseum, Heft 2, Nürnberg **1983.**
W. Menghin,	Die Langobarden. Archäologie und Geschichte. Stuttgart **1985.**
W. Menghin,	Die Langobarden. In: H. Dannheimer und H. Dopsch (Hrsg.), Die Bajuwaren. Von Severin bis Tassilo 488—788. Ausstellungskatalog der gemeinsamen Landesausstellung Bayern und Land Salzburg. München und Salzburg **1988,** S. 87—100.
M. Menke,	Alemannisch-italische Beziehungen vom späten fünften bis zum siebenten Jahrhundert aufgrund archäologischer Quellen. In: H. Baumann, N. Schröder (Hrsg.), Die transalpinen Verbindungen der Bayern, Alemannen und Franken bis zum 10. Jahrhundert. Nationes, Bd. 6, Sigmaringen **1987,** S. 125—345.
F. Moosleitner,	Handwerk und Handel. In: H. Dannheimer und H. Dopsch (Hrsg.), Die Bajuwaren. Von Severin bis Tassilo 488—788. Ausstellungskatalog der gemeinsamen Landesausstellung Bayern und Land Salzburg. München und Salzburg **1988,** S. 208—219.
G. Moßler,	Ein frühgeschichtliches Grab mit Spangenhelm aus Steinbrunn, Burgenland. Mitteilungen der Anthropologischen Gesellschaft in Wien 100, **1970,** S. 207—210.
P. Németh,	Veszprém megye. Vezsprémi járás. In: I. Eri (Red.), Magyarország régészeti tipográfiája (Archäologische Topographie Ungarns) Bd. 2. Budapest **1969.**
J.-W. Neugebauer,	Ein Nachtrag zum Langobardenfriedhof von Poysdorf in Niederösterreich. Fundberichte aus Österreich 15, **1976,** S. 133—139.
M. L. Nussio,	Il flabello di Teodelinda: Stato di conservazione, materiali, tecniche e restauro. Studi Monzesi 2, **1987,** S. 25—40.
H. Ohlhaver,	Der Germanische Schmied und sein Werkzeug. Leipzig **1939.**
A. Pasqui und R. Paribeni,	Necropoli barbarica di Nocera Umbra. Monumenti Antichi 15, **1918,** S. 137—362.
I. Peškař,	Náhodné objevy hrobů z doby stěhování národů na Znojemsku (Zufallsentdeckung von Gräbern aus der Völkerwanderungszeit in der Umgebung von Znojmo). Archeologické Rozhledy 20, **1968,** S. 202—208.
B. Pitlik,	Der römische Goldschmuck aus Österreich, ungedruckte Dissertation, Wien **1983.**
M. Pollak,	Die Germanischen Bodenfunde des 1.—4. Jahrhunderts n. Chr. im nördlichen Niederösterreich. Studien zur Ur- und Frühgeschichte des Donau- und Ostalpenraumes Nr. 1, Wien **1980.**
J. Poulík,	Jižní Morava země dávných Slovanů (Süd-Mähren in altslawischer Zeit). Brno **1948—1950.**
R. Pusztai,	Archäologische Forschungen im Jahre 1967 — Völkerwanderungszeit — Nr. 52: Moszentjános. Archaeologiai Értesitö 95, **1968,** S. 134.
A. Riegel,	Pferdeschmuck aus Westungarn. Jahrbuch der K. K. Zentral-Kommission für Erforschung und Erhaltung der Kunst- und Historischen Denkmale N. F. 1, **1903,** S. 273—278.
H. Roth,	Die Ornamentik der Langobarden in Italien. Eine Untersuchung zur Stilentwicklung anhand der Grabfunde. Antiquitas Reihe 3, Bd. 15, Berlin **1973.**
H. Roth (Hrsg.),	Kunst der Völkerwanderungszeit. Propyläen-Kunstgeschichte, Supplementband 4, Frankfurt-Berlin-Wien **1979.**

H. Roth,	Kunst und Handwerk im frühen Mittelalter. Stuttgart **1986**.
E. Sacken und F. Kenner,	Die Sammlungen des k. k. Münz- und Antikencabinetes. Wien **1866**.
H. Schirnig,	Waffenkombinationen in germanischen Gräbern der Spätlaténe- und älteren Kaiserzeit. Nachrichten aus Niedersachsens Urgeschichte 34, **1965**, S. 19–33.
B. Schmidt,	Die späte Völkerwanderungszeit in Mitteldeutschland. Veröffentlichungen des Landesmuseums für Vorgeschichte in Halle, Bd. 18, Halle/Saale **1961**.
G. Schwantes,	Zwei römische Bronzeeimer der frühen Kaiserzeit. Lüneburger Museumsblätter, Bd. 3, Heft 9, **1928**, S. 25–46.
A. Söter,	In: Archaeologiai Értesitö, **1893**, S. 215–217.
P. Stadler,	Das langobardische Gräberfeld von Mödling. Archaeologia Austriaca 63, **1979**, S. 31–47.
W. von Stokar,	Die Urgeschichte des Hausbrotes. Leipzig **1951**.
B. Svoboda,	Čechy v době stěhování národů (Böhmen in der Völkerwanderungszeit). Monumenta Archaeologica, Bd. 13, Praha **1965**.
J. Tejral,	Zur Interpretation der nordöstlichen Elemente in der materiellen Kultur des mährischen Raumes am Ende der älteren römischen Kaiserzeit. Památky Archeologické 61, Bd. 1, **1970**, S. 212–215.
J. Tejral,	K langobardskému odkazu v archeologických pramenech na území Československa (Zum langobardischen Nachlaß in archäologischen Quellen aus dem Gebiet der Tschechoslowakei). Slovenská Archeológia 23, **1975**, S. 379–446.
J. Tejral,	Grundzüge der Völkerwanderungszeit in Mähren. Studie Archeologického ústavu Československé Akademie Věd v Brně, Bd. 4, 2. Prag **1976**.
W. Thieme,	Silberne Tierkopfarmringe aus Garlstorf, Kreis Harburg. Offa 37, **1980**, S. 68–76.
W. Thieme,	Ein Urnenfriedhof der älteren römischen Eisenzeit in Garlstorf, Kreis Harburg. Betrachtungen zur älteren römischen Eisenzeit im Niederelbegebiet. Hammaburg N. F. 6, **1981–1983** (1984), S. 145–164.
B. Thomas,	Ein ostgotischer Spangenhelm in Libyen. Zeitschrift für Waffen- und Kostümkunde, **1981**, S. 2 f.
B. Thomas und O. Gamber,	Katalog der Leibrüstkammer, 1. Teil 500–1530 Kunsthistorisches Museum, Waffensammlung. Wien **1976**.
O. Tschumi,	Burgunder Alamannen und Langobarden in der Schweiz (Zusammenfassung von Beiträgen aus den Jahrbüchern des Historischen Museums Bern 1939–1944). Bern **1945**.
O. Voss und M. Orsnes-Christensen,	Der Dollerupfund. Acta Archeologica 19, **1948**, S. 209–271.
M. Währen,	Brot und Gebäck in der Urgeschichte mit ausführlicher Berücksichtigung des Weck-Feingebäcks von Ovelgönne und des Haferbrotes von Langenrehm. Hamburg **1989** (in Vorbereitung).
W. Wegewitz,	Ein Bronzeeimerfund aus der frühen Kaiserzeit in der Feldmark Apensen, Kr. Stade. Mannus 21, **1929**, S. 148–157.
W. Wegewitz,	Die langobardische Kultur im Gau Moswidi (Niederelbe) zu Beginn unserer Zeitrechnung. Die Urnenfriedhöfe in Niedersachsen, Bd. 2, Heft 1 und 2. Hildesheim und Leipzig **1937**.
W. Wegewitz,	Funde von einer langobardischen Siedlung in Wulmstorf, Kreis Harburg. Nachrichten aus Niedersachsens Urgeschichte 16, **1942**, S. 109–136.

W. Wegewitz, Der langobardische Urnenfriedhof von Tostedt-Wüstenhöfen im Kreise Harburg. Die Urnenfriedhöfe in Niedersachsen, Bd. 2, Heft 5 und 6. Hildesheim und Leipzig **1944**.

W. Wegewitz, Zum Problem der „Abfallgruben". Neue Untersuchungen von Gruben aus dem Beginn unserer Zeitrechnung in Langenrehm im Kr. Harburg. Nachrichten aus Niedersachsens Urgeschichte 24, **1955,** S. 3—31.

W. Wegewitz, Ein Rennfeuerofen aus einer Siedlung der älteren Römerzeit in Scharmbeck Kr. Harburg. Nachrichten aus Niedersachsens Urgeschichte 26, **1957,** S. 3—25.

W. Wegewitz, Die vorgeschichtliche Eisenverhüttung im Kreise Harburg. Harburger Kreiskalender **1962,** S. 53—58.

W. Wegewitz, Der Urnenfriedhof von Hamburg-Marmstorf. Die Urnenfriedhöfe in Niedersachsen, Bd. 7. Hildesheim **1964**.

W. Wegewitz, Der Urnenfriedhof von Wetzen, Kr. Harburg, und andere Funde aus dem 1. Jahrhundert v. Chr. im Gebiet der Niederelbe. Die Urnenfriedhöfe in Niedersachsen, Bd. 9. Hildesheim **1970**.

W. Wegewitz, Das langobardische Brandgräberfeld von Putensen, Kreis Harburg. Die Urnenfriedhöfe in Niedersachsen, Bd. 10. Hildesheim **1972**.

W. Wegewitz, Bestattungen in importiertem Bronzegeschirr in den Urnenfriedhöfen der jüngeren vorrömischen Eisen- und der älteren römischen Kaiserzeit im Gebiet beiderseits der Niederelbe. Hammaburg N. F. 7, **1984/85** (1986), S. 69—132.

W. Wegewitz, Rund um den Kiekeberg. Vorgeschichte einer Landschaft an der Niederelbe. Hammaburg N. F. 8, **1988**.

J. Werner, Münzdatierte Austrasische Grabfunde. Germanische Denkmäler der Völkerwanderungszeit, Bd. III, Berlin und Leipzig **1935**.

J. Werner, Das alamannische Fürstengrab von Wittislingen. München **1950**.

J. Werner, Die Langobarden in Pannonien. Beiträge zur Kenntnis der langobardischen Bodenfunde vor 568. Abhandlungen der Bayerischen Akademie der Wissenschaften, Philosophisch-Historische Klasse, N. F. Heft 55 A—B. München **1962**.

J. Werner, Spätlatène-Schwerter norischer Herkunft. In: Symposium Ausklang der Latène-Zivilisation und Anfänge der germanischen Besiedlung im mittleren Donaugebiet, Malé Vozakany 1972. Bratislava **1977,** S. 367—401.

J. Werner, Der goldene Armring des Frankenkönigs Childerich und die germanischen Handgelenkringe der jüngeren Kaiserzeit (mit einem Anhang von L. Pauli). Frühmittelalterliche Studien 14, **1980,** S. 1—49.

K. Wessel, Die Entstehung des Cruzifixus. Byzantinische Zeitschrift 53, **1960,** S. 96—111.

J. P. Wild, Clothing in the North-West Provinces of the Roman Empire. Bonner Jahrbücher 168, **1968,** S. 166—240.

H. Willers, Neue Untersuchungen über die römische Bronzeindustrie von Capua u. Niedergermanien, besonders auf die Funde aus Deutschland und dem Norden hin. Hannover und Leipzig **1907**.

H. Windl, Niederösterreich nördlich der Donau in der römischen Periode. Wien **1981**.

J. Zeman, Pohřebiště z doby stehování národů v Mochově (Das völkerwanderungszeitliche Gräberfeld in Mochov). Památky Archeologické 49, Bd. 2, **1958,** S. 423—471.

J. Zeman,	Severní Morava v mladší době římské. Problémy osídlení ve světle rozboru pohřebište z Kostelce na Hané (Nordmähren in der jüngeren römischen Kaiserzeit. Das Besiedlungsproblem im Lichte einer Analyse des Gräberfeldes von Kostelec im Hanagebiet). Monumenta archaeologica, Bd. 9, Praha **1961.**
H. Zeiss,	Das Goldblechkreuz von Stabio (Kt. Tessin) und verwandte Denkmäler. In: Festschrift Eugen Tatarinoff, Solothurn **1938,** S. 61—69.
K. Ziegel,	Die Thüringer der späten Völkerwanderungszeit im Gebiet östlich der Saale. Jahresschrift für die Vorgeschichte der sächsisch-thüringischen Länder, Bd. 31, **1939.**